여러분의 학위취득을 응원하는
해커스독학사의 특별 혜택!

한달합격 소비자행동론 최신기출 강의 할인 10%

A336H135F417K306

해커스독학사(haksa2080.com) 접속 후 로그인
▶ [마이클래스] 내 [쿠폰내역] 클릭 ▶ 쿠폰 등록

해커스교육그룹 최대 무료수강 제휴쿠폰 받는 방법

해커스독학사(haksa2080.com) 접속 후 로그인
▶ [고객지원] 내 [공지사항] 클릭 ▶ ★해커스교육그룹 제휴쿠폰★ 공지글 확인

* 쿠폰은 사이트 로그인 후 1회에 한해 등록이 가능합니다.
* 쿠폰은 등록 후 7일간 사용 가능합니다. (등록기간 만료 시 고객센터 문의)
* 쿠폰 사용과 관련된 기타 문의는 고객센터(1599-3081) 혹은 사이트 내 문의게시판을 이용하시기 바랍니다.

해커스독학사의 단기합격 시스템

1 **단기합격 가능! 독학사 시험에 특화된 강의**
독학사 전문교수진의 고효율 핵심집약 강의
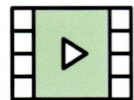

2 **이론부터 문제까지 모두 담은 단권화 교재**
오랜 기간 독학사 시험 분석을 통해
단기합격에 필요한 요소만 모은 한권완성 문제집

3 **이론부터 실전까지 효율적인 학습 커리큘럼**
이론학습 → 문제풀이 → 핵심요약 → 마무리 모의고사까지!
짧은 기간에도 시험 대비가 가능하도록 최적화된 학습 커리큘럼 제공

4 **과목별 담당 교수님의 1:1 학습 Q&A**
궁금한 점은 고민하지 말고 바로 교수님께 1:1로 문의하여 해결

5 **독학사 전문 학습 플래너의 1:1 맞춤 무료 상담**
독학사 전문 학습 플래너가 1:1로 체계적인 맞춤 상담 진행
☎ 1599-3081   카톡간편상담 '해커스독학사' 검색

무료 학습자료 제공 · 독학사 단기합격
해커스독학사 haksa2080.com / ☎ 1599-3081

한 달 합격
해커스독학사
경영학과
최신기출 이론+문제 **3단계 | 소비자행동론**

초판 4쇄 발행 2025년 2월 27일
초판 1쇄 발행 2022년 1월 5일

지은이	허정
펴낸곳	(주)위더스교육
펴낸이	해커스독학사 출판팀
주소	서울특별시 서초구 서초대로73길 12 세계빌딩 7층 위더스교육
고객센터	1599-3081
교재 관련 문의	15993081@haksa2080.com
	해커스독학사 사이트(haksa2080.com) 교재 Q&A 게시판
	카카오톡 플러스 친구 [해커스독학사]
동영상강의	haksa2080.com
ISBN	979-11-6540-060-6 (13320)
Serial Number	01-04-01

저작권자 ⓒ 2022, 해커스독학사
이 책의 모든 내용, 이미지, 디자인, 편집 형태는 저작권법에 의해 보호받고 있습니다. 서면에 의한 저자와 출판사의 허락 없이 내용의 일부 혹은 전부를 인용, 발췌하거나 복제, 배포할 수 없습니다.

독학사 교육 1위,
해커스독학사 haksa2080.com
해커스독학사

- 합격을 돕는 독학사 전문 교수님들의 본 교재 강의
- 최신 독학사 시험정보 및 대상자별 학습 가이드 제공
- 독학사 전문 플래너의 무료 1:1 학습 상담 가능

한경비즈니스 선정 2020 한국품질만족도 교육(온·오프라인 독학사) 부문 1위 해커스

기출문제특강 무료학습

독학사 시험에 출제되었던 **기출문제 해설특강**을
해커스독학사 모든 수강생분들에게 무료로 제공합니다.

**과목별 독학사 실제
기출문제 해설특강!**

*기출문제특강은 해커스독학사 홈페이지
PC버전에서 로그인 후 수강하실 수 있습니다.

" 기출문제 풀이가 중요한 이유 "

1. 다음 시험 출제경향과 문제 유형 파악
2. 과목별 평가영역과 시험 성격, 난이도 확인
3. 구체적인 학습 목표와 효율적인 학습 방향 설정

독학사(독학학위제) 시험은 평가영역 안에서 출제됩니다.
한 번에 합격하기 위해서는 기출문제와 해설강의로
다음 시험의 출제경향을 예측해야 합니다.

무료 학습자료 제공 · 독학사 단기합격
해커스독학사 haksa2080.com / ☎ 1599-3081

독학사 시험 대비 최종 단계!
해커스독학사 FINAL 특강

이론+출제포인트+기출문제 다 잡은 **FINAL 특강**으로
마무리를 확실하게!

최신기출을 분석하여
출제경향 예측!

시험 전 벼락치기로
최종 정리 완성!

경영·영어영문 패키지
수강생 100% 무료!

FINAL 특강은 한 과목당 평균 120분으로 구성되어,
시험 전 최종 정리를 하는 데 효과적입니다.

시험 흐름을 파악하고 출제경향에 따른 맞춤 대비로
실제 시험 적응력을 높일 수 있습니다.

한달합격 학습과정 → Step.1 **이론 학습** → Step.2 **문제 풀이** → Step.3 **기출 해설** → 마무리 **FINAL 특강**

무료 학습자료 제공 · 독학사 단기합격
해커스독학사 haksa2080.com / ☎ 1599-3081

한 달 합격

해커스독학사
경영학과

최신기출 이론+문제

3단계 | 소비자행동론

해커스독학사

저자 **허정**	**약력**	**저서**
	현	해커스독학사 경영학과 교수님	1달합격 해커스독학사 경영학과 2단계 마케팅원론
	전	경희대, 서강대, 성균관대, 연세대(원주), 충남대, 한밭대 등 출강 다수 진행	최신기출 이론+문제
	대전대학교 경영컨설팅연구소 책임연구원	
	서강대학교 지식서비스 R&D센터 연구원	

해커스독학사 경영학과 3단계
초단기 합격을 위한
후회 없는 선택!

〈한달합격 해커스독학사 경영학과 3단계 소비자행동론 최신기출 이론+문제〉는 독학사 경영학과 3단계 시험을 준비하는 수험생들을 대상으로 소비자행동의 핵심 이론과 기출문제를 중심으로 기술되었습니다. 본 교재는 평소 마케팅에 대한 기본 지식이 부족한 분들, 소비자행동 이론이 어려운 분들, 독학사 시험을 준비하고 있지만, 주요 개념 간 차이에 대해 체계적인 정리가 필요한 분들에게 올바른 학습방향을 제시해주는 역할을 할 것이라고 확신합니다. 이에 본 교재의 다음과 같은 특징을 활용하면 학습 효과를 극대화 시킬 수 있습니다.

01. 최신 출제경향 및 국가평생교육진흥원의 평가영역을 완벽히 반영하여 이론을 정리하고, 그 중에서도 중요한 개념만 엄선하여 '핵심 키워드 Top 10'으로 정리하여 효율적인 학습이 가능합니다.

02. '기출개념', '핵심 Check', '개념 Plus' 등의 풍부한 학습장치를 제공하여 효율적이고 깊이 있게 학습할 수 있습니다.

03. '기출개념확인', '주관식 집중 공략', '실전연습문제', '기출동형모의고사'로 구성된 다양한 문제를 수록하였으며, 문제를 풀어보면서 이론을 습득하고 실전에 대비할 수 있어 단기합격이 가능합니다.

04. 모든 문제에 '정답·해설'을 제공하며, '오답분석', '참고', '답안작성 Tip' 등의 풍부한 해설 요소를 통해 부족한 부분도 꼼꼼히 보완할 수 있습니다.

최근 독학사 시험은 소비자행동의 주요 개념에 대한 명확한 이해와 실무적인 활용 여부를 중심으로 묻는 문제가 출제되고 있습니다. 본 교재는 기출문제와 핵심 이론을 분석하여 각 장의 핵심 부분에 기출 내용을 배치하고 향후 새로 출제될 가능성이 있는 문제들을 추가 배치하였습니다. 이에 따라 주요 개념 학습 후, 유사 개념을 비교하는 방식으로 학습하시는 것이 좋으며, 문제풀이 후에는 개념 Plus와 핵심 Check를 중심으로 다시 점검하시면 도움이 됩니다.

부디 독학사를 준비하시는 모든 소비자행동론 수험생들이 본 교재를 잘 활용하여 좋은 결과가 있기를 기원합니다.

저자 **허정**

목차

빠르게 합격에 다가서는 해커스독학사의 학습 Step 4! 8
초단기간에 합격하는 나만의 2주/4주 학습 플랜 12
시험 전 꼭 알고 가자! 독학사 시험 안내 14
이제 실전이다! 3단계 시험 미리보기 18
무엇이든 물어보세요! 독학사 10문 10답 20

■ 본 교재의 목차는 '국가평생교육진흥원'에서 제공하는 '과목별 평가영역'을 충실히 반영하여 구성하였습니다.

제1장 | 마케팅과 소비자행동

제1절 소비자행동의 이해	24
제2절 소비자행동과 마케팅 전략	27
제3절 소비자행동 연구의 발전과정	29
◇ 제1장 주관식 집중 공략	35
◆ 제1장 실전연습문제	37
◆ 제1장 실전연습문제 정답·해설	41

제2장 | 소비자 의사결정과정

제1절 소비자 의사결정의 형태	46
제2절 문제의 인식	49
제3절 정보의 탐색	52
제4절 구매 전 대안의 평가	57
제5절 구매	61
제6절 구매 후 행동	64
◇ 제2장 주관식 집중 공략	69
◆ 제2장 실전연습문제	71
◆ 제2장 실전연습문제 정답·해설	75

제3장 | 지각

제1절 노출	80
제2절 주의	83
제3절 해석	86
◇ 제3장 주관식 집중 공략	91
◆ 제3장 실전연습문제	93
◆ 제3장 실전연습문제 정답·해설	97

제4장 | 학습과 기억

제1절 인지적 학습	102
제2절 행동주의적 학습	106
제3절 대리학습	112
제4절 기억	115
◇ 제4장 주관식 집중 공략	120
◆ 제4장 실전연습문제	122
◆ 제4장 실전연습문제 정답·해설	126

제5장 | 동기와 가치

제1절	동기의 의의	132
제2절	동기 이론	135
제3절	동기 및 욕구의 측정	139
제4절	가치	143
제5절	관여도	146
◇ 제5장 주관식 집중 공략		151
◆ 제5장 실전연습문제		153
◆ 제5장 실전연습문제 정답·해설		157

제7장 | 태도

제1절	태도의 개념	182
제2절	태도의 기능	184
제3절	태도 형성 이론	187
제4절	태도 측정 모델	189
제5절	태도 변화 이론	194
◇ 제7장 주관식 집중 공략		201
◆ 제7장 실전연습문제		203
◆ 제7장 실전연습문제 정답·해설		207

제6장 | 개성과 라이프스타일

제1절	개성	162
제2절	라이프스타일과 사이코그래픽스	167
◇ 제6장 주관식 집중 공략		171
◆ 제6장 실전연습문제		173
◆ 제6장 실전연습문제 정답·해설		177

제8장 | 문화

제1절	문화의 이해	212
제2절	대중문화의 창조	217
제3절	문화적 선택	222
제4절	소비자문화의 확산	226
◇ 제8장 주관식 집중 공략		229
◆ 제8장 실전연습문제		231
◆ 제8장 실전연습문제 정답·해설		235

목차

제9장 | 사회계층, 준거집단, 가족

제1절 사회계층	240
제2절 준거집단	244
제3절 가족	249
◇ 제9장 주관식 집중 공략	254
◆ 제9장 실전연습문제	256
◆ 제9장 실전연습문제 정답·해설	260

제10장 | 자아(Self)

제1절 자아에 대한 관점	266
제2절 성역할	270
◇ 제10장 주관식 집중 공략	274
◆ 제10장 실전연습문제	276
◆ 제10장 실전연습문제 정답·해설	280

제11장 | 소비자행동과 마케팅 전략

제1절 소비자행동과 제품 전략	286
제2절 소비자행동과 가격 전략	290
제3절 소비자행동과 유통 전략	293
제4절 소비자행동과 마케팅커뮤니케이션 전략	296
◇ 제11장 주관식 집중 공략	301
◆ 제11장 실전연습문제	303
◆ 제11장 실전연습문제 정답ㆍ해설	307

기출동형모의고사

기출동형모의고사 제1회	312
기출동형모의고사 제2회	318
◆ 기출동형도의고사 정답ㆍ해설	324

단기합격을 위한 독학사 전문 교수님들의
명품 동영상강의
해커스독학사 www.haksa2080.com

빠르게 합격에 다가서는 해커스독학사의 학습 Step 4!

Step 1. 학습준비 | 학습 전, 전략적으로 학습 계획 세우기!

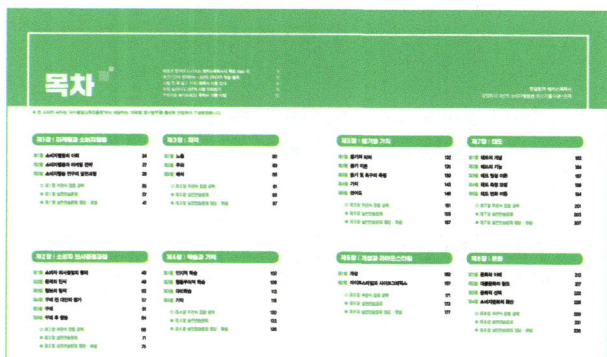

목차
독학사 시험 주관처인 국가평생교육진흥원에서 제공하는 과목별 평가영역을 완벽하게 반영하고 있는 목차를 통해서 각 과목의 전반적인 틀을 빠르게 파악할 수 있습니다.

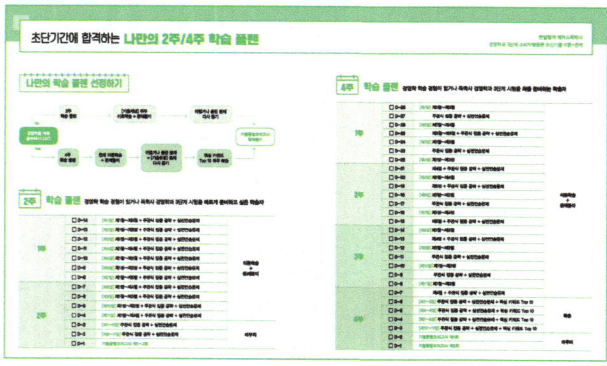

맞춤형 학습 플랜
'나만의 학습 플랜 선정하기'를 참고하여 자신에게 최적화된 2주/4주 플랜을 선택할 수 있습니다. 학습 플랜을 선택한 후, 매일 정해진 분량을 학습하고 학습 여부를 체크할 수 있습니다.

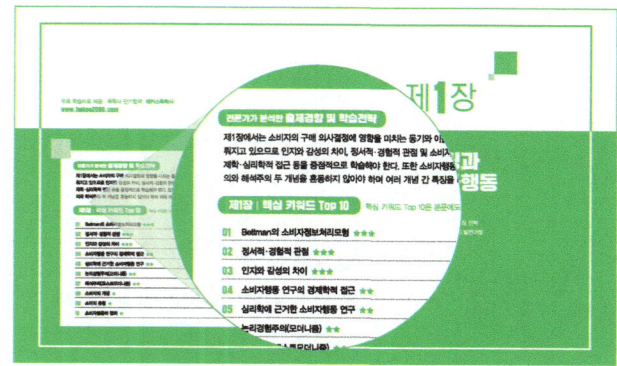

전문가가 분석한 출제경향 및 학습전략
과목별 전문가가 알려주는 시험 출제경향과 시험에 효과적으로 대비할 수 있는 공부 방법을 통해서 학습의 방향성을 올바르게 설정할 수 있습니다.

핵심 키워드 Top 10
각 장마다 엄선된 핵심 키워드 10개를 통해서 중요한 내용을 한눈에 확인할 수 있습니다. 또한 키워드 옆에 표시된 ★ 개수로 개념의 중요도를 파악하여 단기간에 효율적인 학습이 가능합니다.

Step 2. 이론학습 — 다양한 학습장치를 활용하여 효율적으로 이론 학습하기!

❶ 기출개념
실제로 출제된 이론에는 '기출개념'을 표시하여 빠르게 출제경향을 파악할 수 있습니다.

❷ ★ 표시
'핵심 키워드 Top 10'으로 선정된 키워드에 ★표시를 하여 중요한 개념을 쉽고 빠르게 확인할 수 있습니다.

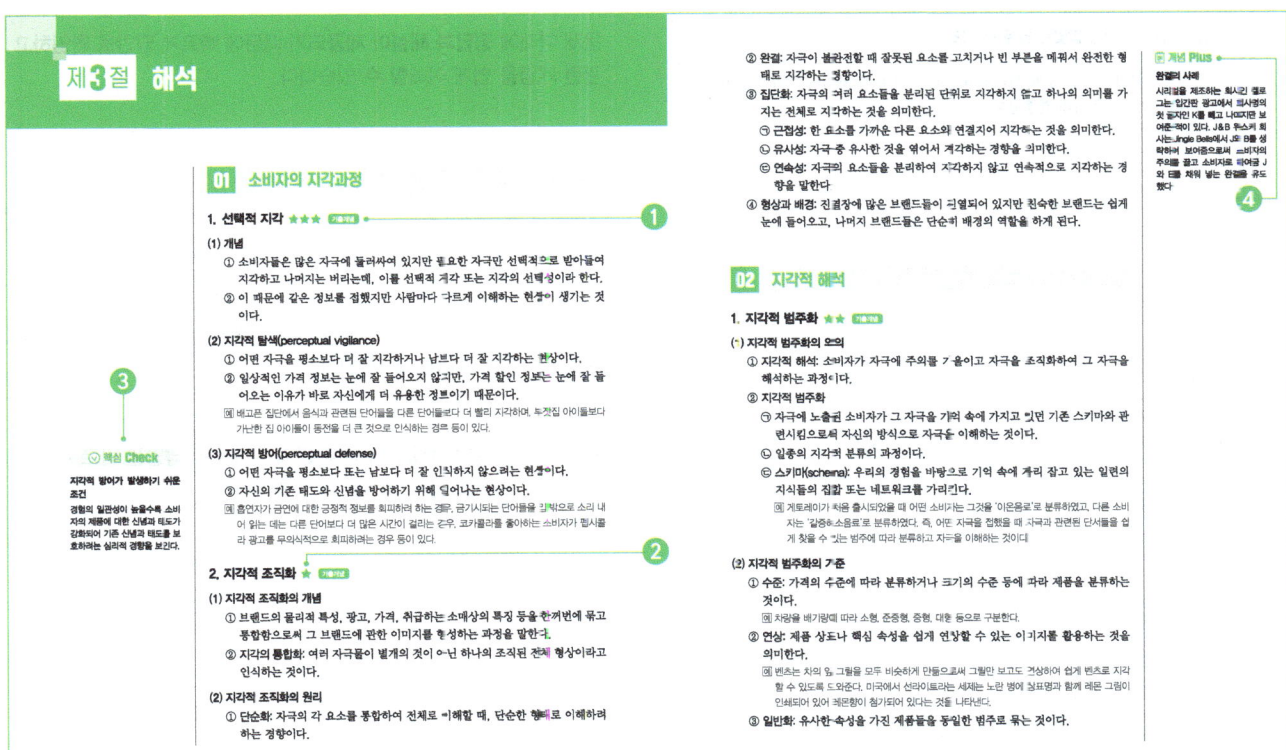

❸ 핵심 Check
중요한 내용을 다시 한번 명쾌하게 설명하거나 관련된 심화이론을 제시하여, 핵심 개념 위주로 꼼꼼히 학습할 수 있도록 하였습니다.

❹ 개념 Plus
이론 학습 시 함께 알아두면 좋은 내용을 제시하여, 이론을 명확하고 폭넓게 학습할 수 있습니다.

빠르게 합격에 다가서는 해커스독학사의 학습 Step 4!

Step 3. 문제풀이 — 최신 출제경향이 반영된 문제를 풀어보며 실전감각 키우기!

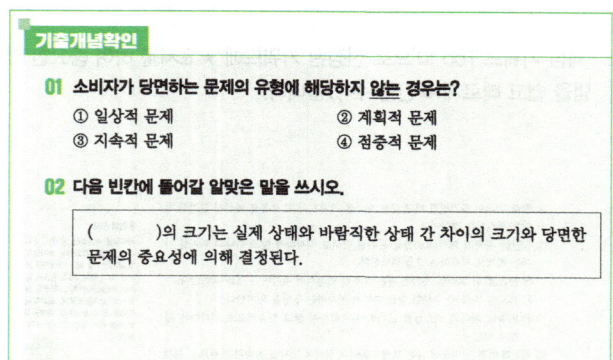

기출개념확인
각 절마다 제공되는 기출개념확인 문제를 풀어보면서, 학습한 이론을 잘 이해하고 있는지 점검할 수 있습니다.

문제 아래에 **정답과 해설이 제공**되기 때문에 빠르게 답안을 확인하고 관련 개념을 쉽게 이해할 수 있습니다.

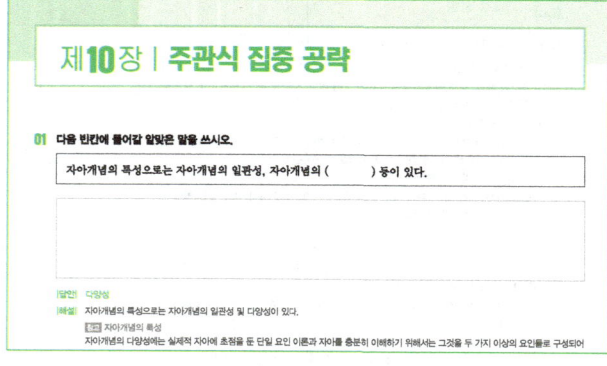

주관식 집중 공략
각 장마다 제공되는 주관식 집중 공략 문제를 풀어보면서 주관식 유형도 확실하게 대비할 수 있습니다.

문제 아래에 **답안, 해설, Tip이 제공**되기 때문에 답안을 바로 확인하고 관련된 개념을 쉽게 이해할 수 있습니다.

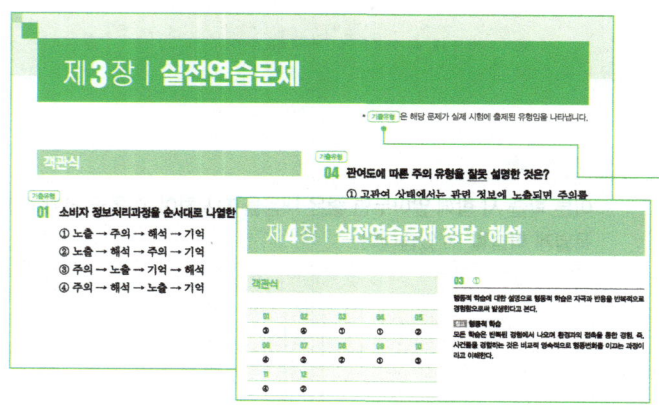

실전연습문제
각 장마다 제공되는 '실전연습문제'를 통해 다양한 문제를 풀어보며 이론을 다시 한번 점검할 수 있습니다.

기출유형 표시로 시험에 출제된 유형을 나타내어, 중요 문제 위주로 학습할 수 있습니다.

실전연습문제 정답·해설
정답표를 통해 빠르게 정답을 확인하고, **'오답분석', '답안작성 Tip', '참고'** 등 풍부한 **해설을 제공**하여 틀린 문제도 확실히 이해할 수 있습니다.

Step 4. 최종 실력 다지기 — '기출동형모의고사'로 마무리하며 실전에 강해지기!

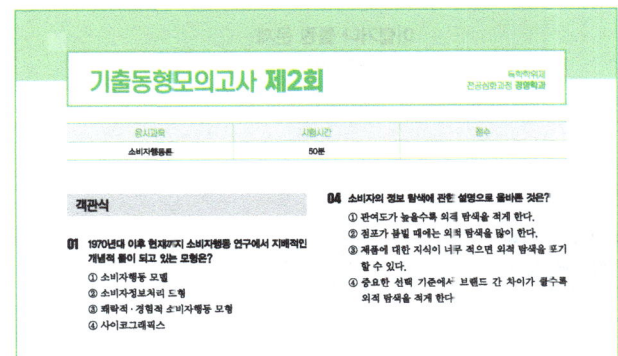

기출동형모의고사
최근 독학사 시험을 철저하게 분석하여 실제 시험 유형 및 문제 수와 동일하게 구성한 **'기출동형모의고사' 2회분을 수록**하였습니다.

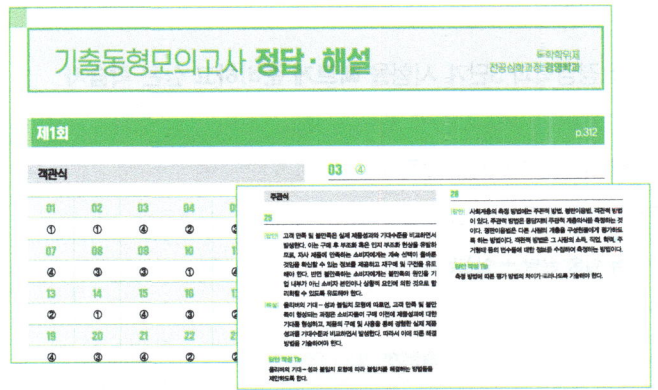

기출동형모의고사 정답·해설
'기출동형모의고사' 문제 풀이 후 꼼꼼하게 학습을 마무리할 수 있도록 '기출동형모의고사 정답·해설'에서도 **'오답분석', '참고', '답안작성 Tip'** 등의 풍부한 해설 요소를 제공합니다.

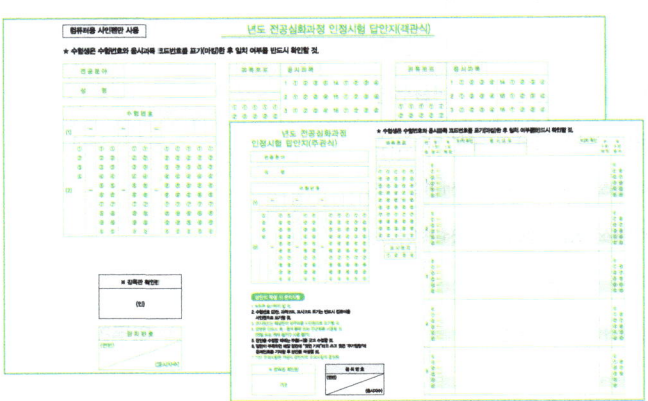

객관식·주관식 OCR 카드
기출동형모의고사와 함께 **객관식·주관식 OCR 카드를 수록**해 실제 시험과 유사한 환경에서 자신의 실력을 최종 점검할 수 있습니다.

초단기간에 합격하는 나만의 2주/4주 학습 플랜

나만의 학습 플랜 선정하기

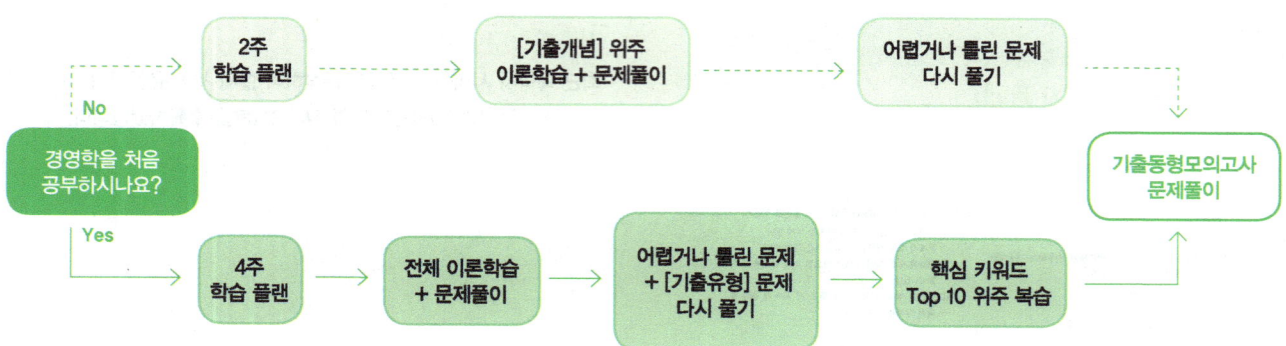

2주 학습 플랜
경영학 학습 경험이 있거나 독학사 경영학과 3단계 시험을 빠르게 준비하고 싶은 학습자

1주	☐ D-14	[제1장] 제1절~제3절 + 주관식 집중 공략 + 실전연습문제	이론학습 + 문제풀이
	☐ D-13	[제2장] 제1절~제6절 + 주관식 집중 공략 + 실전연습문제	
	☐ D-12	[제3장] 제1절~제3절 + 주관식 집중 공략 + 실전연습문제	
	☐ D-11	[제4장] 제1절~제4절 + 주관식 집중 공략 + 실전연습문제	
	☐ D-10	[제5장] 제1절~제5절 + 주관식 집중 공략 + 실전연습문제	
	☐ D-9	[제6장] 제1절~제2절 + 주관식 집중 공략 + 실전연습문제	
	☐ D-8	[제7장] 제1절~제5절 + 주관식 집중 공략 + 실전연습문제	
2주	☐ D-7	[제8장] 제1절~제4절 + 주관식 집중 공략 + 실전연습문제	
	☐ D-6	[제9장] 제1절~제3절 + 주관식 집중 공략 + 실전연습문제	
	☐ D-5	[제10장] 제1절~제2절 + 주관식 집중 공략 + 실전연습문제	
	☐ D-4	[제11장] 제1절~제4절 + 주관식 집중 공략 + 실전연습문제	
	☐ D-3	[제1~5장] 주관식 집중 공략 + 실전연습문제	마무리
	☐ D-2	[제6~11장] 주관식 집중 공략 + 실전연습문제	
	☐ D-1	기출동형모의고사 제1~2회	

4주 학습 플랜

경영학 학습 경험이 없거나 독학사 경영학과 3단계 시험을 **처음 준비하는 학습자**

1주	☐ D-28	[제1장] 제1절~제3절	이론학습 + 문제풀이
	☐ D-27	주관식 집중 공략 + 실전연습문제	
	☐ D-26	[제2장] 제1절~제4절	
	☐ D-25	제5절~제6절 + 주관식 집중 공략 + 실전연습문제	
	☐ D-24	[제3장] 제1절~제3절	
	☐ D-23	주관식 집중 공략 + 실전연습문제	
	☐ D-22	[제4장] 제1절~제3절	
2주	☐ D-21	제4절 + 주관식 집중 공략 + 실전연습문제	
	☐ D-20	[제5장] 제1절~제4절	
	☐ D-19	제5절 + 주관식 집중 공략 + 실전연습문제	
	☐ D-18	[제6장] 제1절~제2절	
	☐ D-17	주관식 집중 공략 + 실전연습문제	
	☐ D-16	[제7장] 제1절~제4절	
	☐ D-15	제5절 + 주관식 집중 공략 + 실전연습문제	
3주	☐ D-14	[제8장] 제1절~제3절	
	☐ D-13	제4절 + 주관식 집중 공략 + 실전연습문제	
	☐ D-12	[제9장] 제1절~제3절	
	☐ D-11	주관식 집중 공략 + 실전연습문제	
	☐ D-10	[제10장] 제1절~제2절	
	☐ D-9	주관식 집중 공략 + 실전연습문제	
	☐ D-8	[제11장] 제1절~제3절	
4주	☐ D-7	제4절 + 주관식 집중 공략 + 실전연습문제	
	☐ D-6	[제1~3장] 주관식 집중 공략 + 실전연습문제 + 핵심 키워드 Top 10	복습
	☐ D-5	[제4~6장] 주관식 집중 공략 + 실전연습문제 + 핵심 키워드 Top 10	
	☐ D-4	[제7~9장] 주관식 집중 공략 + 실전연습문제 + 핵심 키워드 Top 10	
	☐ D-3	[제10~11장] 주관식 집중 공략 + 실전연습문제 + 핵심 키워드 Top 10	
	☐ D-2	기출동형모의고사 제1회	마무리
	☐ D-1	기출동형모의고사 제2회	

시험 전 꼭 알고 가자! 독학사 시험 안내

01 독학학위제란?

- 「독학에 의한 학위취득에 관한 법률」에 의거하여 국가에서 실시하는 독학학위취득시험에 합격한 자에게 학사학위를 수여하는 제도입니다.
- 독학학위취득시험은 총 4단계(교양과정 인정시험, 전공기초과정 인정시험, 전공심화과정 인정시험, 학위취득 종합시험)로 이루어져 있으며, 시험은 각 단계별로 1년에 1번 실시됩니다.
- 고등학교 졸업 이상의 학력을 가진 자는 누구나 응시할 수 있으며, 4단계 시험까지 모두 합격한 자는 4년제 대학교 졸업자와 동등한 학력을 가지게 됩니다.

02 독학학위제 전공 소개

- 독학학위제 전공 시험은 2단계(전공기초과정 인정시험)부터 실시되며, 아래 전공은 예외적으로 일부 단계만 실시합니다.
  - 유아교육학 및 정보통신학: 3~4단계(전공심화과정 인정시험, 학위취득 종합시험)만 실시
    ※ 정보통신학은 폐지되었으며, 유예기간을 두되, 전공심화과정 인정시험은 2025년까지, 학위취득 종합시험은 2026년까지 응시할 수 있도록 합니다.
  - 간호학: 4단계(학위취득 종합시험)만 실시

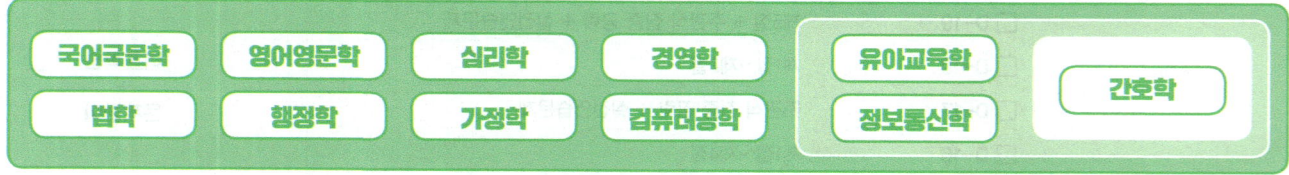

03 원서접수 및 접수 준비물 안내

- 진학어플라이 사이트(www.jinhakapply.com)에서 학교명을 '독학'으로 검색하여 접수가 가능합니다.
- 접수기간 내에는 24시간 접수 가능하며(접수 마감일에는 17:00까지), 접수 마감 전까지 수정 및 취소(환불)가 가능합니다.
  ※ 접수기간 종료 후에는 접수·수정·환불이 불가능합니다.
  [참고] 원서접수 방법은 변경될 수 있으니 독학학위제 사이트를 꼭 확인하세요.
- 접수 준비물은 다음과 같습니다.

응시자격 증명서류	• 1~3단계 지원자: 고등학교 졸업증명서(고졸 검정고시 합격증명서)
	• 4단계 지원자
	  - 대학교 성적증명서 및 수료(졸업)증명서
	  - 3년제 전문대학 졸업증명서 및 성적증명서
	  - 과정(과목) 면제를 증명할 수 있는 해당 서류
	• 독학학위제 학적보유자: 제출서류 없음
	• 파일은 jpg, jpeg, png, bmp, zip만 등록 가능하며, 파일 사이즈는 5MB 이내여야 함

사진	최근 6개월 이내에 촬영한 3.5cm X 4.5cm의 여권용 사진 파일은 jpg, jpeg, gif만 등록 가능하며, 파일 사이즈는 2MB 이내여야 함

현달합격 해커스독학사
경영학과 3단계 소비자행동론 최신기출 이론+문제

04 학위 취득 과정 및 시험 일정

※ 시험 일정은 매년 상이하므로, 자세한 일정은 독학학위제 사이트의 [시험안내] – [시험일정]을 참고하세요.

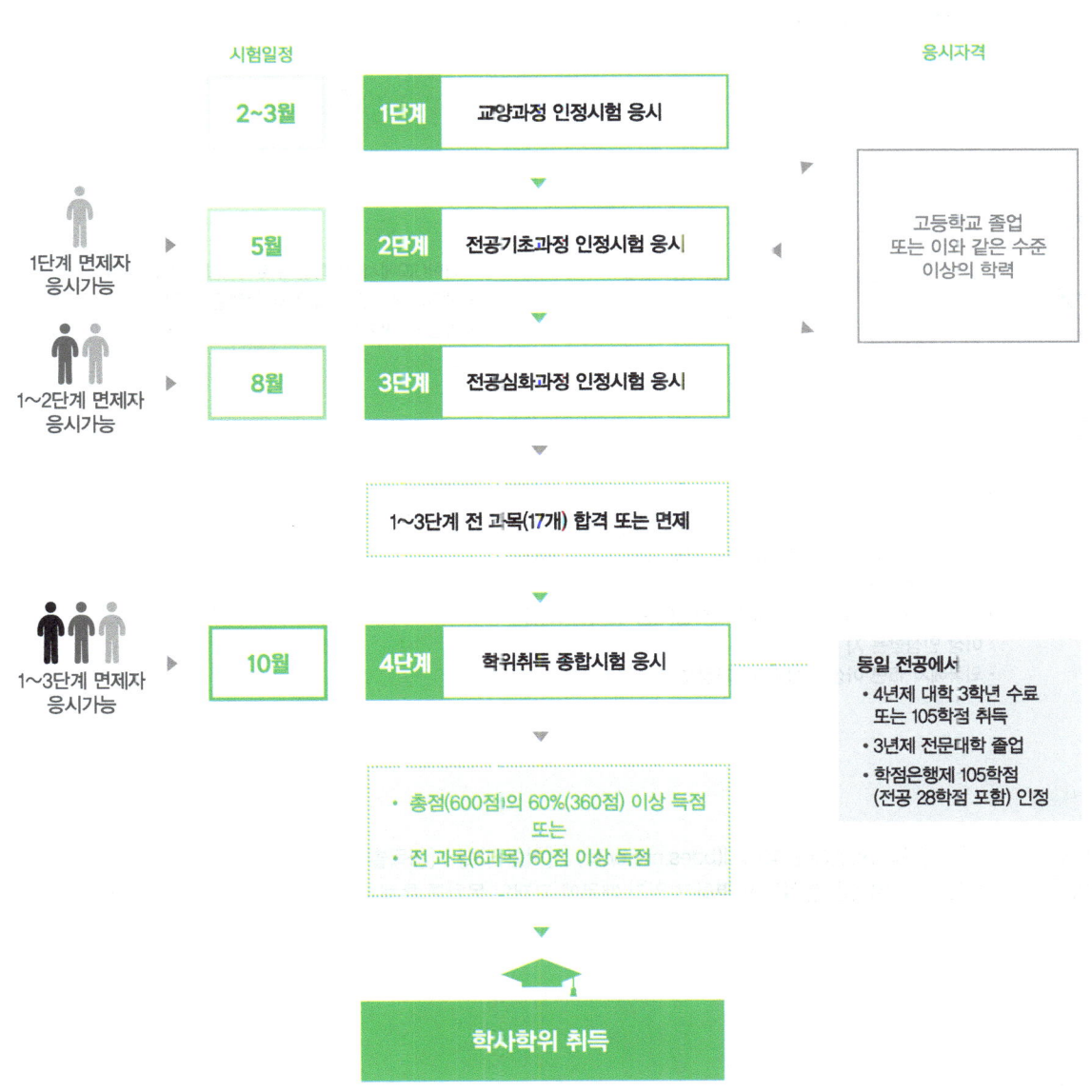

시험 전 꼭 알고 가자! **독학사 시험 안내**

05 단계별 응시자격

- 고등학교 졸업자가 3단계에 응시하는 것은 가능하나, 4단계에 응시하기 위해서는 독학사 1, 2단계(교양과정 인정시험, 전공기초과정 인정시험) 면제 조건을 충족하고, 3단계에 합격하거나 4단계 응시자격을 충족해야 합니다.
- 간호학 전공은 4단계에 응시하기 위해서 3년제 전문대학 간호학과를 졸업 또는 4년제 대학교 간호학과에서 3년 이상의 교육과정을 수료하거나 105학점 이상을 취득해야 합니다.

구분	응시자격	단계별 면제 조건
1단계 교양과정 인정시험	고등학교 졸업 또는 이와 같은 수준 이상의 학력 소지자	• 대학(교)에서 각 학년 수료 및 일부 학점 취득자 • 학점은행제를 통해 일부 학점을 인정받은 자 • 특정 국가(기술)자격 취득 또는 국가시험에 합격한 자
2단계 전공기초과정 인정시험		
3단계 전공심화과정 인정시험		
4단계 학위취득 종합시험	• 1~3단계 합격자 또는 면제자 • 대학교 및 이에 준하는 각종 학교의 동일전공 인정학과에서 3년 이상의 교육과정 수료(3년제의 경우 졸업) 또는 105학점 이상 취득한 자 • 학점은행제에서 동일전공으로 105학점(전공 28학점 포함) 이상 인정받은 자 • 외국에서 15년 이상의 학교교육과정을 수료한 자	없음 (반드시 응시해야 함)

06 시험 범위

- 시험의 범위와 예시 문항은 독학학위제 홈페이지(bdes.nile.or.kr) > [학습정보] > [과목별 평가영역]에서 확인할 수 있습니다.
- 본 교재의 목차는 과목별 평가영역을 충실히 반영하고 있기 때문에 교재의 목차를 통해서도 시험범위를 알 수 있습니다.

07 기본 출제 방향 및 단계별 평가 수준

단계	기본 출제 방향	평가 수준
1단계 교양과정 인정시험	• 국가평생교육진흥원에서 고시하는 과목별 평가영역에 준거하여 출제하되 특정 영역이나 분야가 지나치게 중시되거나 경시되지 않도록 함	• 대학 교양과정을 이수한 사람이 일반적으로 갖추어야 할 학력 수준을 평가함
2단계 전공기초과정 인정시험	• 독학자의 취업 비율이 높은 점을 감안하여, 과목의 특성상 가능한 경우에는 학문적 · 이론적인 문항뿐만 아니라 실무적인 문항도 출제함	• 각 전공영역의 학문을 연구하기 위하여 각 학문 계열에서 공통으로 필요한 지식 · 기술을 평가함
3단계 전공심화과정 인정시험	• 단편적인 지식 암기로 풀 수 있는 문항의 출제는 지양하고, 이해력 · 적용력 · 분석력 등 폭넓고 고차원적인 능력을 측정하는 문항 위주로 출제함	• 각 전공영역에 관하여 보다 심화된 전문적 지식 · 기술을 평가함
4단계 학위취득 종합시험	• 이설(異說)이 많은 내용의 출제는 지양하고 보편적이고 정설화된 내용에 근거하여 출제하며, 그럴 수 없는 경우에는 해당 학자의 성명이나 학파를 명시함	• 독학사 시험의 최종단계로서, 학위를 취득한 사람이 일반적으로 갖추어야 할 소양과 전문 지식 · 기술을 종합적으로 평가함

이제 실전이다! 3단계 시험 미리보기

01 경영학과 3단계 전공심화과정 인정시험

1) 시험 시간표

교시	1교시 09:00~10:40(100분)	2교시 11:10~12:50(100분)	중식 12:50~13:40(50분)	3교시 14:00~15:40(100분)	4교시 16:10~17:50(100분)
과목	재무관리론 경영전략	투자론 경영과학	-	재무회계 경영분석	노사관계론 소비자행동론

2) 문항 구성 및 배점

객관식(4지선다형)	주관식	합계
24문항 X 2.5점 (60점)	4문항 X 10점 (40점)	총 28문항(총 100점)

2) 합격 기준 : 전공 8과목 중 60점 이상 득점한 과목이 6과목 이상이면 합격

참고 시험에 대한 전체적인 정보는 해커스독학사 사이트(www.haksa2080.com)의 [독학사 시험안내]에서 확인할 수 있습니다.

02 경영학과 3단계 소비자행동론 시험 문제 분석

본 교재〈한달합격 해커스독학사 경영학과 3단계 소비자행동론 최신기출 이론+문제〉의 본문에도 실제 독학사 시험과 유사한 유형의 문제와 전문가의 풍부하고 상세한 해설을 수록하여 실전 대비가 가능합니다.

※ 시험 문제 분석은 국가평생교육진흥원 독학학위제에서 제공하는 '시험 문제 예시'를 활용하였습니다.

 문제 예시

구매 후 부조화가 일어날 가능성이 가장 높은 조건은?

① 매력적인 대안의 수가 많을 때
② 제품에 대한 관여도가 낮을 때
③ 구매결정을 쉽게 취소할 수 있을 때
④ 다른 사람에게 보이고자 하는 상징적 동기가 낮을 때

정답 ①

 해커스독학사 전문가의 해설

구매 후 부조화는 구매 후 잘못 선택했을 가능성 등으로 표현되는 심리적인 불안감을 의미한다. 매력적인 대안의 수가 많을 때 구매 후 부조화가 일어날 가능성이 높다.

오답분석
② 제품에 대한 관여도가 높으면 소비자들이 까다롭게 판단을 하므로 스스로 잘못 판단한 것에 대한 구매 후 부조화가 크다.
③ 구매결정을 번복하기 어려울수록 구매 후 부조화의 가능성이 높다.
④ 다른 사람에게 보이고자 하는 상징적 동기가 높을 경우 자아와 브랜드를 동일시하는 제품을 찾으며 그렇지 못했을 경우 구매 후 부조화를 경험한다.

03 시험 진행 순서 및 유의사항

시험장 가기 전
- 수험표, 주민등록증 또는 본인임을 입증할 수 있는 신분증, 컴퓨터용 사인펜(객관식 답안 마킹용), 흑·청색 볼펜(주관식 답안 작성용)을 반드시 준비합니다.

시험장(시험실) 도착 및 착석
- 시험 당일에는 반드시 수험표에 표기된 시험장에 입실해야 합니다.
- 1교시는 시험 시작 20분 전까지, 2~4교시는 시험 시작 15분 전까지 입실을 완료해야 합니다.
  참고 1과목 응시자도 각 교시에 해당하는 입실 시간까지 입실을 완료해야 합니다(시험 시작 후 입실 불가).

답안지 작성 및 시험지 배부
- 답안지 작성은 답안지에 기재되어 있는 '답안 작성 시 유의사항'을 숙지하고 그에 따라야 합니다.
- 객관식은 컴퓨터용 사인펜을 사용하여 마킹하고, 주관식은 흑·청색 볼펜을 사용하여 작성합니다.
- 문제지에도 수험번호와 성명을 기재해야 합니다.

시험 시간
- 총 4교시로 나누어 시험이 진행됩니다.
- 시험 시간 중에는 수험표와 신분증을 책상 위 좌측 상단에 놓아야 합니다.

쉬는 시간
- 시험 시간 중 50분(12:50~13:40)의 중식 시간이 있습니다.
- 각 교시의 시험이 끝날 때마다 15분의 쉬는 시간이 있으며, 다음 교시의 시험 시작 15분 전까지 착석하여 대기해야 합니다.
  참고 3교시는 중식 시간 외 시험 시작 전 별도의 쉬는 시간 없음

시험 종료
- 시험이 시작되고 30분 경과 후 퇴실이 가능합니다.
- 1과목 응시자는 시험이 시작되고 50분 경과 후 퇴실 조치됩니다.
- 퇴실 시, 문제지와 답안지는 반드시 감독관에게 제출해야 합니다.

무엇이든 물어보세요! **독학사 10문 10답**

01 학위 제도 관련

Q1. 독학학위제로 학위를 취득하면 정규대학 졸업자와 동등한 학력으로 인정받을 수 있나요?

A. 네, 동등한 학력으로 인정받을 수 있습니다.

독학학위제로 취득한 학위는 「독학에 의한 학위취득에 관한 법률」 제6조 제1항에 따라 대학에서 학사학위를 취득한 사람과 동등한 학력으로 인정 받을 수 있습니다. 따라서 독학학위제로 학위를 취득한 후, 대학 편입이나 대학원 진학이 가능합니다. 단, 대학 또는 대학원별로 모집요강이 다르기 때문에 지원하고자 하는 학교의 모집요강을 꼭 확인하시기 바랍니다.

Q2. 현재 대학생인데 독학학위취득시험에 응시할 수 있나요?

A. 네, 가능합니다.

독학학위제는 이중 학적에 적용되지 않아 대학 재학 중에도 시험에 응시할 수 있습니다.

Q3. 독학학위제 3단계 시험에 응시하여 합격한 과목은 학점은행제에서 학점으로 인정받을 수 있나요?

A. 네, 학점은행제에서 학점을 인정받는 것이 가능합니다.

3단계 시험의 경우, 합격한 과목에 한해 과목당 5학점씩 최대 6과목(총 30학점)까지 인정받을 수 있습니다. 따라서 학점은행제 학위 취득 예정자의 경우, 독학학위제와 병행한다면 더욱 빠르고 효율적으로 학위를 취득할 수 있습니다. 단, 학점은행제에 학습자 등록 및 학점인정 신청을 별도로 해야 학위 취득이 가능합니다. 학점은행제 학점인정 신청기간 및 신청 방법은 학점은행제 홈페이지(www.cb.or.kr)를 통해 확인할 수 있습니다.

Q4. 독학학위제 합격과목은 성적증명서에 어떻게 표기되나요?

A. 성적증명서 발급 시, 1~3단계의 합격과목에 대하여 '취득점수 표기' 또는 '취득점수 미표기'를 학습자가 선택하여 발급할 수 있으며, 4단계는 상대평가로 A+~D-까지 등급 및 평점(4.3학점 만점), 100점 기준 환산 점수가 표기됩니다.

02 학습 방법 관련

Q5. 독학학위제 시험을 준비하기 위한 시험 주관처의 교재나 강좌가 별도로 있나요?

A. 아니요, 시험 주관처인 국가평생교육진흥원에서는 교재나 강좌를 제공하지 않습니다.

국가평생교육진흥원에서는 독학학위제 시험 관련 교재 출판 및 강좌 운영을 하고 있지 않습니다. 하지만, 해커스독학사에서는 1단계부터 4단계까지의 다양한 강좌를 제공하고 있으며, 각 강좌에 필요한 교재도 판매하고 있습니다. 해커스독학사와 함께 독학학위제 시험을 준비하신다면, 수준 높은 교육 서비스 및 교재와 함께 합격에 보다 빠르게 도달할 수 있습니다.

03 원서접수 및 시험 관련

Q6. 3단계 원서접수 시, 8과목에 지원하였으나 사정상 6과목까지만 응시하려고 합니다. 이 경우, 불이익이 있나요?

A. 아니요, 응시하지 않은 과목에 대한 불이익은 없습니다.

응시하지 않은 과목은 결시 처리됩니다. 따라서 응시한 과목에 대해서만 채점하여 60점 이상 득점할 경우 합격 처리됩니다.

Q7. 독학학위취득시험은 왜 기출문제를 공개하지 않나요?

A. 독학학위취득시험은 대학 교과과정의 일반적이고 공통적인 지식과 기술을 평가할 수 있도록 일정한 수준의 난이도를 유지하는 것이 매우 중요하기 때문입니다.

독학학위취득시험은 경쟁시험이 아닌 독학 후의 학습능력이 대학 졸업학력에 도달하였는지를 측정하는 시험으로 시험의 범위와 수준이 정해져 있는 시험입니다. 그러므로 과목별로 대학 교과과정의 일반적·공통적인 지식과 기술을 평가할 수 있도록 하는 일정 수준의 난이도 유지가 매우 중요하며, 이를 위해 문제를 공개하지 않습니다. 그렇지만 본 교재에 수록되어 있는 '기출개념확인', '주관식 집중 공략', '실전연습문제'와 '7 출동형모의고사'를 활용한다면 철저한 시험 대비가 가능합니다.

04 응시자격 및 시험면제 관련

Q8. 2단계를 응시 못했는데 바로 3단계 시험에 응시할 수 있나요?

A. 네, 바로 3단계 시험에 응시가 가능합니다.

1, 2단계에 응시하지 않았더라도 바로 3단계 응시가 가능합니다. 고등학교 졸업 이상의 학력 소지자인 경우 1~3단계까지는 누구나 순서에 상관없이 자유롭게 응시할 수 있습니다. 단, 4단계의 경우 1~3단계를 모두 합격 또는 면제받아야만 응시가 가능합니다.

Q9. 4년제 대학교 국문학과를 졸업했습니다. 독학학위제 경영학 학위를 취득하려면 몇 단계까지 면제받을 수 있나요?

A. 이 경우, 1단계(교양과정 인정시험)만 면제받을 수 있습니다.

학위를 취득한 전공과 독학학위제에 지원한 전공이 다를 경우에는 전공과정 면제는 불가능하며 1단계(교양과정 인정시험)만 면제되므로, 지원하고자 하는 독학학위제 전공이 경영학과이고 대학에서 학위를 취득한 전공이 국문학과인 경우에는 2~4단계 시험에 응시하여 합격해야 합니다.

Q10. 대학교에서 '소비자행동론' 과목을 이수했는데 3단계 '소비자행동론' 과목 면제가 가능한가요?

A. 아니요, 면제 받을 수 없습니다.

독학학위취득시험에서는 대학에서 이수한 과목으로 시험 과목을 면제받을 수 없습니다. 그러나 대학에서 취득한 일정 이상의 학점으로 시험 단계별 면제는 가능합니다.

무료 학습자료 제공 · 독학사 단기합격 **해커스독학사**
www.haksa2080.com

전문가가 분석한 출제경향 및 학습전략

제1장에서는 소비자의 구매 의사결정에 영향을 미치는 동기와 이를 설명하기 위한 이론들이 중요하게 다뤄지고 있으므로 인지와 감성의 차이, 정서적·경험적 관점 및 소비자정보처리모형, 소비자행동 연구의 경제학·심리학적 접근 등을 중점적으로 학습해야 한다. 또한 소비자행동 연구를 위한 방법론 중 논리경험주의와 해석주의 두 개념을 혼동하지 않아야 하며 여러 개념 간 특징을 비교하며 학습해야 한다.

제1장 | 핵심 키워드 Top 10

핵심 키워드 Top 10은 본문에도 동일하게 ★로 표시하였습니다.

번호	키워드	페이지
01	Bettman의 소비자정보처리모형 ★★★	p.30
02	정서적·경험적 관점 ★★★	p.31
03	인지와 감성의 차이 ★★★	p.31
04	소비자행동 연구의 경제학적 접근 ★★	p.29
05	심리학에 근거한 소비자행동 연구 ★★	p.29
06	논리경험주의(모더니즘) ★★	p.32
07	해석주의(포스트모더니즘) ★★	p.32
08	소비자의 개념 ★	p.24
09	소비의 유형 ★	p.24
10	소비자행동의 정의 ★	p.25

제1장

마케팅과 소비자행동

제1절 소비자행동의 이해
제2절 소비자행동과 마케팅 전략
제3절 소비자행동 연구의 발전과정

제1절 소비자행동의 이해

01 소비자의 이해

1. 소비자의 개념과 유형

(1) 소비자의 개념 ★ `기출개념`
① 재화와 용역을 소비하는 사람이다.
② 재화와 용역의 소비결과까지 관심을 갖는 소비생활의 권리자이다.

(2) 소비자의 유형
① 개인소비자: 자신의 소비를 위해 구매한다.
② 조직소비자: 제품이나 서비스를 생산하기 위해 구매한다.

2. 소비의 유형 ★ `기출개념`

(1) 획득
제품을 구매함으로써 소유권을 가진다.

(2) 사용
구매한 제품을 사용함으로써 실질적으로 소비가 이루어지고, 제품의 사용 경험을 바탕으로 제품에 대한 정보 획득 및 태도를 형성하고 재구매 여부를 판단하는 근거가 된다.

(3) 처분
사용 완료된 제품을 처분하는 방식에 대해 폐기, 재활용, 가공 등의 의사결정을 한다.

02 소비자행동의 개념

1. 소비자행동의 개관
① 기업은 생산의 주체로서 소비자가 필요로 하는 재화나 서비스를 제공하게 된다.
② 기업의 성공과 실패는 소비자에 의해 좌우된다.
③ 기업이 소비자를 올바르게 이해하는 것은 교환을 통해 수익을 극대화시킬 수 있는 사업성공의 열쇠가 된다.

2. 소비자행동의 정의와 목적

(1) 소비자행동의 정의 ★ 기출개념
① 개인이나 집단이 그들의 욕구를 만족시키기 위해서, 사회적 상호관련성과 환경적 요인의 제약하에 정보를 처리하는 심리적 과정과 환경설정 과정을 거쳐, 재화 및 서비스를 접근·구매·사용하고, 이에 따른 경험을 통해 나타나는 일련의 행동과정이다.
② 일반적인 소비자행동의 연구대상은 개인소비자가 중심이 되는 최종 소비자를 대상으로 한다.
③ 소비자행동의 결정 요인은 크게 개인의 심리적 요인과 환경적 요인으로 분류한다.
④ 소비자행동은 소비자행동을 의사결정과정으로 파악하고 사후의 경험이 피드백되는 과정을 포함하고 있다.

(2) 소비자행동의 목적
① 기업이 마케팅의 목적을 합리적으로 달성하고자 한다.
② 정부가 소비자 보호를 위한 정책수립에 필요한 정보를 제공하기 위함이다.
③ 소비자 자신이 합리적인 소비 행위를 할 때, 필요한 자료를 제공하는 데 목적이 있다.

3. 소비자행동의 특성
① 소비자행동은 목표 지향적이다.
② 소비자는 자율적인 사고를 한다.
③ 소비자의 동기와 행동은 조사에 의해 규명될 수 있다.
④ 소비자의 동기와 행동은 외부의 영향을 받는다.
⑤ 소비자행동의 순환적 과정은 소비자 교육의 필요성을 야기시킨다.

4. 소비자행동의 유용성

(1) 합리적인 소비활동
기업의 사회적 책임이 강조되는 추세에 따라 기업들도 단순히 매출 극대화를 추구하기보다는 유용한 제품정보 및 가격비교 정보를 제공하는 등 소비자의 합리적인 소비활동을 지원하기 위한 활동을 설계하고 실행해야 한다.

(2) 마케팅 전략의 수립
① 시장기회의 분석과 예측: 새로운 마케팅 기회와 위협을 확인하기 위하여 마케팅 환경의 현황과 변화추세를 검토해야 한다.
② 시장세분화와 표적 시장 선정: 욕구가 유사한 세분시장들로 구분하고, 각 집단에 독특한 마케팅 믹스를 제공함으로써 소비자를 보다 잘 만족시킬 수 있다.

(3) 마케팅 믹스의 구성

① 제품 의사결정: 제품과 서비스의 특징을 결정한다.
② 가격 의사결정: 제품에 부과할 가격과 이러한 고객의 조건방안을 결정한다.
③ 유통경로 의사결정: 제품과 서비스에 대한 가용성과 접근성을 개선하며, 제품과 제품의 소유권을 소비자에게 이전시키기 위한 방안을 결정한다.
④ 촉진 의사결정: 소비자에게 기업과 제품에 관한 정보를 제공하고, 바람직한 행동을 취해주도록 설득하기 위한 방안을 결정한다.

(4) 비영리조직의 마케팅

비영리조직은 존재가치를 인정받기 위해 사회 내의 어떠한 필요를 충족시키거나 문제를 해결함으로써 상대의 호응을 얻어내야 하므로 소비자행동에 관한 지식을 활용해야 한다.

기출개념확인

01 일반적으로 재화와 용역을 소비하는 자를 무엇이라고 하는가?

① 생산자　　　　　　　② 소비자
③ 유통업자　　　　　　④ 고용주

02 소비의 유형에 대해 설명하시오.

정답·해설

01 ②
일반적인 의미에서 소비자는 재화와 용역의 사용자로서 이해되고 있으나, 소비자는 단순한 재화와 용역의 사용자에서 벗어나 사용결과까지 관심을 가지는 소비생활의 권리자로서 이해하여야 한다.

02 획득, 사용, 구분
소비는 제품을 구매하여 소유권을 가지는 '획득', 구매한 제품을 사용함으로써 제품에 대한 정보와 평가를 하는 '사용', 사용이 완료된 제품에 대해 의사결정을 하는 '처분'으로 구분한다.

제2절 소비자행동과 마케팅 전략

01 마케팅 전략

1. 마케팅 전략의 개념
① 하나의 제품시장을 세분화하여 표적 세분시장을 선정한다.
② 각 세분시장에서 경쟁우위를 달성할 수 있는 확고한 제품의 포지션을 확보한다.
③ 통제 가능한 마케팅 믹스 계획을 수립한다.

2. 소비자 정보의 필요성
마케팅 전략은 시장세분화, 제품 포지셔닝, 마케팅 믹스 계획의 수립과 실행으로 구성되며, 단계별로 관련 소비자 정보가 수집되어야 한다.

02 마케팅 전략과 소비자행동의 관계

1. 시장세분화와 표적 시장 선정을 위한 소비자 정보
① 세분시장의 인구통계적 특성을 파악하기 위해 소비자 정보가 필요하다.
② 세분시장의 심리도식적인(psychographics) 특성을 파악하기 위하여 소비자 정보가 필요하다.
③ 세분시장의 행동적 특성(구매량, 구매빈도 등)을 파악하기 위해 소비자 정보가 필요하다.

2. 제품 포지셔닝을 위한 소비자 정보
① 자사 상표들에 대한 소비자 지각에 대한 정보가 필요하다.
② 경쟁 상표들에 대한 소비자 지각에 대한 정보가 필요하다.
③ 소비자의 제품 사용 후 만족/불만족 요인에 대한 구체적인 정보가 필요하다.

3. 마케팅 믹스 계획 수립을 위한 소비자 정보
① 제품 믹스 중 상표명, 패키지에 대한 소비자 평가 정보가 필요하다.
② 가격 믹스 중 가격에 대한 반응, 품질 지각, 가격탄력성 등에 대한 정보가 필요하다.

③ 촉진 믹스 중 광고카피에 대한 소비자 평가 정보가 필요하다.
④ 유통 믹스 중 소비자의 점포 의사결정과 선호도, 점포 이미지에 대한 평가 정보가 필요하다.

기출개념확인

01 마케팅 전략 수립 시 소비자에 대한 이해가 필요한 이유에 해당하지 <u>않는</u> 것은?
① 시장세분화와 표적 시장 선정
② 제품 포지셔닝
③ 경로구성원의 관리
④ 마케팅 믹스 계획 수립

02 다음 빈칸에 들어갈 알맞은 말을 쓰시오.

> 시장세분화, 제품 포지셔닝, 마케팅 믹스 계획의 수립과 실행 등 마케팅 전략 수행을 위해 단계별 관련 (   )이/가 수집되어야 한다.

정답·해설

01 ③
일반적으로 경로구성원 관리는 제품을 최종소비자에게 전달하는 유통경로상에서 물적 흐름을 담당하는 기업체 및 조직이다. 따라서 개별 소비자에 대한 이해가 필요한 것이 아니라 시장 구조에 대한 이해구성원(기업체)의 강·약점에 대한 이해가 필요하다.

02 소비자 정보
마케팅 전략의 수행은 단계별로 의사결정을 내리기 위한 표적 소비자의 정보를 기초로 하여 계획된다.

제3절 소비자행동 연구의 발전과정

01 소비자행동 연구의 발전과정

1. 초기 소비자행동론

(1) 소비자행동 연구의 경제학적 접근 ★★ 기출개념
① 가정: 소비자는 완전한 정보를 토대로 합리적인 의사결정을 한다.
② 목표: 효용극대화로, 소비자는 주어진 소득 수준과 제품 가격하에서 최대의 효용을 얻을 수 있도록 구매할 제품의 종류와 구매량을 결정한다.
③ 문제점
　㉠ 소비자는 효용을 극대화시키는 최적대안 대신 적정 수준의 만족을 제공하는 대안을 선택하기도 한다.
　㉡ 합리적 행동에 대한 정의가 어렵다.
　　예 가격이 싼 승용차 대신 자신의 이미지를 강화시켜주는 승용차를 구매하는 소비자를 비합리적이라고 볼 수 있는가?
　㉢ 공공의 이익, 사회적 책임 등을 고려하지 않는다.
　　예 연쇄 살인범의 행동도 경제학적으로 합리적인 것으로 간주될 수 있다.

(2) 프로이트의 심리분석론적 접근 기출개념
① 특정의 제품이나 상표의 구매가 소비자에게 주는 심리적 의미에 초점을 맞춘다.
② 동기 조사: 심층 면접법이나 표적 집단 면접법을 사용하여 구매에 영향을 미친 심리적 요인을 규명한다.
③ 문제점
　㉠ 소수의 소비자 집단 면접에 의존하여 일반화된 조사결과를 얻기 힘들다.
　㉡ 조사결과에 대한 분석자의 주관적 판단이 개입될 수 있다.
　㉢ 사후 분석 위주의 정보이므로 향후 구매예측 등에 활용하기 어렵다.

2. 다원적 접근 방법(1950년대~1960년대 후반)

(1) 심리학에 근거한 소비자행동 연구 ★★ 기출개념
① 소비자의 개성과 구매행동 간의 상관관계를 연구한다.
② 개성 변수가 소비자의 구매행동을 충분히 설명하지 못하자, 라이프스타일을 중심으로 하는 사이코그래픽스가 도입되었다.

⊙ AIO(Activity, Interest, Opinion): 인간의 행동, 관심사, 의견을 종합하여 여러 집단으로 구분한다.
ⓒ VALS(Value And LifeStyles): 소비자가 중시하는 가치와 라이프스타일을 바탕으로 심리적 시장세분화에 활용된다.

(2) 사회학에 근거한 소비자행동 연구
① 동료집단(준거집단)이 개인의 제품구매에 미치는 영향을 연구한다.
② 가족구매 의사결정 및 집단, 조직의 구매행동을 다룬다.

3. 소비자정보처리 관점(1960년대 후반 이후)

(1) 소비자행동모형의 발전과정
① Howard and Sheth모형
  ⊙ 시간의 경과에 따른 상표의 선호, 선택행동을 설명하고자 한 모형으로 행동과학적 접근 모형이다.
  ⓒ 학습 이론에 바탕을 둔 자극 - 반응의 소비자행동 모형이다.
② Engel, Kollat and Blackwell모형
  ⊙ 소비자를 입력에 반응하여 출력(행동)하는 하나의 시스템으로 파악하여, 소비자의 복잡한 의사결정과정을 해명하고자 하였다.
  ⓒ 소비자가 투입물을 받았을 때 일어나는 현상은 비교과정이며, 비교과정의 산출물이 구매 의사결정과정으로 이 중에서 비교과정에 역점을 둔 모형이다.
③ Bettman의 소비자정보처리모형 ★★★ `기출개념`
  ⊙ 정보처리적 접근을 통해 소비자들의 주의, 기억, 지각, 선택 및 학습 등을 통합적으로 다룰 수 있는 모형이다.
  ⓒ 정보처리모형과 의사결정모형 간의 관계와 이에 미치는 개인적·심리적·사회적·문화적 요인의 영향을 규명한 모형이다.

(2) 소비자행동모형의 특징 `기출개념`
① 소비자행동모형에서 소비자는 논리적이고 체계적인 의사결정자이다.
② 의사결정과정에 많은 인지적 노력이 투입된다.

⊙ 핵심 Check

소비자에 대한 경제학적 관점과 정보처리모형의 차이 비교

경제학에서는 소비자를 완전한 정보를 가지고 효용을 극대화하는 최적의 의사결정을 내리는 주체로 가정하지만, 정보처리모형에서는 다소 완화된 가정으로 주어진 정보와 조건하에서는 가능한 한 논리적이고 체계적으로 의사결정을 내린다고 생각한다.

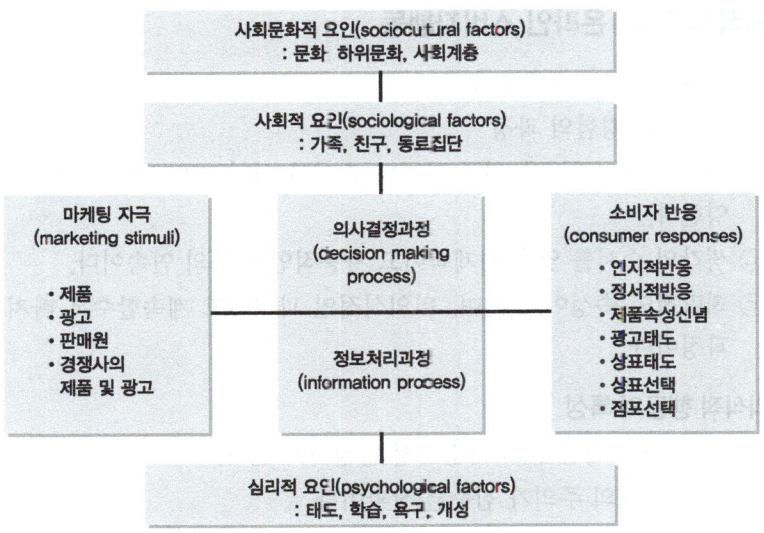

[그림 1-1] 소비자정보처리 관점에서 본 소비자행동모형(소비자정보처리모형)

4. 정서적·경험적 관점(1980년대 이후) ★★★ 기출개념

(1) 정서적 동기

① 소비자는 정서적 동기에서 구매행동을 한다.
② 소비자는 소비과정에서 즐거움이나 환상 등의 좋은 느낌을 경험하고자 한다고 보는 관점이다.
③ 제품은 사랑, 긍지, 지위 등을 표현하는 주관적 상징물이다.
  예 소비자는 Louis Vuitton 핸드백을 질기다거나 색깔이 좋다 등의 이유보다는 자아 이미지의 강화를 위해 구매할 수 있다.
④ 실용적 가치(utilitarian value) 못지않게 정서적 가치(hedonic value)가 중요하다고 생각하는 관점이다.

(2) 인지와 감성의 차이 ★★★ 기출개념

① 인지적 개념("Cold" topics): 주의(attention), 지각(perception), 정보획득(information acquisition), 학습(learning), 경험(expertise), 귀인(attribution), 의사결정방식(decision making rules) 등이 있다.
② 감성적 개념("Hot" topics): 분위기(mood), 느낌(feeling), 감정(emotion), 저관여(low involvement), 주변적 정보처리(peripheral processing), 정서적 소비(hedonic aspects of consumption), 갈등(conflict), 자아표현적 동기에 의한 제품 선호(self-expressive motive for brand preference) 등이 있다.

핵심 Check

정서적 동기와 인지적 동기

정서적 동기는 인지적 동기와 구매의 동기가 다른 것이지 정서적 동기가 정보처리적 관점과 상치되는 관점은 아니다.

개념 Plus

소비자행동에서 인지적 개념과 감성적 개념의 시사점

인지적 개념은 주의, 지각, 학습, 귀인 등 소비자의 머릿속에서 일어나는 인지적인 사고과정을 통해 정보처리가 일어나는 데 필요한 과정들이며, 실제 신체적인 차가움 혹은 차가운 온도와 관련된 은유가 있는 환경에서 발현되기 쉽다. 반면 감성적 개념은 분위기, 느낌, 감정 등 소비자의 기분과 관련된 정서적인 과정을 통해 정보를 처리하는 데 필요한 개념들이며, 실제 신체적인 다뜻함, 뜨거움 혹은 뜨거운 온도와 관련된 은유가 있는 환경에서 발현되기 쉽다.

5. 비의식적 관점: 온라인 소비자행동

(1) 의식의 흐름(flow experience)
   ① "Flow": 최적경험의 과정
      ㉠ 생각이 목표달성을 위한 단계나 순서가 아닌 자연스러운 흐름의 특징을 반영한다.
      ㉡ 생각의 순서를 잊은 기계적이고 자동적인 반응의 연속이다.
      ㉢ 쾌락적인 속성이 있으며, 비의식적인 과정이고 계속할수록 빠져들 수 있는 과정이다.

(2) 비의식적 행동의 특성
   ① 온라인 쇼핑, 게임 등의 과정에서 발생하기 쉽다.
   ② 100% 소비자의 주의가 집중된 상황이다.
   ③ 시간관념을 상실하여 과거, 현재, 미래의 구분이 어려울 수 있다.
   ④ 자아와 환경의 구분 상실, 자극과 반응의 구분 상실, 자기 행동에 대한 통제감의 부족 등의 현상이 나타난다.
   ⑤ 지극히 만족스러운 마음의 상태이다.

02 소비자행동의 연구 방법론 비교

1. 논리경험주의(모더니즘) ★★ 기출개념
① 인간의 이성이 모든 것을 지배하고, 과학에 의해 발견될 수 있는 단일의 객관적 진리가 존재하다고 본다.
② 관심 대상의 기능적 측면을 강조한다.
③ 제품의 가치는 삶의 질서를 창출하는 데 도움을 주는 도구가 될 때 발생된다.
④ 소비자행동을 분석함에 있어서 주로 설문지나 실험과 같은 정량적 조사 기법을 활용한다.

2. 해석주의(포스트모더니즘) ★★ 기출개념

(1) 해석주의
   ① 상징적이고 주관적인 경험을 강조한다.
   ② 개개인은 자신의 독특한 경험 및 다른 사회구성원과의 공유된 문화적 경험을 토대로 자신만의 의미를 구성한다.
   ③ 제품의 가치는 소비과정에서 다양한 경험의 제공 여부에 의해 결정된다.

(2) 해석주의적 접근 방식의 하나로서의 자연주의적 탐구

① 소비경험에 대한 조사자의 직접 관찰이나 심층면접을 통해 소비자행동을 깊이 있게 이해하려는 연구 방법이다.

② 자연주의적 탐구의 특징
　㉠ 특정 현상이 존재하는 현장에서 직접 의미를 찾고자 한다.
　㉡ 특정 상황 속에서 일어나는 현상을 계속적으로 추적해야 하므로 조사 자체가 미결정된 상태에서 진행된다.
　㉢ 현장에서 감지될 수 있는 암묵적인 지식이 최대한 활용될 수 있다.
　　예 동작, 상징물, 분위기, 감정적 표현 등
　㉣ 관찰 또는 심층면접과 같은 정성적인 방법이 주로 사용된다.
　㉤ 표본의 대표성보다는 표본의 분산성이 추구된다.
　㉥ 귀납적 분석 방법이 사용된다.
　㉦ 조사가 진행되면서 조사 설계가 정교화되고 구체화된다.

3. 소비자행동 연구에 대한 논리경험주의 및 해석주의 접근의 비교 기출개념

가정	논리경험주의	해석주의
현실의 성격	단일의 객관적 진실이 존재함	사회적 맥락에 따라 구성되는 복수의 진실이 존재함
연구목표	설명, 예측, 통제	현상의 이해
지식의 활용	시간과 맥락에 상관없이 적용됨	특정 시간과 맥락 속에서 적용됨
인과관계에 대한 관점	진정한 원인이 존재함	복수의 동시다발적인 사건이 발생함
연구자와 연구대상자 사이의 관계	관계의 분리가 요구됨	참여를 통한 상호작용과 협조가 요구됨

기출개념확인

01 소비자행동에 대한 연구를 경제학적 관점에서 볼 때, 문제점에 해당하지 않는 것은?

① 조사결과에 대한 분석자의 주관적 판단이 개입될 수 있다.
② 소비자는 효용을 극대화하지 않는 대안을 선택할 수 있다.
③ 경제학에서 가정하는 합리적 행동에 대한 정의가 모호하다.
④ 공공의 이익이나 사회적 책임에 반하는 판단을 내릴 수도 있다.

02 해석주의 연구 방법에 따른 특징이 아닌 것은?

① 상징적이고 주관적인 경험을 강조한다.
② 개개인은 자신의 독특한 경험 및 다른 사회구성원과의 공유된 경험을 토대로 자신만의 의미를 구성한다.
③ 제품의 가치는 소비과정에서 다양한 경험을 제공해 주는지의 여부에 의해 결정된다.
④ 소비자행동을 분석함에 있어 주로 설문지나 실험과 같은 정량적 조사기법을 활용한다.

03 소비자들이 중시하는 가치와 라이프스타일을 바탕으로 심리적 시장 세분화에 활용하고자 하는 방법은?

정답·해설

01 ①
조사결과에 대한 분석자의 주관적 판단이 개입될 수 있는 문제는 동기 조사 등 심리 분석적 접근에 따른 문제점에 해당한다.

오답분석
② 소비자는 효용극대화가 아닌 만족하는 수준의 대안을 선택하기도 한다.
③ 소비자는 합리적 행동을 위해 비용을 최소화하는 것이 아닌 자아 이미지를 극대화하는 등 다른 기준을 적용할 수도 있다.
④ 경제학적인 관점에서는 일부 연쇄살인범의 행동도 합리적인 것으로 간주될 수 있다.

02 ④
해석주의 접근방식에서는 개인의 경험과 의미를 중시하여 조사자의 직접 관찰이나 심층면접을 통해 소비자행동을 깊이 있게 이해하고자 한다.

03 VALS
VALS(Value And LifeStyles)는 소비자의 개성과 구매행동 간의 상관관계를 연구하는 사이코그래픽스 방법론 중 하나로 소비자들이 중시하는 가치와 라이프스타일을 바탕으로 심리적 시장세분화에 활용된다.

제1장 | 주관식 집중 공략

01 다음은 어떤 개념에 대한 설명인지 쓰시오.

> 재화와 용역을 소비하는 사람이자 재화와 용역의 소비결과까지 관심을 갖는 소비생활의 권리자이다.

|답안| 소비자

|해설| 소비자는 재화와 용역을 소비하는 사람이면서 동시에 재화와 용역의 소비결과까지 관심을 갖는 소비생활의 권리자이다.

02 최근 나타난 새로운 소비자행동 연구의 영역으로 소비자정보처리모형에서 중요시하는 실용적 가치(utilitarian value) 못지 않게 중요하다고 생각하는 관점은 무엇인지 쓰시오.

|답안| 정서적 가치

|해설| 정서적 가치는 실용적 가치와 동일한 소비자정보처리과정을 따른다고 가정하고 있으며, 정서적 동기는 인지적 동기와 구매의 동기가 다른 것이지 정보처리적 관점과 상치되는 관점은 아니다.

03 다음 빈칸에 들어갈 알맞은 말을 쓰시오.

> (   )은/는 소비자행동 연구에서 해석주의적 접근 방식과 일맥상통하는 개념으로, 조사 목적이 미결정된 상태에서 소비자의 소비경험에 대한 조사자의 직접 관찰이나 심층면접을 통해 소비자행동을 깊이 있게 이해하려는 연구 방법이다.

|답안| 자연주의적 탐구

|해설| 자연주의적 탐구는 해석주의 접근 방식을 따르며, 특정 현상이 존재하는 현장에서 직접 의미를 찾고자 하고, 현장에서 감지될 수 있는 암묵적인 지식이 활용된다. 관찰법 또는 심층면접과 같은 정성적인 방법이 주로 사용된다.

> 참고 현장에서 감지될 수 있는 암묵적인 지식
> 동작, 상징물, 분위기, 감정적 표현 등을 예로 들 수 있다.

04 소비자 의사결정과정과 함께 추후 구매 의사결정을 위해 마케팅 자극 및 정보를 처리하여 결과적으로 다양한 인지적 반응, 태도, 행동적 반응을 보이게 되는 과정을 무엇이라고 하는지 쓰시오.

|답안| (소비자) 정보처리과정

|해설| 소비자 정보처리과정은 소비자 의사결정과정과 함께 심리적, 사회적, 문화적 환경요인에 의해 영향을 받아 특정 마케팅 자극 및 정보를 처리하여 결과적으로 다양한 인지적 반응, 태도, 행동적 반응을 보이게 되는 과정이다.

05 다음 빈칸에 들어갈 알맞은 말을 쓰시오.

> (   )은/는 목표달성을 위한 단계가 순서를 따르지 않고 기계적이고 비의식적인 행동 반응의 연속으로 소비자가 현재 자신의 경험 여부를 잊어버리는 상태이다.

|답안| Flow(플로우)

|해설| 'Flow'는 최적경험의 과정으로 생각이 목표달성을 위한 단계나 순서가 아닌 자연스러운 흐름의 특징을 반영하고 있다. 즉, 생각의 순서를 잊은 기계적이고 자동적인 반응의 연속이다. 쇼핑, 게임 등 쾌락적인 속성이 있으며 비의식적인 과정이고 계속할수록 빠져들 수 있는 과정이다.

제1장 | 실전연습문제

* 기출유형 은 해당 문제가 실제 시험에 출제된 유형임을 나타냅니다.

객관식

01 소비자행동의 정의와 목적에 대한 설명으로 옳지 않은 것은?

① 소비자행동을 의사결정과정으로 파악하고 사전 경험이 피드백되는 과정을 포함하고 있다.
② 소비자행동은 개인을 포함한 최종 소비자를 연구대상으로 한다.
③ 소비자행동은 소비자의 합리적인 소비 행위를 지원하고, 기업이 마케팅 목적을 합리적으로 달성하며, 정부가 소비자 보호를 위한 정책수립에 필요한 자료를 제공하는 것을 연구 목적으로 한다.
④ 소비자행동의 결정 요인을 크게 개인의 심리적 요인과 환경적 요인으로 구분한다.

기출유형

02 소비의 유형에 해당하지 않는 것은?

① 획득   ② 사용
③ 처분   ④ 재구매

03 다음 중 소비자행동의 특성에 대한 설명으로 적절하지 않은 것은?

① 소비자행동은 목표 지향적이다.
② 소비자는 유도된 사고를 한다.
③ 소비자의 동기 및 행동은 조사에 의해 규명될 수 있다.
④ 소비자의 동기와 행동은 외부의 영향을 받는다.

기출유형

04 다음 중 소비자행동에 관한 지식이 유용하게 활용될 수 있는 분야와 거리가 먼 것은?

① 합리적인 소비 활동
② 기업 재무제표의 작성
③ 마케팅 전략 수립
④ 비영리기관 마케팅

기출유형

05 마케팅 전략 중에서 소비자행동에 대한 이해가 필요한 이유에 해당하지 않는 경우는?

① 마케팅 믹스 계획 수립
② 제품 포지셔닝
③ 시장세분화와 표적 시장 선정
④ 전략적 사업계획의 조정

06 시장세분화와 관련된 소비자 정보의 필요성에 해당하지 않는 것은?

① 세분시장의 인구통계적 특성
② 세분시장의 행동적 특성
③ 세분시장의 제품사용 경험
④ 세분시장의 심리도식적 특성

07 다음 중 초기 소비자행동론의 경제학적 접근에 대한 설명으로 잘못된 것은?

① 소비자는 적정 수준의 정보를 바탕으로 논리적이고 체계적으로 의사결정을 한다.
② 소비자는 효용을 극대화하기 위해 노력한다.
③ 경제학적 접근에서 보는 합리성은 일반적으로 비용을 최소화하는 목표를 설정한다.
④ 공공 이익이나 사회적 책임 문제를 회피할 수 있다.

08 다음 내용이 설명하는 개념은?

> 제품은 사랑, 지위 등을 표현하는 주관적 상징물이며, 소비자는 소비과정을 통해 즐거움, 환상, 행복 등을 경험하고자 한다. 매장 분위기, 소비자의 감정상태, 저관여, 자아표현적 동기 등에 의한 소비자행동 등이 이에 해당한다.

① 소비자정보처리적 관점
② 비의식적 관점
③ 정서적·경험적 관점
④ 심리학적 관점

09 소비자정보처리 관점에서 본 주요 연구대상 요소가 아닌 것은?

① 구매 의사결정과정
② 마케팅 자극
③ 소비자 반응
④ 비의식

10 논리 경험주의와 해석주의적 연구 방법론을 비교한 내용 중 옳지 않은 것은?

	논리경험주의	해석주의
① 연구목표:	현상의 이해	설명, 예측, 통제
② 지식활용:	시간과 맥락 상관 없이 적용	특정 시간과 맥락 내에서 적용
③ 인과관계:	근본적 원인이 존재	복수다발적인 원인이 존재
④ 조사관계:	조사자와 대상자 간 분리 필요	상호 참여를 통한 협조가 필요

11 1950~1960년대 소비자행동 연구를 위한 다원적 접근 방법을 설명하는 개념이 아닌 것은?

① AIO
② 동기조사
③ VALS
④ 준거집단

12 다음 중 인지적 개념에 해당하지 않는 것은?

① 지각
② 경험
③ 귀인
④ 감정

주관식

13 시장에서의 소비자의 활동을 의미하는 개념을 쓰시오.

14 다음 내용과 관련되어 소비자 정보를 획득하는 이유는 마케팅 전략 내용 중 어떤 것과 연관이 있는지 쓰시오.

> 상표명, 패키지에 대한 소비자 평가, 가격·품질 지각, 가격탄력성, 광고카피 평가, 점포선택 및 선호도, 점포 이미지

기출유형

15 소비자를 논리적이고 체계적인 의사결정자로 가정하며 의사결정과정에 많은 인지적 노력이 투입된다고 가정한 모형은 소비자행동의 어떤 연구 관점을 설명하는 것인지 쓰시오.

16 다음 빈칸에 들어갈 알맞은 말을 쓰시오.

> (　　　)에서는 "Flow" 등으로 설명하는 생각 의 순서를 잊은 기계적이고 자동적인 반응의 연속이고 쾌락적인 속성이 있으며, 계속할수록 빠져들 수 있는 과정으로 설명하고 있다. 온라인 소비자행동에서 자주 나타나는 이러한 특성은 비의식적 행동의 특성을 설명하는 것이다.

17 소비자행동 연구에서 활용되는 논리경험주의 방법론에 대해 설명하시오.

19 다음 빈칸에 들어갈 알맞은 말을 쓰시오.

> Bettman의 소비자정보처리 관점에서 이해하는 소비자행동모형은 ( ), 정보처리과정 및 개인과 외부 요인에 의해 영향을 받는 구조로 설명하고 있다.

18 구매한 제품을 사용함으로 실질적으로 소비가 이루어지고, 제품의 사용 경험을 바탕으로 제품에 대한 정보 획득 및 태도를 형성하고 재구매 여부를 판단하는 근거가 되는 소비 유형이 무엇인지 쓰시오.

20 다음 빈칸에 들어갈 적절한 말을 쓰시오.

> 소비자행동 연구와 관련된 접근 방법 중 해석주의에서는 관찰대상이 되는 표본의 대표성보다는 표본의 ( )이/가 추구된다.

제1장 | 실전연습문제 정답·해설

객관식

01	02	03	04	05
①	④	②	②	④
06	07	08	09	10
③	①	③	④	①
11	12			
②	④			

01 ①
소비자행동의 목적은 소비자행동을 의사결정과정으로 파악하고, 사후 경험이 피드백되는 과정을 포함하고 있다.

02 ④
소비는 획득, 사용, 처분의 과정을 거쳐 소비된다. 재구매는 개별 제품 및 서비스에 대한 소비를 설명하는 것이 아니라 사용의 과정을 거쳐 추가 제품 및 서비스를 획득하는 것을 말한다.

03 ②
소비자행동의 특성에 따르면, 소비자는 자율적인 사고를 한다.

04 ②
기업의 재무제표 작성에는 기업의 재무활동과 관련된 현금흐름 정보가 필요하며, 소비자 관련 정보는 필요하지 않다.

오답분석

①, ③, ④ 소비자행동의 유용성은 소비자 개인의 합리적인 소비 활동, 기업의 마케팅 전략 수립, 기업의 마케팅 믹스 구성, 비영리기관 마케팅 등에 활용될 수 있다.

05 ④
마케팅 전략은 첫째, 시장세분화와 표적 시장 선정을 위해, 둘째, 제품 포지셔닝 설정을 위해, 셋째, 마케팅 믹스 계획 수립을 위해 소비자 정보가 필요할 수 있다. 전략적 사업계획을 조정하는 것에는 기업의 자원 및 사업의 강·약점에 대한 정보가 중요하다.

06 ③
시장세분화와 관련된 소비자 정보의 필요성에는 여러 시장세분화 변수들이 해당된다. 제품사용 경험은 제품 사용 후 만족/불만족 요인을 분석하기 위한 것으로 주로 제품 포지셔닝 및 조정 활동에서 활용될 수 있다.

07 ①
경제학적 관점에서는 소비자를 완전한 정보를 토대로 합리적인 의사결정을 하는 주체로 보고 있다. 적정 수준의 정보를 바탕으로 논리적이고 체계적으로 의사결정을 하는 관점은 소비자정보처리 관점이다.

08 ③
정서적·경험적 관점은 소비자정보처리 관점을 보완하기 위해 1980년대 이후 나타난 연구방향으로 정서적, 상징적 가치를 강조하고 있다.

09 ④
소비자정보처리 관점에서는 마케팅 자극, 의사결정과정, 소비자 반응, 심리적 요인, 사회적 요인, 문화적 요인 등을 주요 구성요소로 인식하고 있다. 비의식은 비의식적 관점에서 중요하게 생각하는 요소에 해당한다.

10 ①
논리경험주의에서는 정량적 조사를 바탕으로 설명, 예측, 통제를 하고자 하는 목적으로 연구를 접근하고 있고 해석주의에서는 정성적 조사를 바탕으로 현상과 의미에 대해 이해하는 데 목적이 있다.

11 ②

다원적 접근 방법에는 심리학에 근거한 소비자행동 연구와 사회학에 근거한 소비자행동 연구가 있다. 심리학에 근거한 연구에는 개성, 사이코그래픽스, AIO, VALS 등이 있으며, 사회학에 근거한 연구에는 준거집단 및 가족에 대한 구매행동 연구가 있다. 동기조사는 초기 소비자행동론 중 프로이드의 심리분석론적 접근 방식을 설명하는 수단이자 개념이다.

12 ④

인지적 개념('Cold' topics)에는 주의, 지각, 정보획득, 학습, 경험, 귀인, 의사결정방식 등이 있다. 감정은 감성적 개념('Hot' topics) 중 하나이다.

주관식

13

|답안| 소비자행동

|해설| 소비자행동은 개인 또는 집단이 그들의 욕구를 만족시키기 위해서, 사회적 상호관련성과 환경적 요인의 제약하에 정보를 처리하는 심리적 과정과 환경설정 과정을 거쳐, 재화 및 서비스를 접근, 구매, 사용하고, 이에 따른 경험을 통해 나타나는 일련의 행동 과정이다.

14

|답안| 마케팅 믹스 계획

|해설| 마케팅 전략과 관련해 소비자 정보를 필요로 하는 이유에는 시장 세분화 및 표적 시장 선정, 제품 포지셔닝, 마케팅 믹스 계획 수립 등이 있다. 이 중 마케팅 믹스 계획 수립은 제품 믹스, 가격 믹스, 촉진 믹스, 유통 믹스와 관련된 소비자 정보를 필요로 한다.

15

|답안| 소비자정보처리

|해설| 소비자정보처리 관점은 경제학적 관점과는 달리 소비자를 논리적이고 체계적인 의사결정자로 가정하며 정서적·경험적 관점과 달리 의사결정과정에 많은 인지적 노력이 투입된다고 가정하고 있다.

16

|답안| 비의식적 관점

|해설| 비의식적 관점에서는 "Flow" 등으로 설명하는 생각의 순서를 잊은 기계적이고 자동적인 반응의 연속이고 쾌락적인 속성이 있으며, 계속할수록 빠져들 수 있는 과정으로 설명하고 있다. 온라인 소비자행동에서 자주 나타나는 이러한 특성은 비의식적 행동의 특성을 설명하는 것이다.

17

|답안| 논리경험주의는 인간의 이성이 모든 것을 지배하고 과학에 의해 발견될 수 있는 단일의 객관적 진리가 존재한다고 본다. 또한 관심대상의 기능적 측면을 강조하며 제품의 가치는 삶의 질서를 창출하는 데 도움을 주는 도구가 될 때 발생된다고 본다. 그리고, 논리경험주의는 소비자행동을 분석함에 있어 주로 설문지나 실험과 같은 정량적 조사 기법을 활용하는 특성을 보인다.

18

|답안| 사용

|해설| 구매한 제품을 사용함으로써 실질적으로 소비가 이루어지고, 제품의 사용 경험을 바탕으로 제품에 대한 정보 획득 및 태도를 형성하고 재구매 여부를 판단하는 근거가 되는 소비 유형은 '사용'이다.

19

|답안| 의사결정과정

|해설| Bettman의 소비자정보처리 관점에서 이해하는 소비자행동모형은 의사결정과정, 정보처리과정 및 개인의 심리적 요인과 사회적 요인, 문화적 요인 등 외부 요인에 의해 영향을 받는 구조로 설명하고 있다.

20

|답안| 분산성

|해설| 소비자행동 연구와 관련된 접근 방법 중 해석주의에서는 관찰대상이 되는 표본의 대표성보다는 표본의 분산성이 추구된다. 즉, 평균적이고 대표적인 관찰치보다는 관찰대상의 독특성, 다양성 이 등이 중요시된다는 의미이다.

무료 학습자료 저공·독학사 단기합격 해커스독학사
www.haksa2080.com

무료 학습자료 제공 · 독학사 단기합격 **해커스독학사**
www.haksa2080.com

전문가가 분석한 출제경향 및 학습전략

제2장에서는 소비자의 구매 의사결정의 단계별 특성에 대한 내용을 다루며 소비자행동의 전 영역 중 가장 출제 빈도가 높고 중요하다. 문제의 인식, 정보의 탐색, 구매 전 대안평가, 구매, 구매 후 행동에 대해 그 특성과 주요 설명 이론을 중점적으로 학습해야 한다. 또한 관여도의 개념과 소비자 의사결정 방식, 소비자 문제 유형 간 개념의 차이를 이해하고 각 유형을 정리하는 것이 좋다.

제2장 | 핵심 키워드 Top 10
핵심 키워드 Top 10은 본문에도 동일하게 ★로 표시하였습니다.

01	관여도 ★★★	p.46
02	정보 탐색의 종류 ★★★	p.52
03	보상적 평가 방식 ★★★	p.58
04	비보상적 평가 방식 ★★★	p.59
05	구매 후 부조화 ★★★	p.65
06	의사결정의 복잡성에 따른 소비자 의사결정 유형 ★★	p.47
07	소비자가 당면하는 문제의 유형 ★★	p.50
08	귀인행동 ★★	p.66
09	올리버(Oliver)의 기대-성과 불일치 모형 ★	p.64
10	켈리(Kelly)의 공변원리(covariance principle) ★	p.66

제2장

소비자 의사결정과정

제1절 소비자 의사결정의 형태
제2절 문제의 인식
제3절 정보의 탐색
제4절 구매 전 대안의 평가
제5절 구매
제6절 구매 후 행동

제1절 소비자 의사결정의 형태

01 소비자 의사결정의 유형

1. 소비자 의사결정의 유형

구분	일상적 문제해결	제한된 문제해결	포괄적 문제해결
제품가격	저가격	↔	고가격
구매방식	높은 구매빈도	↔	낮은 구매빈도
관여도	낮은 위험, 저관여	↔	높은 위험, 고관여
제품 유형	친숙한 브랜드 소수 브랜드 탐색	↔	친숙하지 않은 브랜드 광범위한 브랜드 탐색
의사결정 유형	구매에 많은 생각, 정보탐색, 시간, 노력을 들이지 않음	↔	구매에 많은 생각, 정보탐색, 시간, 노력을 들임

2. 관여도 ★★★ 기출개념

(1) 관여도의 개념
① 주어진 상황에서 특정 대상에 대하여 개인이 중요하다고(혹은 관심을 가져야 한다고) 지각하는 수준이다.
② 주어진 상황에서 특정 대상에 대해 개인이 관련이 있다고 지각하는 수준이다.

(2) 관여도의 유형
① 지속적 관여(enduring involvement)
  ㉠ 개인이 어떤 제품군에 대하여 지속적으로 갖는 관여도이다.
  ㉡ 제품이 자신의 중요한 가치와 관련되거나 자아(ego)와 관련될수록 높다.
  예 평소 자동차를 좋아하는 사람이 자동차 구매를 고려하는 경우
② 상황적 관여(situational involvement)
  ㉠ 상황에 따라 변화하는 관여도이다.
  ㉡ 특정 상황에서 위험을 크게 지각할수록 고조된다.
  예 평소에 관심은 없으나 다른 사람에게 선물을 하기 위해 와인 구매를 고려하는 경우

3. 의사결정의 복잡성에 따른 소비자 의사결정 유형 ★★ 기출개념

(1) 포괄적 문제해결(extended problem solving)
① 최초 구매이면서 많은 시간과 노력을 필요로 하는 복잡한 의사결정문제이다.
② 자동차, 디자이너 의류, 고급 스테레오 시스템 등이 해당된다.

(2) 제한적 문제해결(limited problem solving)
① 최초 구매이면서 비교적 간단한 의사결정문제를 말한다.
② 어느 정도의 경험과 정보를 보유한 경우가 많다.
③ 제한적인 정보 탐색을 실시한다.

(3) 일상적 문제해결(routinized problem solving)
① 반복구매에 의해 복잡성의 정도가 매우 낮은 의사결정문제이다.
② 상표애호도(brand loyalty): 고관여 상태에서 반복적으로 구매하는 것이다.
③ 관성적 구매(inertia): 저관여 상태에서 반복적으로 구매하는 것이다.

02 소비자 의사결정과정 기출개념

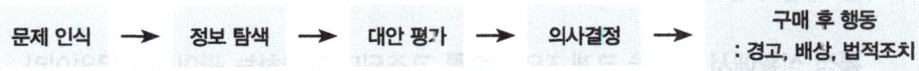

[그림 2-1] 소비자 의사결정과정

1. 문제 인식
① 실제 상태와 바람직한 상태가 다르다는 것을 인식하거나 감지하는 것이다.
② 문제해결을 위한 필요를 인식하게 되면 구매행동이 유발된다.

2. 정보 탐색
① 정보 탐색은 소비자 본인의 기억을 상기하는 내적 탐색과 본인의 기억 외에 외부에 있는 정보를 탐색하는 외적 탐색으로 구분한다.
② 소비자 정보 원천에는 개인적 원천, 상업적 원천, 공공적 원천, 경험적 원천이 있다.
③ 정보 탐색의 수준은 욕구의 강도, 내적 탐색의 수준, 추가 정보 획득의 용이성, 탐색으로부터 얻는 만족 등에 의해 결정된다.

3. 대안 평가
① 특정 상표의 선택을 위해 각 대안에 관한 정보를 처리하는 단계이다.
② 수집된 정보를 바탕으로 다양한 방식으로 대안 평가를 실시한다.

4. 구매

① 구매는 대안 평가와 구매 의사결정 사이에 타인으로부터 전달되는 구전 또는 예기치 못한 상황의 발생 등으로 영향을 받을 수 있다.

② 기존 대안 평가를 무시하고 직관적이고 단순한 방식으로 의사결정과정을 단순화하기도 한다.

5. 구매 후 행동

① 제품 구매 후 소비자들은 제품에 대한 만족 혹은 불만족 등의 반응을 나타내며, 이는 다시 구매에 영향을 미친다.

② 구매 후 불만족에 대한 대응은 기존 대안에 대한 정당화, 환불 및 교환 요구, 법적 소송 등 불만족의 수준에 따라 달라진다.

기출개념확인

01 의사결정의 복잡성에 따른 소비자 의사결정 유형에 해당하지 <u>않는</u> 것은?
① 습관적 문제해결
② 일상적 문제해결
③ 제한적 문제해결
④ 포괄적 문제해결

02 특정 상황에서 위험을 크게 지각할수록 고조되며 변화하는 관여도를 무엇이라 하는지 쓰시오.

정답·해설

01 ①
의사결정의 복잡성에 따른 소비자 의사결정 유형은 복잡성의 수준에 따라 일상적 문제해결, 제한적 문제해결, 포괄적 문제해결로 구분된다. 소비자행동 관련하여 습관적 구매행동은 있으나 소비자는 문제해결을 습관적으로 하지는 않는다.

02 상황적 관여
상황적 관여는 지속적 관여와는 달리 특정 상황에서 위험을 크게 지각할수록 고조되며 상황에 따라 변화하는 관여도이다. 예를 들어 평소에 와인에 대해 관심이 없으나 다른 사람에게 선물하기 위해 와인 구매를 고려하는 경우에는 상황적 관여도가 높다고 할 수 있다.

제2절 문제의 인식

01 구매유발 요인으로서의 욕구

1. 문제 인식(problem recognition)
실제 상태(actual state)와 바람직한 상태(desired state) 간의 차이를 해소시켜주는 수단에 대한 욕구의 환기(need arousal)이다.

2. 동기부여(motivation)
① 문제 인식이 의사결정과정을 거쳐 구매로 이어지기 위해서는 충분한 동기부여가 이루어져야 한다.
② 동기부여의 크기는 실제 상태와 바람직한 상태 간 차이의 크기와 당면한 문제의 중요성에 의해 결정된다.

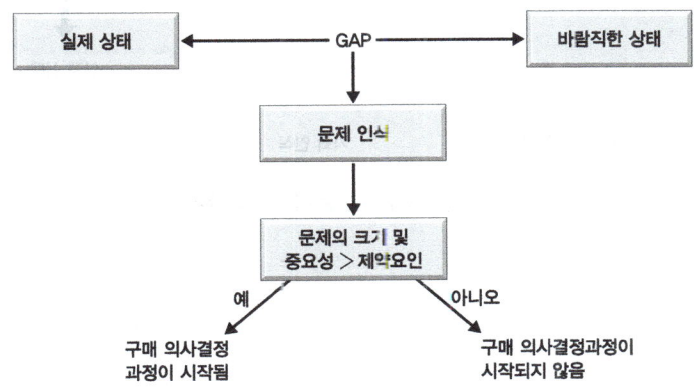

[그림 2-2] 문제 인식과 동기부여의 관계

3. 문제 인식과 목표 하이어라키(hierarchy)
① 문제를 인식하면 소비자는 바람직한 상태(문제해결)에 도달하기 위한 계획을 세운다.
② 바람직한 상태가 추상적(예 세련된 삶)이거나 일반적인(예 최상의 제품) 경우, 최종 목표인 바람직한 상태에 도달하기 위해 부차적 목표들을 설정한다.

02 문제 인식의 유형 [기출개념]

1. 필요 인식(need recognition)
실제 상태의 수준이 하락하여 실제 상태와 바람직한 상태 간 차이가 크게 인식되면서 문제해결이 필요한 상황이다.
예 집안의 세탁기가 작동하지 않고 고장 난 상황

2. 기회 인식(opportunity recognition)
실제 상태의 변화 없이 기술적 발전이나 소비자 욕구의 다양화 등으로 인해 바람직한 상태에 대한 기대수준이 높아져 차이가 크게 인식되면서 문제해결이 필요한 상황이다.
예 평소 사용하는 TV에 문제는 없으나 TV판매대에 새로운 기능이 탑재된 제품이 출시된 것을 보고 새로운 TV를 구매하고 싶은 상황에 해당

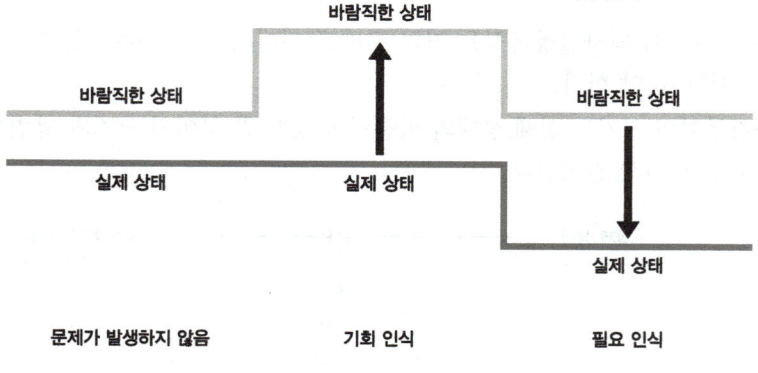

[그림 2-3] 문제 인식의 유형

03 소비자가 당면하는 문제의 유형 ★★ [기출개념]

1. 일상적인 문제(routine problem)
실제 상태와 바람직한 상태 간의 차이가 발생할 것이 예상되며, 즉각적으로 해결이 필요한 문제이다.
예 사용하던 샴푸가 다 떨어진 상황

2. 계획적 문제(planning problem)
문제발생은 예상되나 즉각적인 해결이 필요하지 않은 문제이다.
예 아파트 구입

3. 긴급적 문제(emergency problem)

갑자기 발생된 예상치 못한 문제이며, 즉각적으로 해결이 요구되는 문제이다.

예 붕대 구입

4. 점증적 문제(evolving problem)

예상치 않았으며 즉각적인 해결이 필요치 않은 문제이다.

예 산악용 자전거 구입

기출개념확인

01 소비자가 당면하는 문제의 유형에 해당하지 <u>않는</u> 경우는?
① 일상적 문제　　　　② 계획적 문제
③ 지속적 문제　　　　④ 점증적 문제

02 다음 빈칸에 들어갈 알맞은 말을 쓰시오.

> (　　　)의 크기는 실제 상태와 바람직한 상태 간 차이의 크기와 당면한 문제의 중요성에 의해 결정된다.

정답 · 해설

01　③
　　소비자가 당면하는 문제의 유형에는 일상적 문제, 계획적 문제, 긴급적 문제, 점증적 문제가 있다.

02　동기부여
　　문제 인식이 의사결정과정을 거쳐 구매로 이어지기 위해서는 충분한 동기부여가 필요하다. 이때, 동기부여의 크기는 실제 상태와 바람직한 상태 간 차이의 크기와 당면한 문제의 중요성에 의해 영향을 받는다.

제3절 정보의 탐색

01 정보 탐색의 종류 ★★★ 기출개념

1. 내적 탐색(internal search)
① 본인의 기억 속에 저장되어 있는 내용을 상기하는 것이다.
② 당면한 문제를 해결해 줄 수 있는 수단, 즉 제품 및 서비스에 대한 정보를 기억으로부터 회상하는 것이다.
예 상표의 이름, 제품 사용의 기억

2. 외적 탐색(external search)

(1) 외적 탐색의 개념
① 본인의 기억 외에 외부에 있는 정보를 탐색하는 과정이다.
② 기억 속에 충분한 정보가 보유되어 있지 않다고 판단되어 외부로부터 추가적인 정보를 찾는 것이다.

(2) 외적 탐색의 유형

구분	내용
구매 전 탐색	당면한 특정 문제를 해결하기 위하여 정보를 탐색하는 경우
계속적 탐색	평소에 관심을 두고 비교적 지속적으로 정보를 탐색하는 경우

(3) 외적 탐색의 특성
① 욕구의 강도, 내적 탐색의 수준, 추가 정보 획득의 용이성, 탐색으로부터 얻는 만족감 등에 의해 추가적인 탐색 여부를 결정하게 된다.
② 소비자는 의사결정단계 초기에 제품을 접하는 경우에는 기업이 제공하는 원천을 많이 활용하지만, 의사결정단계 이후에는 개인적 원천을 주로 이용하는 경향이 있다.

02 소비자의 정보 원천

1. 개인적 원천
① 소비자가 또 다른 소비자들로부터 얻는 정보이다.
② 가족, 친구, 이웃, 친지 등이 있다.

2. 상업적 원천
① 기업으로부터 얻는 정보이다.
② 광고, 판매원, 판매상, 포장, 진열 등을 가리킨다.

3. 공공적 원천
① 공공기관으로부터 얻는 정보이다.
② 방송 시사 프로그램, 한국소비자원, 소비자가 중요시하는 시민단체 및 조직체 등이 있다.

4. 경험적 원천
① 소비자가 직접 상품을 써보거나 경험해 봄으로써 정보를 얻는 경우이다.
② 제품 취급, 조사, 상품 사용 등을 말한다.

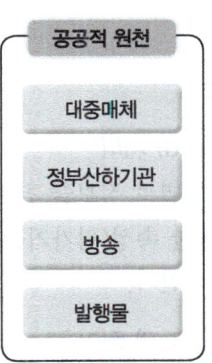
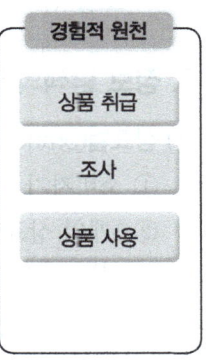

[그림 2-4] 구매자의 정보 원천

03 외적 정보 탐색의 수준

1. 외적 탐색 정도의 결정 요인(대체로 비용 vs 편익의 문제) `기출개념`

(1) 제품의 특성(product characteristics)
① 고가격일수록 외적 탐색이 늘어난다.
② 상표대안 간 차별화 정도가 높을수록 외적 탐색이 늘어난다.
③ 상표의 대안/속성의 수가 많을수록 외적 탐색이 늘어난다.

(2) 개인적 특성(individual characteristics) 기출개념
① 소비자가 제품에 대한 지식이 증가할수록 외적 탐색이 증가하다가 어느 정도의 수준 이상에서는 다시 감소하는 특성을 보인다.
② 소비자의 관여도 및 지각된 위험이 높을수록 외적 탐색이 증가한다.
③ 인구통계적 특성: 가격 민감도가 높은 특정 소비자 집단(예 은퇴한 노년층)에서는 외적 정보 탐색이 많다.

(3) 상황적 특성(situational characteristics)
① 욕구의 긴급성(time pressure)이 높을수록 외적 탐색이 줄어든다.
② 점포의 혼잡 정도가 높을수록 외적 탐색이 줄어든다.
③ 점포까지의 거리가 멀수록 외적 탐색이 줄어든다.

2. 정보 탐색의 내용
① 선택대안들의 종류: 소비자가 선택할 수 있는 브랜드 대안이 무엇이 있는지 탐색한다.
② 선택대안들에 대한 평가기준: 어떠한 평가기준(속성)을 중심으로 선택할 대안을 평가할지를 탐색한다.
③ 각 대안의 평가기준별 성과기준: 소비자들이 구매를 고려하고 있는 브랜드 대안들에 대해 각 평가기준(속성)별로 어느 정도 수준인지를 평가하기 위한 판단정보를 탐색한다.

3. 정보 탐색의 방식 기출개념

(1) 상표별(brand – based) 처리
① 소비자가 각 상표별로 정보를 탐색하는 것이다.
② 1개의 상표에 대한 속성(평가기준)별 평가가 종료되면 그 다음 상표에 대한 속성별 평가를 시작한다.

(2) 속성별(attribute – based) 처리
① 소비자가 각 속성별로 여러 대안을 비교하면서 정보를 탐색하는 것이다.
② 한 속성에 대한 상표별 평가가 종료되면 그 다음 속성에 대한 상표별 평가를 시작한다.

(3) 혼합식(mixed) 처리
① 소비자가 처음에는 속성별로 여러 대안을 비교하면서 정보를 탐색하다가 어느 정도 선택대안을 좁히면 일부 상표들에 대해서만 속성별 평가를 하는 것이다.
② 소비자 정보 탐색 초기에는 주로 속성별 처리가 일어나지만, 후기에는 상표별 처리가 일반적이다.

4. 소비자 의사결정 유형에 따른 외적 정보 탐색의 수준 [기출개념]

탐색의 성격	의사결정과정		
	포괄적 문제해결	제한적 문제해결	일상적 문제해결
상표의 수	다수	소수	한 개
점포의 수	다수	소수	모름
속성의 수	다수	소수	한 개
정보원천의 수	다수	소수	없음
시간소요	장시간	단시간	최단시간

04 정보 탐색의 마케팅 시사점

1. 구매 대안에의 포함

소비자가 내적 탐색을 할 때, 상기상표군(evoked set)이나 고려상표군(consideration set) 안에 자사상표가 포함되도록 해야 한다.

2. 소비자 정보 원천의 파악

(1) 정보 탐색과 정보 원천의 관계

정보 탐색과정에서 소비자가 사용하는 정보 원천을 파악해야 한다.

(2) 정보 원천의 파악 방법
① 회송엽서
② 심층면접
③ 설문조사법
④ 정보가속화 기법

3. 자사제품에 대한 정보 탐색 지원

(1) 정보 탐색과 제품홍보의 관계

기업제공 정보 원천의 활용을 통해 소비자의 자사상표에 대한 정보 탐색을 지원한다.

(2) 정보 원천의 파악 방법
① 광고
② 판매원
③ 포장지 및 설명서
④ 무료샘플

개념 Plus

상기상표군과 고려상표군
상기상표군은 어떤 문제의 인식이 끝난 후 정보 탐색을 시작할 때 내적 탐색만을 통해 떠오르는 대표적인 상표들로 높은 수준의 브랜드 인지도를 가진 상표들이다. 반면, 고려상표군은 그관여 상품에 대해 추가적인 외적 정보 탐색을 하여 떠오른 상기상표군과 외적 정보 탐색에 의해 발견된 상표를 모두 합하여 최종 의사결정을 내리기 직전의 상표 집합이다.

정보가속화 기법
(information acceleration)
혁신제품에 대한 인적판매, 광고, 판촉, 구전 등의 수단을 시뮬레이션하여 가장 효과적인 정보 원천을 파악하는 방법이다.

기출개념확인

01 소비자의 정보 탐색에 영향을 미치는 방향이 올바르게 설명된 것은?

① 가격이 낮을수록 외적 탐색이 늘어난다.
② 상표대안 간 차별화 정도가 높을수록 외적 탐색이 늘어난다.
③ 소비자의 관여도가 낮을수록 외적 탐색이 늘어난다.
④ 욕구의 긴급성이 낮을수록 외적 탐색이 줄어든다.

02 소비자의 정보 원천에 대해 설명하시오.

정답·해설

01 ②

상표대안 간 차별화가 높으면 소비자는 다양한 욕구 충족에 맞는 제품을 선택하고 잘못 구매했을 경우 느끼는 심리적 부담감을 최소화하기 위해 노력한다. 상표대안 간 품질 차이가 없는 경우 소비자는 어떤 제품을 구매하더라도 비슷한 수준이라고 판단되어 최대한 빠른 시간 내에 정보 탐색을 끝내고자 한다.

[오답분석]
① 가격이 높을수록 재무적 위험을 크게 지각해 외적 탐색의 양을 늘린다.
③ 소비자는 해당 제품에 대한 관여도가 높을수록 중요하게 생각하고 본인과 관련성이 높다고 생각하기 때문에 외적 탐색의 양을 늘린다.
④ 욕구의 긴급성이 높을수록 상표에 대한 탐색보다는 해당 제품 범주의 소비에 목적을 두게 된다.
   [예] 극단적으로 오랜 기간 술을 마시지 않은 알코올 중독자는 주류 브랜드 차이에 신경 쓰지 않는다.

02 소비자의 정보 원천에는 개인적 원천, 상업적 원천, 공공적 원천, 경험적 원천이 있다. 개인적 원천은 소비자가 또다른 소비자들로부터 얻는 정보로 가족, 친구, 이웃, 친지 등이 있다. 상업적 원천은 기업의 마케팅 활동으로부터 얻는 정보로 광고, 판매원, 판매상, 포장, 진열 등을 가리킨다. 공공적 원천은 공공기관으로부터 얻는 정보로 방송 시사 프로그램, 소비자보호원이나 소비자가 중요시하는 시민단체 및 조직체 등이 있다. 경험적 원천은 소비자가 직접 상품을 써보거나 경험해 봄으로써 정보를 얻는 경우로 제품 취급, 조사, 상품 사용 등 1차 자료의 성격을 지닌다.

제4절 구매 전 대안의 평가

01 대안 평가 방식

1. 대안 평가의 개념
① 특정 상표의 선택을 위해 각 대안에 관한 정보를 처리하는 단계이다.
② 내적 탐색과 외적 탐색으로 수집된 정보를 바탕으로 대안 평가를 실시한다.

2. 대안 평가의 구성요소 기출개념

(1) 제품 속성들의 묶음(bundle of product attributes)
소비자들은 제품의 획득을 통해 자신의 필요를 만족시키며, 자신들의 필요를 만족시켜줄 수 있는 제품 속성들의 묶음을 파악한다.

(2) 속성(평가기준)의 중요도
소비자들의 의식 속에서 사회적으로 중요한 것이라고 쉽게 떠올려지는 것이 아닌 소비자가 진정으로 중요하게 고려하는 속성이다.

(3) 상표 신념(brand beliefs)
각 상표대안들이 각 속성상 어떤 위치를 차지하는지에 대한 소비자의 믿음이다.

3. 평가기준의 특성
① 상황에 따라 소비자가 고려하는 평가기준은 달라질 수 있다.
   예 시간 압박이 있는 경우에는 평소 기준인 맛보다 서비스의 속도가 중요하다.
② 평가기준에는 객관적 기준과 주관적 기준이 있다.
   예 객관적 기준 – 연비, 주관적 기준 – 디자인
③ 평가기준은 중요한 평가기준(salient / important criteria)과 결정적 평가기준(determinant criteria)이 있을 수 있다.
   예 중요한 기준 – 품질, 결정적 기준 – 안전성
④ 소비자가 실제로 고려하는 평가기준의 수는 상황 및 제품에 따라 다르다.
   예 고관여 vs 저관여 제품, 보통 6개 이하이다.

02 보상적 평가 방식 ★★★ 기출개념

1. 보상적(compensatory) 평가 방식의 개념
① 소비자의 대안 평가에 있어서 한 가지 속성에서 낮은 점수를 받은 대안이 다른 속성에서 점수를 만회할 수 있는 방식의 평가모형이다.
② 소비자의 특정 상표에 대한 태도는 제품 속성의 중요도와 해당 제품 속성에서의 특정 상표에 대한 신념의 합에 의해 결정된다.

2. 보상적 평가 방식에 따른 선택 대안의 결정 예시

속성	중요도	상표 신념			
		르노삼성 SM5	현대 소나타	기아 K5	쉐보레 말리부
연비	0.4	8	7	7	9
가격	0.3	5	8	8	6
엔진출력	0.2	6	8	8	6
디자인	0.1	9	8	7	8

(1) 선택 대안의 결정
종합 태도점수가 가장 높은 현대 소나타를 구매할 것이다.

(2) 각 대안별 평가결과
① 르노삼성 SM5: $0.4(8) + 0.3(5) + 0.2(6) + 0.1(9) = 6.8$
② 현대 소나타: $0.4(7) + 0.3(8) + 0.2(8) + 0.1(8) = 7.6$
③ 기아 K5: $0.4(7) + 0.3(8) + 0.2(8) + 0.1(7) = 7.5$
④ 쉐보레 말리부: $0.4(9) + 0.3(6) + 0.2(6) + 0.1(8) = 7.4$

3. 보상적 평가 방식의 마케팅 시사점
① 소비자의 평가를 바꾼다.
　예 • 엔진의 교체: 엔진출력 평가의 상승
　　 • 가격할인 행사: 가격 평가의 상승
② 중요도에 대한 인식을 바꾼다.
　예 구입가격보다는 디자인이 더 중요하다고 마케팅 커뮤니케이션 전략을 실행한다.
③ 자사가 가진 새로운 속성을 개발한다.
　예 심리적인 재포지셔닝 전략을 실시한다.
④ 경쟁상표들에 대한 소비자의 인식을 바꾼다.
　예 비교광고: 제품 간 강점과 약점을 부각시킨다.

개념 Plus

보상적 평가 방식의 의의
현대 소나타는 연비 속성에서 쉐보레 말리부에 뒤떨어지고 디자인 속성에서 르노삼성 SM5의 평가에 비해 부족하지만, 다른 속성에서의 우위를 바탕으로 종합 평가에서 앞선 것으로 한 속성에서의 부족함을 다른 속성에서의 우월함으로 상쇄하고 있다.

03 비보상적 평가 방식 ★★★ 기출개념

1. 비보상적(non-compensatory) 평가 방식의 개념
어떤 속성에서 최소 수준에 미달하여 고려 대상에서 제외되는 경우에 다른 속성에서 만회할 기회가 주어지지 않는 대안평가모형이다.

2. 비보상적 평가의 유형

(1) 결합식 모형(conjunctive model)
소비자가 원하는 각 속성의 최소 수준 이상을 만족시키는 대안을 선택하는 모형이다.

예 각 속성에서 9, 6, 6, 8의 최소 수준을 만족시키는 대안은 쉐보레 말리부이다.

(2) 분리식 모형(disjunctive model)
소비자가 원하는 속성 중에서 최고 수준의 대안을 선택하는 모형이다.

예 가격 혹은 디자인에서 최고 수준의 대안은 디자인 6를 받는 르노삼성 SM5이다.

(3) 사전편집식 모형(lexicographic model)
① 사전을 편집하는 방식처럼 가장 중요시되는 평가기준에서 최고로 평가되는 상표를 선택하는 방식이다.
② 가장 중요시되는 평가기준에 따라 복수의 대안이 선택되면, 그 다음 중요한 평가기준을 적용한다.

예 가격이 가장 중요하고 디자인이 두 번째로 중요한 속성이라면 현대 소나타가 선택된다.

(4) 순차적 제거식 모형(elimination-by-aspects model)
중요하게 생각하는 특정 속성의 최소 수용기준을 설정하고, 그 속성에서 수용기준을 만족시키지 못하는 상표를 제거해 나가는 방식이다.

예 엔진출력은 8 이상이며, 디자인에서 8 이상인 대안은 현대 소나타이다.

3. 비보상적 평가 방식의 마케팅 시사점
① 저관여제품의 경우에 소비자들은 비보완적 방식에 의하여 대체상표들을 비교하고 평가하는 경향이 있다.
② 사전편집식에 의한 상표선택: 다수의 소비자가 가장 중요시하는 속성을 조사하여 이를 강조한다.
③ 결합식 또는 순차적 제거식에 의한 상표선택: 소비자들이 대체로 수용하는 정도를 파악하여 이를 만족시킨다.

> **개념 Plus**
>
> **비보상적 평가 유형 간 차이**
> 소비자들이 어떤 평가 방식을 활용하는가를 이해하는 것은 중요하다. 분리식, 사전편집식, 순차적 제거식은 속성별 처리를 유도하기 때문에 가장 중요한 1~2가지의 속성에서 우수한 수준을 유지하는 것이 좋다. 반면에 결합식은 상표별 처리를 유도하기 때문에 모든 속성에 대해 평균 이상의 수준을 유지하는 것이 좋다.

기출개념확인

01 소비자가 대안 평가를 할 때, 고려하는 요소에 해당하지 않는 것은?
① 상표에 대한 신념
② 제품 속성의 묶음
③ 속성의 중요도
④ 비보상적 평가 방식

02 다음은 어떤 소비자가 식당을 선택하기 전에 선택 대안을 정리해보고 중요하다고 생각하는 제품 속성과 각 제품 속성에서 상표 대안에 대한 평가를 정리한 표이다. 소비자가 보상적 평가 방식에 따라 식당을 선택한다면, 다음 중 어떤 대안을 선택하게 되는지 구하시오.

속성	중요도	상표 신념		
		A식당	B식당	C식당
맛	0.5	8	7	9
가격	0.3	5	8	6
서비스	0.2	9	8	8

정답·해설

01 ④
소비자들은 대안을 평가할 때 중요하다고 생각되는 제품 속성의 묶음, 각 해당 속성의 상대적인 중요도, 각 상표대안들이 해당 속성별로 어느 정도의 평가를 받는지에 대한 신념 자료들을 고려한다.

02 C식당
보상적 평가 방식에 따르면 다른 속성의 평가가 나쁘더라도 전반적으로 평가가 가장 우수한 대안을 선택해야 하므로 C식당이 선택된다.
A식당 = $0.5 \times 8 + 0.3 \times 5 + 0.2 \times 9 = 7.3$
B식당 = $0.5 \times 7 + 0.3 \times 8 + 0.2 \times 8 = 7.5$
C식당 = $0.5 \times 9 + 0.3 \times 6 + 0.2 \times 8 = 7.9$

제5절 구매

01 소비자 구매행동의 유형 기출개념

구분	고관여	저관여
최초 구매	복잡한 의사결정	다양성 추구
반복 구매	상표 충성도	관성적 구매

1. 고관여 소비자의 구매행동

(1) 복잡한 의사결정(complex decision making)
① 일반적으로 처음 구매하는 제품이다.
② 관여 수준이 높고 새로운 제품을 구매하는 소비자의 구매행동이다.
③ 포괄적 문제해결(extended problem solving) 방식을 활용한다.

(2) 상표애호도(brand loyalty)
① 일반적으로 반복적으로 구매하는 제품이다.
② 대안 평가, 신념형성 등의 인지적 과정 없이 구매욕구가 발생되면 바로 선호하는 특정 상표를 구매하는 방식이다.

2. 저관여 소비자의 구매행동

(1) 다양성 추구(variety seeking)
① 일반적으로 처음 구매하는 제품이다.
② 반복 구매하던 상표에 싫증이 나거나 새로움을 추구하려는 의도에서 다른 상표로 전환하는 구매행동이다.
③ 파생된 다양성 추구행동과 직접적 다양성 추구행동이 있다.

(2) 관성적 구매(inertia)
① 일반적으로 반복적으로 구매하는 제품이다.
② 구매 시 복잡한 의사결정을 피하기 위하여 동일한 상표를 습관적으로 구매하는 행동(spurious loyalty)이다.

02 상황적 요인과 소비자 구매행동

1. 상황의 정의 및 유형

(1) 소비자행동에 영향을 미치는 상황

① 물리적 환경(physical surrounding): 물리적 환경은 소비자행동에 영향을 미치는 모든 형태의 비인적 요소이다.
  예 점포의 지리적 위치, 실내장식, 음향, 조명, 냄새, 진열 등

② 사회적 환경(social surrounding): 소비자행동에 영향을 미치는 인적 요소이다.
  예 타인의 존재 여부, 타인의 특성이나 역할, 상호작용 등

③ 시간(time): 계절, 시간제약, 소요시간 등 시간과 관련된 요소이다.
  예 빙수

④ 과업 정의(task definition): 특정 제품을 구매, 소비하고 싶은 욕구를 발생시키는 과업 특성과 관련된 요소이다.
  예 개인의 사용 목적으로 구매하는 경우 vs 다른 사람에서 선물하기 위해 구매하는 경우

⑤ 선행 상태(antecedent status): 소비자행동이 일어나는 동안 소비자가 경험하게 되는 생리적, 인지적, 감정적 상태이다.
  예 분위기 등

(2) 상황의 유형

① 소비 상황(consumption situation): 제품을 사용하는 과정에서 영향을 미치는 사회적, 물리적 요인들이다.

② 구매 상황(purchase situation)
  ㉠ 제품을 구매하는 과정에서 영향을 미치는 환경 요인들이다.
  ㉡ 점포 내 환경, 구매목적, 소비자의 기분 상태, 예기치 않은 사태의 발생 등이 있다.

③ 커뮤니케이션 상황(communication situation)
  ㉠ 소비자들이 인적·비인적인 매체를 통해 제품 정보에 노출되는 상황이다.
  ㉡ 소비자 반응에 영향을 미치는 유형의 커뮤니케이션 상황 요인에는 커뮤니케이션 메시지의 내용, 커뮤니케이션 맥락, 소비자의 무드 상태가 있다.

(3) 상황변수의 전략적 시사점

① 상황에 따른 속성의 중요도에 따라서 서로 다른 제품 속성을 강조하는 마케팅 전략을 도입할 수 있다.
② 시장세분화에 유용하다.
③ 생활양식의 변화가 제품 소비상황에 미치는 영향을 추적하여 신제품 개발에 활용이 가능하다.
④ 촉진 전략 수립에 활용 가능하다.

📋 **개념 Plus**

휴리스틱 기법
- 여러 속성을 체계적으로 고려하지 않고 직관적이고 단순한 방식으로 의사결정과정을 단순화시키는 방법이다.
- 시장점유율 1위 제품이 가장 우수할 것이라는 직관, 머릿속에서 가장 먼저 상기되는 상표, 그리고 제품 가격이나 품질에 대한 추론 등, 근거로 사용할 만한 기준점들을 바탕으로 의사결정을 수정하는 방식이다.
- 구매 시점에서 제품을 진열하는 방식 및 구매 시점의 정보를 통해 기존 제품에 대한 평가 결과와는 다른 구매 의사결정을 유도할 수 있다.

기출개념확인

01 소비자의 구매행동 유형에 해당하지 않는 것은?

① 보상적 구매행동
② 부조화 감소행동
③ 관성적 구매행동
④ 다양성 추구행동

02 여러 속성을 체계적으로 고려하지 않고 직관적이고 단순한 방식으로 의사결정 과정을 단순화시키는 방법으로 구매 시점에서 제품을 진열하는 방식 및 구매 시점의 정보를 통해 기존 제품에 대한 평가 결과와는 다른 구매 의사결정을 유도할 수 있는 방법을 무엇이라 하는지 쓰시오.

정답·해설

01 ①

소비자 구매행동의 유형은 관여도의 수준과 구매경험에 따라 복잡한 구매행동, 부조화 감소행동, 습관적(관성적) 구매행동, 다양성 추구행동으로 구분된다. 소비자 구매행동은 관여도의 수준과 시장 내 제품 간 품질 차이 수준에 따라서도 동일하게 나눌 수 있는데, 전자의 구매경험은 소비자 관점에서 분류한 것이고 후자의 제품 간 품질 차이는 공급기업 관점에서 분류한 것이다. 구매경험과 제품 간 품질 차이는 모두 구매 의사결정의 복잡성과 연계되어 있다.

02 휴리스틱(기법)

휴리스틱 기법은 여러 속성을 체계적으로 고려하지 않고 직관적이고 단순한 방식으로 의사결정과정을 단순화시키는 방법이다. 시장점유율 1위 제품이 가장 우수할 것이라는 직관, 머릿속에서 가장 먼저 상기되는 상표, 그리고 제품 가격이나 품질에 대한 추론 등, 근거로 사용할만한 기준점들을 바탕으로 의사결정을 수정하는 사례들이 이에 해당한다. 휴리스틱 기법은 구매 시점에서 제품을 진열하는 방식 및 구매 시점의 정보를 통해 기존 제품에 대한 평가 결과와는 다른 구매 의사결정을 유도할 수 있다.

제6절 구매 후 행동

01 올리버(Oliver)의 기대-성과 불일치 모형 ★ 기출개념

1. 고객 만족의 형성과정
소비자들은 구매 이전에 제품성과에 대한 기대를 형성하고, 제품구매 및 사용을 통해 경험한 실제 제품성과를 기대수준과 비교한다.

2. 기대-성과 간 유형
① 부정적 불일치(negative disconfirmation): 제품성과 < 기대
② 긍정적 불일치(positive disconfirmation): 제품성과 > 기대
③ 단순한 일치(simple confirmation): 제품성과 = 기대

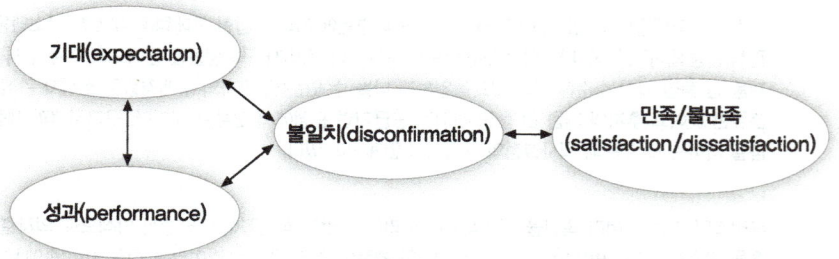

[그림 2-5] 구매 후 행동과정

3. 부정적 불일치에 대한 수용과정

(1) 동화 효과(assimilation effect)
제품성과가 기대에 미치지 못하였을 경우, 실제의 낮은 제품성과를 기대수준과 큰 차이가 없는 것으로 지각한다.

(2) 대조 효과(contrast effect)
기대보다 제품성과가 낮을 경우 제품성과를 더욱 부정적으로 평가함으로써 제품에 대한 부정적 태도 및 불만족이 형성된다.

(3) 동화-대조 효과(assimilation-contrast effect)
불일치에 대한 허용범위를 설정하여 불일치의 정도가 허용범위를 초과하게 되면 부정적 태도를 형성하게 되며, 허용 가능한 정도이면 기대수준과 별 차이가 없는 것으로 지각하여 스스로 만족하려고 노력한다.

02 구매 후 부조화 ★★★ 기출개념

1. 구매 후 부조화의 의의
구매 후의 심리적인 불안감을 구매 후 브조화라고 한다.

2. 구매 후 부조화의 영향 요인

(1) 구매 결정의 취소 가능성
구매 결정에 대한 번복이 어려울수록 부조화 가능성이 높다.

(2) 관여도
관여도가 높을 경우 인지적 활동이 활발할 뿐 아니라 소비자들이 선택대안을 받아들이는 영역이 좁아 까다롭게 판단한다.

(3) 선택하지 않은 대안의 상대적 장점
선택하지 않은 브랜드들이 선택된 것에 비해 일부 속성에서 더 매력적인 것으로 판단되었을 때, 선택 후에도 포기한 대안의 매력적인 면이 다시 부각되어 떠오를 수 있다.

(4) 매력적인 대안의 수
① 마음에 드는 대안이 여러 개 있는 가운데 선택이 이루어지면 차후에 다른 대안의 장점이 부각될 수 있다.
② 선택되지 않았으나 매력적인 대안의 수가 많을수록 부조화 가능성은 높아진다.

3. 소비자의 구매 후 부조화 해소방안
① 선택한 대안의 장점을 강화하고 단점을 약화한다.
② 선택하지 않은 대안의 장점을 약화하고 단점을 강화한다.
③ 자신의 선택대안을 지지하는 정보를 탐색하고 일치하지 않는 정보를 회피한다.
④ 의사결정 자체를 중요하지 않은 것으로 여긴다.

03 귀인행동 ★★ 기출개념

1. 귀인의 개념
만족/불만족의 원인과 책임에 대한 인과 추론과정이다.

2. 귀인의 유형

(1) 내적 귀인(internal attribution)
① 고유속성귀인이라고 한다.
② 행동을 한 당사자의 내적 특성 등에서 원인을 찾는 것이다.
  예 성격, 능력, 동기

(2) 외적 귀인(external attribution)
① 상황귀인에 해당한다.
② 행동을 한 당사자의 밖에 있는 요소 등에서 원인을 찾는 것이다.
  예 상황적인 압력, 타인, 우연 등

3. 귀인과정에 영향을 미치는 요인
① 안정성(stability): 원인이 일시적인지, 지속적인지에 대한 것이다.
② 초점(focus): 자신에게 있는지, 기업에게 있는지에 대한 것이다.
③ 통제가능성(controllability): 통제가 가능한지, 통제가 불가능한지에 대한 것이다.

4. 켈리(Kelly)의 공변원리(covariance principle) ★ 기출개념

(1) 공변원리의 개념
여러 번의 관찰을 통해서 얻은 정보를 가지고 문제의 원인을 추론하는 방식이다.

(2) 공변원리의 기준
① 원인의 독특성: 어떤 결과가 특정 원인이 있을 때만 발생하는가
  예 A진통제를 먹은 환자가 어지럼증을 느꼈다. 그는 다른 진통제를 먹었을 때는 이런 현상이 없었기 때문에 이 약만 독특하게 어지럼증을 유발할지도 모른다고 생각했다.
② 상황적·시간적 일관성: 시간 및 상황의 변화에 관계없이 특정 자극에 대해 항상 동일한 결과가 발생하는가
  예 나중에 두통이 또 생겼을 때도 다시 A진통제를 먹었는데 같은 어지럼증이 생겼다. 그는 A진통제가 자신에게 어지럼증을 일관적으로 유발하는 것을 알았다.
③ 의견일치성: 특정 원인과 결과와의 관계를 다른 관찰자들도 동일하게 지각하는가
  예 나중에 주위 사람들에게 물어 보니 A진통제를 먹고 같은 증상을 느낀 사람들이 여럿 있다는 것을 알게 되었다.

> **핵심 Check**
>
> **귀인과정과 불만족의 관계**
> 원인이 지속적이며 기업이 통제 가능한 원인일수록 제품에 대한 불만족이 커진다.

04 구매 후 행동

1. 고객 충성도(customer loyalty)

(1) 재구매
추가 구매 시점이 돌아오면 해당 제품을 다시 구매한다.

(2) 추천
주변 지인에게 해당 제품 구매를 권유한다.

2. 불평행동

(1) 불평행동의 유형
① 불만족을 느낀 고객은 사적 행동과 공적 행동을 취하게 된다.
② 공적 행동을 취하는 것은 매우 적극적인 유형이며, 일반적으로는 학력이 높고 시간이 비교적 많은 사람들이 취한다.
③ 사적 불평행동과 공적 불평행동

구분	내용
사적 불평행동	• 미래구매에 영향을 미치지 않고, 특별한 행동을 취하지 않음 • 미래구매에서 동일 브랜드나 기업을 회피 • 친구나 아는 사람에게 부정적 구전활동을 수행
공적 불평행동	• 기업에 불만 해결방안 요구 • 외부, 공공기관에 불만호소 　예 한국소비자원 • 법적 조치를 취함 　예 재판, 소송

(2) 불평행동 유형의 영향 요인
① **불만의 강도**: 예를 들어 가벼운 불만의 경우에 소비자 대부분은 아무런 행동을 하지 않는다.
② **제품에 대한 관여도**: 주택이나 승용차와 같이 관여도가 높아 개인에게 있어 매우 중요한 제품에 대해서는 강력하고 심각한 불평행동을 보일 가능성이 높다.
③ **비용과 혜택**: 비용과 혜택은 금전적인 것뿐 아니라 심리적인 보상이나 시간적 노력도 포함된다.
④ **개인적 특성**: 불평행동의 경험이 많을수록 좀 더 쉽게 공적 행동을 취할 수 있다.

기출개념확인

01 구매 후 불만족으로 인한 사적인 불평행동에 해당하지 않는 것은?
① 재구매 시점에서 해당 브랜드를 구매하지 않는다.
② 기업에게 본인의 불만에 대한 해결방안을 요구한다.
③ 친구나 아는 이에게 부정적인 구전활동을 수행한다.
④ 향후 구매 시 영향을 미치지 않고 특별한 행동을 취하지 않는다.

02 구매 후 부조화를 해소하기 위한 방법에는 어떤 것들이 있는지 설명하시오.

정답·해설

01 ②
소비자가 구매 후 불만족으로 인해 하는 불평행동에는 사적 불평행동과 공적 불평행동이 있다. 사적 불평행동에는 개인적인 의사결정이나 인간관계를 활용하는 것으로 향후 구매 시 영향을 미치지 않고 특별한 행동을 취하지 않는 것, 향후 구매 시 동일 브랜드나 기업을 회피하는 것, 친구나 아는 사람에게 부정적 구전활동을 수행하는 것이 있다. 기업에게 불만사항에 대한 해결방안을 요구하는 것은 공적 행동의 일부에 해당한다.

02 첫째, 선택한 대안의 장점을 강화하고 단점을 약화한다. 둘째, 선택하지 않은 대안의 장점을 약화하고 단점을 강화한다. 셋째, 자신의 선택대안을 지지하는 정보를 탐색하고 일치하지 않는 정보를 회피한다. 넷째, 해당 의사결정 자체를 중요하지 않은 것으로 간주하는 방법이 있다.

제2장 | 주관식 집중 공략

01 다음은 어떤 개념에 대한 설명인지 쓰시오.

> 실제 상태의 변화가 없어 필요에 대한 문제 인식이 생기지는 않으나 바람직한 상태에 대한 기대수준이 높아져 문제해결이 필요한 경우의 문제 인식 유형을 의미한다.

| 답안 | 기회 인식

| 해설 | 기회 인식은 실제 상태의 변화 없이 기술적 발전, 소비자 욕구의 다양화 등으로 인해 바람직한 상태에 대한 기대수준이 높아져 차이가 크게 인식되면서 문제해결이 필요한 상황이다. 평소 사용하는 TV에 문제는 없으나 TV판매대에 새로운 기능이 탑재된 제품들이 출시된 것을 보고 새로운 TV를 구매하고 싶은 상황을 예로 들 수 있다.

02 비보상적 평가 방식 중 중요하게 생각하는 특정 속성의 최소 수용기준을 설정하고, 그 속성에서 수용기준을 만족시키지 못하는 상표를 제거해 나가는 방식을 무엇이라 하는지 쓰시오.

| 답안 | 순차적 제거식

| 해설 | 순차적 제거식(elimination – by – aspects)은 중요하게 생각하는 특정 속성의 최소 수용기준을 설정하고, 그 속성에서 수용기준을 만족시키지 못하는 상표를 제거해 나가는 방식이다. 순차적 제거식은 소비자들이 대체로 수용하는 속성의 수준을 파악하여 이를 만족시키는 전략이 적합하다.

03 귀인 이론에 대해 설명하고 귀인과정에 영향을 미치는 요인에 대해 기술하시오.

| 답안 | 귀인 이론은 만족과 불만족의 원인과 책임에 대해 인과적으로 추론하는 과정을 설명한다. 이러한 귀인의 과정은 행동 당사자의 내적 특성에서 원인을 찾는 내적 귀인과 상황적 원인을 찾는 외적 귀인으로 구분한다. 귀인과정에 영향을 미치는 요인에는 불만족이 발생하게 된 원인이 일시적인지, 지속적인지와 관련한 '안정성', 불만족의 책임소재가 행위 당사자 본인에게 있는지, 아니면 기업에게 있는지와 관련된 '초점', 향후 이러한 원인이 통제가 가능한지, 불가능한지와 관련된 '통제가능성'이 있다.

04 다음 빈칸에 들어갈 알맞은 말을 쓰시오.

> 소비자 관련 정보탐색 이론이 제공하는 마케팅 시사점은 소비자가 내적 탐색을 할 때 (　　　)(이)나 (　　　) 안에 자사상표가 포함되도록 해야 한다는 점이다.

| 답안 | 상기상표군, 고려상표군
| 해설 | 내적 정보 탐색을 통해 상기상표군에 자사의 상표가 포함되도록 하거나 추가적인 외적 정보 탐색을 통해 고려상표군에 자사의 상표가 포함되도록 회상을 용이하게 하여 구매 시점에 강한 자극을 제공하는 것이 요구된다.

05 반복 구매하여 충성도처럼 보이지만 복잡한 의사결정을 피하기 위해 동일한 상표를 습관적으로 구매하는 행동을 무엇이라고 하는지 쓰시오.

| 답안 | 관성적 구매
| 해설 | 관성적 구매는 반복적인 구매이기 때문에 상표애호도처럼 보이지만 실제로는 복잡한 의사결정을 피하기 위해 동일한 상표를 습관적으로 구매하는 행동을 의미한다.

제2장 | 실전연습문제

* 기출유형 은 해당 문제가 실제 시험에 출제된 유형임을 나타냅니다.

객관식

기출유형
01 특정 상황에서 대상에 대해 가지는 개인적 중요성이나 관련성을 가리키는 것은?
① 충성도 ② 매력도
③ 관여도 ④ 인지도

기출유형
02 소비자 의사결정과정에 해당하지 않는 것은?
① 필요 인식 ② 정보 탐색
③ 대안 평가 ④ 구매 후 행동

기출유형
03 다음 중 욕구를 인식하는 경우에 해당하는 것은?
① 실제 상태일 때
② 바람직한 상태일 때
③ 바람직한 상태와 실제 상태가 큰 차이가 있을 때
④ 바람직한 상태와 실제 상태가 동일할 때

04 소비자들이 제품 또는 서비스에 대한 정보를 기억으로부터 회상하는 정보 탐색의 유형은?
① 계획적 정보 탐색 ② 내적 탐색
③ 외적 탐색 ④ 선택적 탐색

05 정보 탐색에 대한 설명으로 그 내용이 옳은 경우는?
① 고려해야 할 선택기준이 많을수록 외적 탐색을 적게 한다.
② 브랜드 간에 가격 차이가 적을수록 외적 탐색을 많이 한다.
③ 선택기준에 있어 브랜드의 차이가 클수록 외적 탐색을 적게 한다.
④ 제품군 내에 브랜드의 수가 많을수록 외적 탐색을 많이 한다.

06 다음 A의 정보 탐색 방식에 대한 설명이 옳은 것은?

> A는 자동차 구매 전에 가격 측면에서 싼타페, 쏘렌토, 렉스턴이 각각 얼마인지 살펴본 후, 디자인 측면에서 각각의 브랜드를 살펴보고, 마지막으로 엔진 및 배기량 측면에서 각 브랜드에 대한 정보를 처리하였다.

① 속성별 처리방식에 따라 탐색하고 있다.
② 상표별 처리방식에 따라 탐색하고 있다.
③ 내적 탐색 방식을 중시하고 있다.
④ 순차적 제거식을 사용하고 있다.

07 다음 사례와 가장 관련이 깊은 대안 평가 방식은?

> 소비자가 가장 중요하게 생각하는 속성에서 가장 높은 점수를 얻은 대안을 선택하고, 만약 해당 속성에서 동일 수준의 복수 대안이 있는 경우, 그 다음으로 중요하게 생각하는 속성에서 가장 높은 점수를 받은 대안을 선택하는 방식이다.

① 결합식
② 분리식
③ 사전편집식
④ 순차적 제거식

08 올리버(Oliver)의 기대-성과 불일치 모형에서 고객의 만족도가 증가할 수 있는 경우로 옳은 것은?

① 부정적 불일치가 발생하는 경우
② 기대보다 제품의 성과가 더 높게 지각된 경우
③ 기업이 불만족을 해결해 준 경우
④ 품질에 대한 평가를 판단하기 어려운 경우

09 켈리(Kelly)의 공변원리에서 활용하고 있는 정보차원이 아닌 것은?

① 시간적·상황적 일관성
② 원인의 의견일치성
③ 원인의 독특성
④ 통제가능성

10 구매 후 부조화에 대한 설명으로 그 내용이 바르지 <u>못한</u> 것은?

① 마음에 드는 대안의 수가 적을수록 구매 후 부조화가 생긴다.
② 포기한 제품의 장점이 부각될 때 구매 후 부조화가 생긴다.
③ 고관여 제품일수록 구매 후 부조화 가능성이 더 높다.
④ 구매 결정의 번복이 어려울수록 구매 후 부조화가 생긴다.

11 다음 주어진 보상적 평가모형에 따라 소비자가 선택할 대안은?

속성	중요도	상표 신념			
		A	B	C	D
메모리	0.5	5	6	3	4
저장용량	0.3	3	2	6	4
무게	0.2	4	3	7	5

① A
② B
③ C
④ D

12 피쉬바인 모형 등 보상적 평가 방식의 활용에 따른 마케팅 시사점에 해당하지 <u>않는</u> 것은?

① 자사가 가진 새로운 속성을 개발한다.
② 중요도에 대한 인식을 바꾼다.
③ 가장 중요한 핵심 속성을 개발한다.
④ 소비자의 평가를 바꾼다.

주관식

13. 의사결정의 복잡성에 따라 소비자 의사결정 유형을 구분하였을 때, 포괄적 문제해결 방식이 가지는 특성을 설명하시오.

14. 문제해결을 위한 추진력으로서 구매행동으로 이어지는 계기가 되는 개념을 무엇이라 하는지 쓰시오.

[기출유형]

15. 대안 평가 방식 중 보상적 평가 방식과 비보상적 평가 방식의 차이에 대해 설명하시오.

[기출유형]

16. 소비자 의사결정과정에서 빈칸에 들어가는 단계가 무엇인지 쓰시오.

단계 1	문제 인식
단계 2	정보 탐색
단계 3	대안 평가
단계 4	구매
단계 5	( )

17 다음은 켈리(Kelly)의 공변원리를 설명하는 기준 중 어떤 개념에 해당하는지 쓰시오.

> B는 최근 구매한 자동차의 급발진 문제로 해당 기업에 대한 품질을 의심하고 있다. 그런데 본인 뿐 아니라 주변의 많은 사람들이 비슷한 문제를 경험하고 있다는 사실을 알고 제품 불량에 대한 확신을 갖게 되었다.

19 예상치 않았으며 당장 즉각적인 해결이 필요하지 않는 소비자 문제 유형을 무엇이라고 하는지 쓰시오.

[기출유형]
18 반복구매에 의한 구매가 일반적이며, 의사결정의 복잡성의 정도가 매우 낮은 소비자 의사결정 유형이 무엇인지 쓰시오.

[기출유형]
20 소비자의 제품 구매 시 제품성과가 기대에 미치지 못하였을 경우, 실제의 낮은 제품성과를 기대수준과 별 차이가 없는 것으로 지각하는 현상이 무엇인지 쓰시오.

제2장 | 실전연습문제 정답·해설

객관식

01	02	03	04	05
③	①	③	②	④
06	07	08	09	10
①	③	②	④	①
11	12			
③	③			

01 ③

주어진 상황에서 특정 대상에 대해 개인적으로 중요하다고 지각하거나 개인이 관련이 있다고 지각하는 수준을 관여도라고 한다.

02 ①

소비자 의사결정과정의 단계는 문제의 인식, 정보 탐색, 대안 평가, 구매, 구매 후 행동의 단계로 진행된다. 필요 인식은 소비자가 본인의 필요에 대해 인식함으로써 문제해결을 위한 동기가 유발된 것으로 소비자 의사결정과정에 해당하지 않는다.

03 ③

문제 인식은 실제 상태와 바람직한 상태 간의 차이를 해소시켜주는 수단에 대한 욕구의 환기이다. 욕구를 인식하는 것은 실제 상태와 바람직한 상태 간의 차이 크기와 당면한 문제의 중요성에 의해 동기부여되어 인식되게 된다.

04 ②

내적 탐색은 당면한 문제를 해결해 줄 수 있는 제품 및 서비스에 대한 정보를 기억으로부터 회상하는 것이다.

오답분석

③ 외적 탐색은 소비자 본인의 기억 속에 충분한 정보가 있지 않다고 판단하여 외부로부터 추가적인 정보를 찾는 것이다.

05 ④

제품군 내에 브랜드의 수가 많을수록 비교를 하기 위한 외적 탐색이 늘어난다.

오답분석

① 고려해야 하는 제품의 속성이나 선택 기준이 많을수록 일반적으로 외적 탐색을 많이 한다.
② 브랜드 간에 가격 차이가 적을수록 소비자들은 해당 제품 범주 내 브랜드들이 대부분 비슷하다고 생각해 재무적 위험을 인식하지 않아 외적 탐색의 필요성을 느끼지 않는다.
③ 브랜드의 차별화가 클수록 소비자들이 잘못 구매한 경우 심리적으로 느끼는 부담감이 크므로 외적 탐색을 많이 하여 리스크를 줄이고자 한다.

06 ①

속성별 처리는 소비자가 각 속성별로 여러 대안을 비교하면서 정보를 탐색하는 것이다.

오답분석

② 상표별 처리는 소비자가 각 상표별로 여러 속성 정보를 탐색하는 것이다.
③ 내적 탐색은 당면한 문제를 해결할 수 있는 수단에 대한 정보를 얻기 위해 본인의 기억 속에 저장되어 있는 내용을 회상하는 것이다.
④ 순차적 제거식은 정보 탐색이 아닌 비보상적 대안 평가 방식 중 하나이다.

07 ③

사전편집식은 비보상적 대안 평가 방식 중 하나로 가장 중요한 평가기준에서 가장 높은 평가를 받은 대안을 선택하는 방식이다. 가장 중요한 평가기준에서 복수의 대안이 동일한 평가를 받는 경우, 복수의 대안 중 두 번째로 중요한 평가기준에서 높은 평가를 받는 대안을 선택한다.

08 ②

올리버의 기대-불일치 모형은 고객 만족 및 불만족을 설명하기 위한 모형이다. 소비자들은 구매 이전에 제품 성과에 대한 기대를 형성하고 제품 경험을 통해 실제 제품 성과를 자신의 기대수준과 비교한다. 이 중 제품 성과가 기대보다 더 나은 경우를 긍정적 불일치라고 하며, 이 결과로 고객 만족이 증대될 수 있다.

오답분석
① 부정적 불일치에 따라 불만족이 발생하는 상황이다.
③ 불만족의 해결은 기대수준과 제품의 성과가 같은 단순 일치의 상황에 가깝다.
④ 사전 기대수준에 대해 평가를 내릴 수 있는 근거를 확인하기 어렵다.

09 ④

켈리(Kelly)의 공변원리에 따르면 사건들을 여러 번 관찰하여 충분한 정보를 가지고 있는 경우에는 어떤 사건의 원인을 추론하기 위해 원인의 독특성, 시간적·상황적 일관성, 의견일치성의 세 가지 차원의 정보를 활용하며, 이 정보들 간의 상관관계에 따라 인과추론에 대한 확실성을 결정한다.

10 ①

매력적인 대안의 수가 많을수록 구매 후 부조화가 생긴다.

참고 구매 후 부조화
구매 후의 심리적인 불안감을 구매 후 부조화라고 한다. 구매 후 부조화의 영향 요인은 다음과 같다.
첫째, 구매 결정의 취소 가능성으로 소비자는 구매 결정에 대한 번복이 어려울수록 부조화 가능성이 높다.
둘째, 관여도가 높을 경우 인지적 활동이 활발할 뿐만 아니라 소비자들이 선택대안을 받아들이는 영역이 좁아 까다롭게 판단을 하여 구매 후 부조화 발생 가능성이 크다.
셋째, 선택하지 않은 브랜드들이 선택된 것보다 일부 속성에서 더 매력적으로 판단되었을 때, 부조화가 증가할 수 있다.
마지막으로 매력적인 대안의 수가 많을수록 부조화 가능성은 높아진다.

11 ③

각 대안별 평가결과는 다음과 같다.
A: $0.5(5) + 0.3(3) + 0.2(4) = 4.2$
B: $0.5(6) + 0.3(2) + 0.2(3) = 4.2$
C: $0.5(3) + 0.3(6) + 0.2(7) = 4.7$
D: $0.5(4) + 0.3(4) + 0.2(5) = 4.2$
따라서 소비자가 선택할 대안은 C이다.

12 ③

피쉬바인 모형을 통해서 소비자의 제품 속성 평가를 바꾸거나 속성의 상대적 중요도에 대한 인식을 바꿀 수 있다. 또한 자사가 강점을 가진 새로운 속성을 개발하거나 경쟁상표 대비 자사의 강점을 부각시켜, 소비자의 인식을 바꿀 수 있다.
보상적 평가 모형은 한 속성에서 약점을 다른 속성에서의 강점으로 상쇄할 수 있다는 특징이 있다. 따라서 하나의 핵심 속성을 개발하는 것은 보상적 평가 모형에서는 적합하지 않고 비보상적 평가 모형에 적합하다.

주관식

13

답안 포괄적 문제해결 방식은 소비자들이 최초로 구매하는 제품인 경우가 많고 문제해결을 위해 많은 시간과 노력을 필요로 하는 복잡한 의사결정 문제이다. 자동차, 디자이너 의류, 고급 스테레오 시스템 등이 이에 해당한다.

14

답안 동기(부여)

해설 문제 인식이 의사결정과정을 통해 구매로 이어지기 위해서는 충분한 동기부여가 이루어져야 한다. 동기부여의 크기는 실제 상태와 바람직한 상태 간의 차이의 크기와 당면한 문제의 중요성에 의해 결정된다.

15

답안 보상적 평가 방식은 어떤 평가기준에서 낮은 점수를 받았다고 하더라도 다른 기준에서 높은 점수를 얻어 전반적으로는 보상될 수 있는 방식이다. 즉, 전반적으로 모든 속성에서 평균 이상의 평가를 받는 것이 중요하다.
반면, 비보상적 평가 방식은 특정 평가기준에서의 낮은 점수는 다른 기준의 높은 점수로 보상이 되지 않는 방식이다. 비보상적 평가 방식에서는 특정 속성에서 시장 1위 기업이 되어야 한다는 점을 시사한다.

16

|답안| 구매 후 행동

|해설| 소비자 구매 의사결정은 문제의 인식, 정보의 탐색, 대안의 평가, 구매, 구매 후 행동의 단계로 진행된다. 구매 후 행동은 구매의사결정의 마지막 단계로 제품이나 서비스 구매의 경험에 따라 만족/불만족이 결정되고, 만족한 경우 차후 구매 의사결정에 반영되며, 불만족한 경우에는 정도에 따라 불평행동을 보이게 된다.

17

|답안| 의견일치성

|해설| 주어진 사례는 B가 주변 많은 사람들의 경험이 본인이 경험하는 바와 비슷하다는 점을 바탕으로 원인을 확정하므로 의견일치성에 해당한다.

> **참고** 켈리(Kelly)의 공변원리
> 켈리(Kelly)의 공변원리는 어떤 결과가 특정 원인이 있을 때만 발생한다는 것을 확인하기 위한 '원인의 독특성', 시간 및 상황의 변화에 관계없이 특정 자극에 대해 항상 동일한 결과가 발생한다는 것을 확인하기 위한 '상황적·시간적 일관성', 특정 원인과 결과와의 관계를 다른 관찰자들도 동일하게 지각하는가를 확인하기 위한 '의견일치성' 기준을 바탕으로 문제의 원인을 확정한다는 이론이다.

18

|답안| 일상적 문제해결

|해설| 반복구매에 의한 구매가 일반적이며, 의사결정의 복잡성의 정도가 매우 낮은 소비자 의사결정 유형을 일상적 문제해결이라고 한다. 이러한 반복구매에서는 실제 상표애호도가 있어 반복구매가 나타나는 형태와 관성적인 반복구매로 나타나는 형태가 있다.

19

|답안| 점증적 문제

|해설| 점증적 문제는 취미 관련 제품의 구입과 같이 예상치 않았으며 당장 즉각적인 해결이 필요하지 않은 소비자 문제 유형에 해당한다.

20

|답안| 동화 효과(assimilation effect)

|해설| 소비자는 제품성과가 기대에 미치지 못하는 부정적 불일치의 경우, 실제의 낮은 제품성과를 기대수준과 별 차이가 없는 것으로 지각하는 동화 효과가 발생할 수 있다.

무료 학습자료 제공 · 독학사 단기합격 **해커스독학사**
www.haksa2080.com

전문가가 분석한 출제경향 및 학습전략

제3장에서는 정보처리과정의 단계별 특성에 대한 내용을 다루며 출제 빈도가 상당히 높고 난도가 높은 핵심 장이다. 노출, 주의, 해석 등에 대해 그 개념적 차이를 이해하고 실제 적용사례와 시사점을 체계적으로 학습해야 한다. 또한 자극 노출과 자극에의 주의 단계에서 발생하는 주요 유형을 구분할 수 있어야 하고 지각의 과정을 통해서 대상의 조직화, 범주화, 추론과정에 어떻게 활용하는지를 학습한다.

제3장 | 핵심 키워드 Top 10
핵심 키워드 Top 10은 본문에도 동일하게 ★로 표시하였습니다.

01	노출의 유형 ★★★	p.80
02	선택적 지각 ★★★	p.86
03	관여도에 따른 주의 유형 ★★	p.83
04	주의에 영향을 미치는 마케팅 자극 ★★	p.84
05	지각적 범주화 ★★	p.87
06	지각적 추론 ★★	p.88
07	식역수준의 유형 ★	p.81
08	지각적 조직화 ★	p.86
09	해석에 영향을 미치는 요인 ★	p.88
10	준거가격 ★	p.88

제3장

지각

제1절 노출
제2절 주의
제3절 해석

제1절 노출

01 노출

1. 노출(exposure)의 정의 [기출개념]
① 자극을 만나는 것을 의미한다.
② 학문적 정의로는 자극에 물리적으로 접근하여 인간의 자극을 받아들이는 감각기관이 활성화될 준비가 된 상태이다.

2. 노출의 유형 ★★★ [기출개념]

(1) 의도적 노출
① 소비자가 문제를 해결하기 위해 특정한 목적을 가지고 스스로를 마케팅 정보에 노출시키는 것을 말한다.
② 소비자는 그 의사결정에 높게 관여될수록 의도적 노출이 발생할 가능성이 높다.
예 자동차를 구매하려고 하는 사람은 인쇄광고 중에서 자동차 광고를 의도적으로 찾는다.

(2) 우연적 노출
① 자신의 의도와는 상관없이 감각기관에 감지되는 자극이다.
② 소비자는 매일 수많은 마케팅 정보에 우연적으로 노출된다.
③ 마케팅 담당자는 표적 소비자들이 자사 제품정보에 가급적 많이 노출되도록 해야 한다.
예 축구경기를 시청하는 중 경기장 주위 펜스(fence)광고에 노출된다.

(3) 선택적 노출
① 소비자가 자신에게 필요한 정보에만 자신을 노출시키는 것을 뜻한다.
② 소비자는 일상생활에서 수많은 정보에 노출되지만 선택적 노출 메커니즘에 의해 효율적으로 대처한다.
　예 • Zapping: TV시청 중에 광고가 나오면 리모컨을 이용하여 다른 채널로 돌리는 것
　　• Zipping: 비디오 녹화필름을 보다 흥미 없는 부분을 빠른 속도로 지나가게 하는 것
③ 소비자는 어떤 제품에 높게 관여될수록 해당 제품의 정보에 자신을 선택적으로 노출시킨다.

02 감지

1. 감지의 개념
① 감지: 자극의 강도가 어느 정도 강해져 감각기관을 통해 그 자극을 알아차리는 것이다.
② 식역수준: 자극을 감지하거나 자극의 차이를 감지할 수 있는 자극의 강도이다.

2. 식역수준의 유형 ★ 기출개념

(1) 절대적 식역
① 감각기관이 자극을 감지할 수 있는 자극에너지의 최소 강도이다.
② 자극의 강도가 절대적 식역에 도달해야만 인간은 비로소 감지할 수 있다.
③ 절대적 식역 이상일 때 비로소 그 개인은 그 자극에 노출되었다고 할 수 있다.
④ 청각, 시각, 촉각능력 등은 개인마다 다르므로 절대적 식역은 개인마다 다르다.

(2) 차이 식역(JND; Just Noticeable Difference)
① 두 자극 간의 차이를 지각적으로 구분할 수 있는 만큼의 최소한의 차이이다.
② 차이를 인식하는 것은 초기 자극의 강도에 달려있다.
③ 웨버의 법칙(Weber's law)

$$K = \frac{\Delta I}{I}$$

K = 상수, ΔI = 차이 식역(지각할 수 있는 변화의 정도), I = 초기 자극의 강도

3. 식역하 광고

(1) 식역하 지각(subliminal perception)
강도가 절대적 식역에 도달하지 않은 경우에도 무의식적으로는 자극을 지각하는 경우이다.

(2) 식역하 광고
① 광고 자극을 절대적 식역 이하의 수준에서 제공하여 소비자가 무의식적으로 지각하게 하면 광고의 효과가 있을 것이라는 가정하에 시행되는 광고이다.
② 식역하 광고는 기본적 충동(갈증, 배고픔 등)을 유발할 수는 있지만 제품군 내에서 자사상표의 구매를 촉진할 만큼 강한 효과를 갖지 못한다.

✓ 핵심 Check

웨버의 법칙
웨버의 법칙에 따르면 차이를 인식할 수 있는 상수 K가 주정되어 있다고 할 때, 초기 강도가 크면 ΔI도 그에 비례해야만 그 변화된 차이를 인식할 수 있다. 차이 식역에 도달하기 위해 필요한 자극의 최소 변화치는 초기 자극의 강도에 비례한다. 즉, 자극에 변화가 일어났음을 감지하기 위해서는 초기 자극이 클수록 자극 변화치가 커져야 한다는 것이다.

감지 개념을 고려한 마케팅 전략 사례
- 가격을 인상할 때에는 K를 넘지 않게 조금씩 여러 번에 걸쳐 인상하는 것이 효과적이다. 가격을 할인할 경우에는 할인되었다는 것을 확실히 인식할 수 있도록 K를 넘어서는 가격변화를 취하는 것이 좋다.
- 기업의 광고 실행방식이나 브랜드 캐릭터도 시대의 변화에 따라 바뀌어야 한다. 예를 들어, '판피린-F'의 인형 캐릭터는 조금씩 여러 번 바뀌었다.

4. 노출에 따른 마케팅 시사점

① 의도적 노출을 도와준다.
② 우연적 노출의 가능성을 높인다.
③ 절대적 식역을 초과하는 수준의 마케팅 자극을 제시한다.
④ 마케팅 자극을 변화시킬 때는 차이 식역을 고려해야 한다.

기출개념확인

01 노출의 유형에 해당하지 않는 것은?
  ① 우연적 노출   ② 강화된 노출
  ③ 선택적 노출   ④ 의도적 노출

02 자극을 감지하거나 자극의 차이를 감지할 수 있는 자극의 강도를 의미하는 개념을 쓰시오.

정답 · 해설

01 ②
노출에는 소비자가 목적지향적으로 제품 구매를 위하여 직접 필요한 자극에 탐색하는 의도적 노출, 주어진 자극 중 필요한 자극에만 선별하여 노출하는 선택적 노출, 소비자 의도와는 상관없이 상황에 의해 노출되는 우연적 노출이 있다. 한편, 주의에는 강화된 주의와 자발적 주의 등이 관여도가 높은 상태에서 노출의 결과로서 발생할 수 있다.

02 식역수준
식역수준은 자극을 감지하거나 자극의 차이를 감지할 수 있는 자극의 강도를 의미한다.
  참고 **식역수준의 유형**
식역수준은 감각기관이 자극을 감지할 수 있는 자극에너지의 최소 강도를 의미하는 절대적 식역과 두 자극 간의 차이를 지각적으로 구분할 수 있는 만큼의 최소한의 차이인 차이 식역으로 구분한다.

제2절 주의

01 주의

1. 주의의 개념
들어오는 자극에 대응한 제한된 정보처리능력의 배분이다.

2. 관여도에 따른 주의 유형 ★★ 기출개념

(1) 고관여 상태의 주의
  ① 평상시 높게 관여되어 있거나 상황적으로 높게 관여된 제품군에 관련된 정보에 노출되면 주의를 기울이게 된다는 것이다.
  ② 고관여 상태의 주의 유형
    ㉠ 강화된 주의: 문제해결을 위해 정보를 수집하는 과정에서 우연히 관련 광고에 노출되어 주의수준이 높아지는 것이다.
    ㉡ 자발적 주의: 소비자가 적극적이고 능동적으로 관련 정보를 찾아 그 정보에 주의를 기울이는 것이다.

(2) 저관여 상태의 주의
  ① 관여되지 않은 제품군에 관한 정보에 노출되면 별로 주의를 기울이지 않는다.
  ② 정보처리가 전혀 이루어지지 않거나 약간의 주의에 의해 수동적인 정보처리가 이루어진다.
  ③ 광고를 특별히 잘 만들어 광고자체를 즐기도록 하여 광고 관여도를 높일 필요가 있다.

02 주의의 영향 요인

1. 소비자 측면

(1) 관여도와 욕구
  ① 관여도 및 욕구와 주의 간 관련성
    ㉠ 노출된 정보가 소비자의 욕구 혹은 환기된 동기와 관련성이 높을수록, 관여도가 높을수록 더 주의를 기울인다.

> **개념 Plus**
>
> **칵테일파티 효과**
> 시끌벅적한 파티에서 본인 자신과 대화 중인 상대방과의 대화는 비교적 잘 들린다. 또한 다른 이들의 대화 중에 본인의 관심을 끄는 단어를 하나라도 듣게 되면 주의가 그쪽으로 쏠려 남들이 하는 말을 귀기울여 듣게 되기도 한다. 이러한 개념을 칵테일파티 효과라고도 하는데, 이는 선택적 주의에 의한 효과이다.

ⓒ 지각적 경계: 자신과의 관련성이 높은 정보에는 주의를 기울이고, 그렇지 않은 정보에는 주의를 기울이지 않는 것이다.
② 소비자의 관련성을 높이기 위한 방법
㉠ 표적 소비자와 유사한 광고모델을 사용하여 목표일치성을 높인다.
㉡ 브랜드의 특징을 광고에서 드라마화하여 제시한다.
㉢ 공포심을 유발하는 광고를 사용한다.

(2) 기존 신념과 태도
① 기존 신념 및 태도와 주의 간 관련성
㉠ 지각적 방어: 자신의 기존 신념과 태도에 불일치하는 정보에 노출되면 그 정보를 왜곡시켜 자신의 기존 신념과 태도를 보호하려는 심리적 경향이다.
㉡ 태도의 일관성, 지각적 방어 및 지각적 탐색에 의하여 자신의 태도와 일치하지 않는 자극을 회피하고 자신의 신념과 태도에 일치하는 자극에 더 주의를 기울인다.
② 지각적 방어가 발생하기 쉬운 조건 `기출개념`
㉠ 소비자가 상표나 점포와 같은 특정 자극에 대하여 강한 신념과 태도를 가질수록 발생이 쉽다.
㉡ 경험의 일관성이 높을수록 발생이 쉽다.
㉢ 정보에 의해 야기되는 불안감이나 걱정이 클수록 발생이 쉽다.
㉣ 구매 후 부조화가 클수록 발생이 쉽다.

(3) 적응
① 마케팅 자극에 반복적으로 혹은 연속적으로 노출되면 그 자극에 주의를 기울이지 않게 된다.
② 대처 방안으로 광고의 제작 및 실행방식을 조금씩 다르게 하는 방법이 있다.

(4) 감정적 상태
① 기분이 좋을 때는 긍정적 정보에 더 주의를 기울인다.
② 기분이 나쁠 때는 부정적 정보에 더 주목한다.

2. 마케팅 자극 측면 ★★ `기출개념`

(1) 특이함
진기한 자극(예 티저 광고)을 통해 호기심을 유발하는 방법이다.

(2) 즐거움
음악의 활용, 유머 소구, 성적 소구를 통해 즐거움을 제공한다.

(3) 색상
색상의 사용은 주의의 집중과 구매욕구 자극이라는 두 가지 기능을 모두 수행하는 것을 목표로 해야 한다.

(4) 배경과 대조
흑백 등의 대비를 활용한 대조 효과를 통해 주의를 집중시킬 수 있다.

(5) 자극의 강도
큰 소리, 침묵, 밝은 화면 등을 통해 두드러진 자극을 제공한다.

기출개념확인

01 다음 중 저관여 상황에서 발생할 수 있는 주의에 해당하는 것은?
① 평상시 높게 관여되어 있거나 상황적으로 높게 관여된 제품군에 관련된 정보에 노출되면 주의를 기울이게 된다.
② 문제해결을 위해 정보를 수집하는 과정에서 우연히 관련 광고에 노출되어 주의 수준이 높아지는 것이다.
③ 소비자가 적극적, 능동적으로 관련 정보를 찾아 그 정보에 주의를 기울이는 것이다.
④ 광고를 특별히 잘 만들어 광고자체를 즐기는 광고 관여도를 높일 필요가 있다.

02 다음 빈칸에 들어갈 가장 알맞은 말을 쓰시오.

> 자신의 기존 신념과 태도에 불일치하는 정보에 노출되면 그 정보를 왜곡시켜 자신의 기존 신념과 태도를 보호하려는 심리적 경향이 생기는데, 소비자가 특정 자극에 대해 강한 신념과 태도를 가질수록, 경험의 일관성이 높을수록, 정보에 의해 야기되는 불안감이나 걱정이 클수록, 구매 후 부조화가 클수록 (   )이/가 발생한다.

정답·해설

01 ④
저관여 상황에서는 제품 자체에 관심이 없기 때문에 유명 광고모델 혹은 재미있는 광고 소구 방식을 통해 광고 자체에 대한 호감을 형성한 후 천천히 제품에 전이되기를 기대하는 방법이다.

오답분석
① 고관여 상황에서의 주의를 설명하고 있다.
②, ③ 각각 강화된 주의와 자발적 주의를 설명하고 있다. 강화된 주의와 자발적 주의 모두 고관여 상황에서 자극에 관심을 가지는 경우지만 자극에 노출되는 상황이 다르다는 차이점이 있다.

02 지각적 방어
지각적 방어는 자신의 기존 신념과 태도에 불일치하는 정보에 노출되면 그 정보를 왜곡시켜 자신의 기존 신념과 태도를 보호하려는 심리적 경향이다. 지각적 방어는 소비자가 특정 자극(상표나 점포)에 대해 강한 신념과 태도를 가질수록, 경험의 일관성이 높을수록, 정보에 의해 야기되는 불안감이나 걱정이 클수록, 구매 후 부조화가 클수록 발생하기 쉽다.

제3절 해석

01 소비자의 지각과정

1. 선택적 지각 ★★★ [기출개념]

(1) 개념
① 소비자들은 많은 자극에 둘러싸여 있지만 필요한 자극만 선택적으로 받아들여 지각하고 나머지는 버리는데, 이를 선택적 지각 또는 지각의 선택성이라 한다.
② 이 때문에 같은 정보를 접했지만 사람마다 다르게 이해하는 현상이 생기는 것이다.

(2) 지각적 탐색(perceptual vigilance)
① 어떤 자극을 평소보다 더 잘 지각하거나 남보다 더 잘 지각하는 현상이다.
② 일상적인 가격 정보는 눈에 잘 들어오지 않지만, 가격 할인 정보는 눈에 잘 들어오는 이유가 바로 자신에게 더 유용한 정보이기 때문이다.
　예) 배고픈 집단에서 음식과 관련된 단어들을 다른 단어들보다 더 빨리 지각하며, 부잣집 아이들보다 가난한 집 아이들이 동전을 더 큰 것으로 인식하는 경우 등이 있다.

(3) 지각적 방어(perceptual defense)
① 어떤 자극을 평소보다 또는 남보다 더 잘 인식하지 않으려는 현상이다.
② 자신의 기존 태도와 신념을 방어하기 위해 일어나는 현상이다.
　예) 흡연자가 금연에 대한 긍정적 정보를 회피하려 하는 경우, 금기시되는 단어들을 입 밖으로 소리 내어 읽는 데는 다른 단어보다 더 많은 시간이 걸리는 경우, 코카콜라를 좋아하는 소비자가 펩시콜라 광고를 무의식적으로 회피하려는 경우 등이 있다.

> **핵심 Check**
> **지각적 방어가 발생하기 쉬운 조건**
> 경험의 일관성이 높을수록 소비자의 제품에 대한 신념과 태도가 강화되어 기존 신념과 태도를 보호하려는 심리적 경향을 보인다.

2. 지각적 조직화 ★ [기출개념]

(1) 지각적 조직화의 개념
① 브랜드의 물리적 특성, 광고, 가격, 취급하는 소매상의 특징 등을 한꺼번에 묶고 통합함으로써 그 브랜드에 관한 이미지를 형성하는 과정을 말한다.
② **지각의 통합화**: 여러 자극물이 별개의 것이 아닌 하나의 조직된 전체 형상이라고 인식하는 것이다.

(2) 지각적 조직화의 원리
① **단순화**: 자극의 각 요소를 통합하여 전체로 이해할 때, 단순한 형태로 이해하려 하는 경향이다.

② **완결**: 자극이 불완전할 때 잘못된 요소를 고치거나 빈 부분을 메꿔서 완전한 형태로 지각하는 경향이다.
③ **집단화**: 자극의 여러 요소들을 분리된 단위로 지각하지 않고 하나의 의미를 가지는 전체로 지각하는 것을 의미한다.
　㉠ **근접성**: 한 요소를 가까운 다른 요소와 연결지어 지각하는 것을 의미한다.
　㉡ **유사성**: 자극 중 유사한 것을 엮어서 지각하는 경향을 의미한다.
　㉢ **연속성**: 자극의 요소들을 분리하여 지각하지 않고 연속적으로 지각하는 경향을 말한다.
④ **형상과 배경**: 진열장에 많은 브랜드들이 진열되어 있지만 친숙한 브랜드는 쉽게 눈에 들어오고, 나머지 브랜드들은 단순히 배경의 역할을 하게 된다.

> **개념 Plus**
> **완결의 사례**
> 시리얼을 제조하는 회사인 켈로그는 입간판 광고에서 회사명의 첫 글자인 K를 빼고 나머지만 보여준 적이 있다. J&B 위스키 회사는 Jingle Bells에서 J와 B를 생략하여 보여줌으로써 소비자의 주의를 끌고 소비자로 하여금 J와 B를 채워 넣는 완결을 유도했다.

02 지각적 해석

1. 지각적 범주화 ★★ 기출개념

(1) 지각적 범주화의 의의
① **지각적 해석**: 소비자가 자극에 주의를 기울이고 자극을 조직화하여 그 자극을 해석하는 과정이다.
② **지각적 범주화**
　㉠ 자극에 노출된 소비자가 그 자극을 기억 속에 가지고 있던 기존 스키마와 관련시킴으로써 자신의 방식으로 자극을 이해하는 것이다.
　㉡ 일종의 지각적 분류의 과정이다.
　㉢ **스키마(schema)**: 우리의 경험을 바탕으로 기억 속에 자리 잡고 있는 일련의 지식들의 집합 또는 네트워크를 가리킨다.
　　예 게토레이가 처음 출시되었을 때 어떤 소비자는 그것을 '이온음료'로 분류하였고, 다른 소비자는 '갈증해소음료'로 분류하였다. 즉, 어떤 자극을 접했을 때 자극과 관련된 단서들을 쉽게 찾을 수 있는 범주에 따라 분류하고 자극을 이해하는 것이다.

(2) 지각적 범주화의 기준
① **수준**: 가격의 수준에 따라 분류하거나 크기의 수준 등에 따라 제품을 분류하는 것이다.
　예 차량을 배기량에 따라 소형, 준중형, 중형, 대형 등으로 구분한다.
② **연상**: 제품 상표나 핵심 속성을 쉽게 연상할 수 있는 이미지를 활용하는 것을 의미한다.
　예 벤츠는 차의 앞 그릴을 모두 비슷하게 만듦으로써 그릴만 보고도 연상하여 쉽게 벤츠로 지각할 수 있도록 도와준다. 미국에서 선라이트라는 세제는 노란 병에 상표명과 함께 레몬 그림이 인쇄되어 있어 레몬향이 첨가되어 있다는 것을 나타낸다.
③ **일반화**: 유사한 속성을 가진 제품들을 동일한 범주로 묶는 것이다.

2. 지각적 추론 ★★ 〔기출개념〕

(1) 지각적 추론의 개념
① 어떤 자극에 대해 평가할 때, 그 자극 자체를 가지고 평가하기보다는 다른 단서들을 가지고 추리하는 방식이다.
② 어떤 사람을 평가할 때, 그 사람의 졸업 학교, 다니는 회사, 옷차림, 액세서리, 말투 등의 단서로 그 사람을 평가하는 것을 말한다.

(2) 지각적 추론의 사례
① **가격-품질 연상관계**: 값싼 제품을 보면 품질이 낮고, 비쌀수록 품질이 좋다고 생각하는 것이다.
② **후광 효과(halo effect)**: 한 제품 범주에서 우수하다고 평가받는 제품이 다른 연관 분야로 진출할 때 확장제품도 우수할 것이라고 생각하는 것이다.
  예) 애플은 iPod의 성공을 바탕으로 iPhone, iPad 등의 제품도 시장에서 성공하였다.
③ **추론적 신념**: 한 요소로부터 다른 요소를 추론하여 소비자가 가지게 되는 신념을 말한다.
  예) • 독일제 스포츠카인 포르쉐가 최고급 자동차로 평가받고 있는 것
    • "삼성이 만들면 다릅니다"라는 광고 카피 등

3. 해석에 영향을 미치는 요인 ★ 〔기출개념〕

(1) 개인적 요인
① **동기**: 노출된 광고 자극에 대하여 강한 동기를 가질수록 또는 높게 관여될수록 깊게 생각하여 정보처리한다.
② **지식**: 소비자가 가지고 있는 지식에 따라 해석에서 차이가 날 수 있다.
  ㉠ 노출된 정보에 대한 지식이 많을수록 그 정보를 보다 정확히 이해한다.
  ㉡ 제품에 대해 많은 지식을 가진 소비자는 메시지의 주장을 깊이 생각하는 반면, 적은 지식을 가진 소비자는 광고의 배경적 요소에 보다 집중한다.
③ **기대**: 마케팅 자극을 지각하는 시점에 가졌던 기대가 이해에 영향을 미친다.
  ㉠ 준거가격 ★: 제품에 관해 어느 정도일 것이라고 기대하는 가격을 의미한다.

(2) 자극적 요인
① **감각적 요소**: 동일한 자극이라도 색, 맛, 냄새 등에 따라 해석이 달라질 수 있다.
  예) 커피제품의 레이블을 짙은 갈색으로 하는 경우와 연한 갈색으로 하는 경우에 소비자는 커피 맛의 강도를 달리 지각한다.
② **언어적 표현**도 해석에 영향을 미친다.
  ㉠ 일상생활에서 흔히 사용되는 용어는 보다 쉽게 이해된다.
  ㉡ 긍정적 표현이 부정적 표현보다 쉽게 이해된다.
  ㉢ 능동적 표현이 수동적 표현보다 쉽게 이해된다.
  예) 미국 아이스크림인 하겐다즈는 상표명을 바꾼 후 매출이 급상승하였다. 이는 동일한 아이스크림을 하겐다즈라는 상표명을 통해 고급 유럽제인 것처럼 느끼게 만들었기 때문이다.

개념 Plus

준거가격
가령 소나타를 2,000만원 정도라고 기대한다. 소나타를 구입하려고 알아보니 2,300만원을 주어야 구입할 수 있다면 상당히 비싸다고 생각할 것이다. 반대로, 2,500만원 정도 하지 않을까 기대했던 소비자는 생각보다 싸다고 생각하며 선뜻 구입하려고 할 것이다. 이처럼 제품에 관해 어느 정도일 것이라고 기대하는 가격을 준거가격이라고 한다.

③ 순서 효과: 자극이 제시되는 순서에 따라 해석을 달리할 수 있는 가능성을 의미한다.
   ㉠ 최근 효과(recency effect): 자극의 내용들이 차례로 제시되는 경우 맨 끝에 제시된 부분에 비중을 두어 지각하는 것이다.
   ㉡ 초기 효과(primacy effect): 맨 처음에 제시된 부분에 비중을 두어 지각하는 것이다.
   ㉢ 평가적 인상의 결정(태도형성)에는 초기 효과가 크게 작용하고, 회상(메시지 내용의 기억)에는 최근 효과가 크게 작용한다.
④ 정황(context)
   ㉠ 광고가 게재되는 TV프로그램 특징: 좋은 느낌을 유발하는 TV프로그램을 시청한 직후에 방영된 광고가 슬픈 느낌을 유발하는 TV프로그램 직후에 방영된 광고에 비해 더 긍정적 반응을 발생시킨다.
   ㉡ 제품을 판매하는 점포 이미지: 고급이미지의 제품을 고급이미지의 점포에서 판매한다.
⑤ 오해: 소비자들이 마케터가 원하는 방식으로 이해하지 않는 것이다.
   ㉠ 정보처리 동기가 낮을 때 발생한다.
   ㉡ 정보처리능력이 적을 때 발생한다.
   ㉢ 충분한 정보처리 기회가 주어지지 않을 때 발생한다.

기출개념확인

01 지각적 조직화의 원리에 해당하지 <u>않는</u> 요소는?
① 개인화
② 단순화
③ 완결
④ 형상과 배경

02 어떤 자극에 대해 평가할 때, 그 자극 자체를 가지고 평가하기보다는 다른 단서들을 가지고 추리하는 방식을 무엇이라고 하는지 쓰시오.

정답·해설

01 ①
지각적 조직화의 원리에는 단순화, 완결, 집단화, 형상과 배경이 있다.

참고 **지각적 조직화**
지각적 조직화는 브랜드의 물리적인 특성, 광고, 가격, 취급하는 소매상의 특징 등을 한꺼번에 묶고 통합함으로써 그 브랜드에 관한 이미지를 형성하는 과정을 말한다.

02 지각적 추론
지각적 추론은 어떤 자극에 대해 평가할 때, 그 자극 자체를 가지고 평가하기보다는 다른 단서들을 가지고 추리하는 방식이다. 이는 어떤 사람을 평가할 때, 그 사람이 졸업한 학교, 다니는 회사, 옷차림, 액세서리, 말투 등의 단서로 그 사람을 평가하는 것을 말한다. 마케팅 차원에서 활용되는 지각적 추론의 사례에는 가격-품질 연상관계 및 후광 효과(halo effect) 등이 있다.

제3장 | 주관식 집중 공략

01 선택적 노출에 대해 설명하시오.

|답안| 자신에게 필요하고 관심이 있는 정보에만 자신을 노출시키는 지각적 메커니즘이다. 소비자는 어떤 제품에 높게 관여될수록 해당 제품정보에 자신을 선택적으로 노출시킨다.

02 다음 현상을 설명할 수 있는 자극 감지와 관련된 법칙은 무엇인지 쓰시오.

> 조용한 집안에서는 크게 소리 지르는 목소리가 쉽게 들리는 것에 비해 공사장 현장에서는 같은 수준으로 크게 소리 지르는 것을 알아차리기 어려운 경우가 있다.

|답안| 웨버의 법칙(Weber's Law)

|해설| 차이 식역의 개념을 활용하는 웨버의 법칙은 초기 자극의 강도가 약한 경우, 작은 변화도 쉽게 감지하는 것이 가능한 반면, 초기 자극의 강도가 강한 경우 작은 변화는 알아차리기 어렵다는 개념을 설명하고 있다.

03 다음 빈칸에 들어갈 알맞은 말을 쓰시오.

> (   )은/는 자극에 노출된 소비자가 그 자극을 기억 속에 가지고 있던 기존 스키마와 관련시켜 자신의 방식으로 자극을 이해하는 것이다. 이 개념은 포지셔닝이나 차별화를 위한 중요한 근거가 된다.

|답안| 지각적 범주화

|해설| 지각적 범주화는 일종의 지각적 분류 과정으로 자극에 노출된 소비자가 그 자극을 기억 속에 가지고 있던 기존 스키마와 관련시킴으로써 자신의 방식으로 자극을 이해하는 것이다. 지각적 범주화는 자극을 서로 다른 제품 범주로 인식시키는 효과가 있어 마케팅에서는 포지셔닝 및 이미지 차별화 시 활용되고 있다.

참고 지각적 범주화의 기준
지각적 범주화의 기준에는 수준, 연상, 일반화가 있다.

04 일상적인 가격 정보는 눈에 잘 들어오지 않지만, 가격 할인 정보는 눈에 잘 들어오는 현상을 무엇이라고 하는지 쓰시오.

|답안| 지각적 탐색

|해설| 지각적 탐색은 어떤 자극을 평소보다 또는 남보다 더 잘 지각하는 현상이다. 일상적인 가격 정보는 눈에 잘 들어오지 않지만, 가격 할인 정보는 눈에 잘 들어오는 이유가 바로 자신에 더 유용한 정보이기 때문이다. 예를 들어, 배고픈 집단에서 음식과 관련된 단어들을 다른 단어들보다 더 빨리 지각하며 부잣집 아이들보다 가난한 집 아이들이 동전을 더 큰 것으로 인식하는 것도 지각적 탐색의 영향이다.

05 지각적 조직화의 원리 중 근접성, 유사성, 연속성에 기반하는 원리를 무엇이라고 하는지 쓰시오.

|답안| 집단화

|해설| 집단화는 자극의 여러 요소들을 분리된 단위로 지각하지 않고 하나의 의미를 가지는 전체로 지각하는 것을 의미한다. 이러한 집단화를 하기 위한 기준에는 한 요소가 가까운 다른 요소와 연결되어 지각되는 것을 의미하는 '근접성', 자극 중 유사한 것을 엮어서 지각하는 경향을 의미하는 '유사성', 자극의 요소들을 분리하여 지각하지 않고 연속적으로 지각하는 경향인 '연속성'이 있다.

제3장 | 실전연습문제

* 기출유형 은 해당 문제가 실제 시험에 출제된 유형임을 나타냅니다.

객관식

01 소비자 정보처리과정을 순서대로 나열한 것은?
① 노출 → 주의 → 해석 → 기억
② 노출 → 해석 → 주의 → 기억
③ 주의 → 노출 → 기억 → 해석
④ 주의 → 해석 → 노출 → 기억

02 다음 내용은 노출의 유형 중 어디에 해당하는가?

> A는 김치냉장고의 구입을 고민하고 있다. 이를 위해 TV광고나 인터넷 등에서 김치냉장고와 관련된 광고와 사용 후기 등을 시간을 내어 찾아보고 있다.

① 제한적 노출 ② 선택적 노출
③ 의도적 노출 ④ 우연적 노출

03 다음 중 식역하 지각에 대한 설명으로 올바른 것은?
① 절대적 식역 이하 수준의 자극을 감지하는 것이다.
② 초기 자극의 강도가 클수록 변화의 정도가 커야 차이를 쉽게 지각한다는 개념이다.
③ 두 자극 간의 차이를 지각적으로 구분할 수 있는 최소한의 차이이다.
④ 어떤 자극을 평소보다 또는 남보다 더 잘 지각하는 것이다.

04 관여도에 따른 주의 유형을 잘못 설명한 것은?
① 고관여 상태에서는 관련 정보에 노출되면 주의를 기울이게 된다.
② 강화된 주의는 고관여 상태에서 우연히 소비자가 관련 광고에 노출되어 주의수준이 높아지는 것이다.
③ 자발적 주의는 소비자가 적극적으로 관련 정보를 찾아 그 정보에 주의를 기울이는 것이다.
④ 저관여에서는 주의수준이 높지 않으므로 광고를 통한 정보처리가 이루어지지 않는다.

05 다음 중 주의력을 결정하는 마케팅 자극이 아닌 것은?
① 색상   ② 적응
③ 자극 강도 ④ 특이함

06 지각적 방어가 발생하기 쉬운 조건에 해당하는 것은?
① 소비자가 특정 자극에 대한 기존의 태도와 신념이 약할수록
② 구매 후 부조화가 작을수록
③ 경험의 일관성이 높을수록
④ 정보에 의해 야기되는 불안감이 작을수록

07 소비자는 불완전한 형태의 정보를 기존 경험 및 지식을 통합하여 하나로 지각한다. 이것과 관련된 개념은?

① 선택적 지각 ② 지각적 조직화
③ 지각적 방어 ④ 지각적 탐색

08 다음 내용이 설명하는 개념은?

> J&B 위스키는 크리스마스 시즌을 겨냥해 'Oingle Oells, Oingle Oells'라는 공고문안을 사용한 광고를 제작하였다.

① 완결 ② 집단화
③ 단순화 ④ 형상과 배경

09 소비자는 자극 지각 과정에서 경험을 바탕으로 기억 속에 있는 일련의 지식들의 집합 또는 네트워크를 활용해 판단한다. 이러한 개념을 무엇이라고 하는가?

① 후광 효과 ② 일반화
③ 연상 ④ 스키마

10 제품의 가격에 대해 어느 정도 수준일 것이라고 기대하는 가격을 무엇이라고 하는가?

① 준거가격 ② 예상가격
③ 할인가격 ④ 실제가격

11 노출에 따른 마케팅 시사점으로 잘못 설명된 내용은?

① 우연적 노출의 가능성을 높인다.
② 식역하 광고도 구매를 촉진하는 효과가 있다.
③ 절대적 식역을 초과하는 수준의 마케팅 자극을 제시한다.
④ 마케팅 자극을 변화시킬 때는 차이 식역을 고려해야 한다.

12 다음 중 해석에 영향을 미치는 개인적 요인에 해당하지 않는 것은?

① 동기 ② 지식
③ 정황 ④ 기대

주관식

13 소비자가 자신에게 필요하다고 판단되는 정보에만 자신을 노출시킴으로써 불필요한 노출은 주의 이전 단계에서 제거해버리는 메커니즘을 무엇이라고 하는지 쓰시오.

14 다음 내용은 소비자행동 이론 중에서 어떤 주의의 효과에 대한 설명인지 쓰시오.

> 시끌벅적한 파티에서 본인 자신과 대화 중인 상대방과의 대화는 비교적 잘 들린다. 또한 다른 이들의 대화 중에 본인의 관심을 끄는 단어를 하나라도 듣게 되면 주의가 그 쪽으로 쏠려 남들이 하는 말을 귀기울여 듣게 되기도 한다. 해당 개념을 칵테일파티 효과라고도 한다.

15 우연적 노출에 대해 설명하시오.

16 다음 빈칸에 들어갈 알맞은 말을 쓰시오.

> (   )은/는 어떤 자극에 대해 평가할 때 그 자극 자체를 가지고 평가하기보다는 다른 단서들을 연결시켜 추리하는 방법이다.

17 순서 효과에 대해 설명하시오.

18 감지에 대해 간략하게 서술하시오.

19 〔기출유형〕 마케팅 자극에 반복적으로 혹은 연속적으로 노출되면 그 자극에 주의를 기울이지 않게 되는 현상을 무엇이라고 하는지 쓰시오.

20 가격-품질 간 연상이나 후광 효과 등은 소비자들이 자극에 대해 어떻게 반응하는 현상을 설명하는 사례인지 쓰시오.

제3장 | 실전연습문제 정답·해설

객관식

01	02	03	04	05
①	③	①	④	②
06	07	08	09	10
③	②	①	④	①
11	12			
②	③			

01 ①
소비자 정보처리과정은 소비자가 자극에 처음 노출되고 이 중 일부에 대해 주의를 기울이며, 관심이 있는 메시지에 대해 해석의 과정이 일어나며, 이후 소비자의 노력 여부에 따라 해당 정보를 기억하는 과정을 거친다.

02 ③
의도적 노출은 정보 탐색 또는 즐거움 등의 특정한 목적을 가지고 스스로를 어떤 자극에 노출시키는 것을 말한다. 이러한 의도적 노출은 주로 외적 정보 탐색과정에서 많이 발생한다.

03 ①
절대적 식역에 도달하지 않은 경우 자극을 무의식적으로 지각하고 있는 것을 식역하 지각이라고 한다.

오답분석
② 웨버의 법칙에 대한 설명이다.
③ 차이 식역에 대한 설명이다.
④ 관여도 등 개인차에 따른 지각수준의 차이에 대한 설명이다.

04 ④
저관여 상태에서는 관련되지 않은 제품의 정보는 주의가 거의 이루어지지 않으나 수동적인 정보처리나 광고 자체에 대한 관여도를 높여 일부 처리가 가능하다.

05 ②
적응은 소비자 측면 자극 요인이다.

참고 주의의 영향 요인
주의력에 영향을 미치는 요인에는 소비자 측면과 마케팅 자극 측면으로 나누어 볼 수 있다. 소비자 측면에는 관여도, 기존 신념과 태도, 적응, 감정적 상태가 있으며, 마케팅 자극 측면에서는 특이함, 즐거움, 색상, 배경과 대조, 자극 강도 등이 영향을 미칠 수 있다.

06 ③
경험의 일관성이 높을수록 소비자의 제품에 대한 신념과 태도가 강화되어 기존 신념과 태도를 보호하려는 심리적 경향을 보인다.

오답분석
① 소비자가 특정 자극에 대해 신념과 태도가 강할수록 발생하기 쉽다.
② 구매 후 부조화가 클수록 발생하기 쉽다.
④ 정보에 의해 야기되는 불안감이 클수록 발생하기 쉽다.

07 ②
지각적 조직화는 소비자가 처리하는 여러 정보들을 통합하여 지각하는 메커니즘을 말한다. 브랜드의 물리적 특성, 광고, 가격, 취급하는 소매상의 특징 등을 통합함으로써 그 브랜드에 관련된 이미지를 형성하는 과정을 말한다.

08 ①

완결은 자극이 불완전할 때 잘못된 요소를 수정하거나 빈 부분을 채워 완전한 형태로 지각하는 경향이다. 이러한 소비자의 특성을 이용하여 일부러 광고의 일부분을 불완전하게 만듦으로써 소비자로 하여금 자율적인 완결과정을 거치도록 유도하는 광고를 제작하기도 한다.

09 ④

스키마(schema)는 소비자 개인의 경험을 바탕으로 기억 속에 자리 잡고 있는 일련의 지식체계 혹은 네트워크이다. 소비자는 마케팅 자극을 본인의 스키마와 비교하여 자극 대상을 특정 범주로 인식한다.

[오답분석]
① 후광 효과는 한 제품 범주에서 우수하다고 평가받는 제품이 다른 관련 분야로 확장 시 확장제품도 우수할 것으로 판단하는 내용이다.
② 일반화는 유사한 속성을 가진 제품들을 동일한 범주로 묶는 것이다.
③ 연상은 제품 상표나 핵심 속성을 쉽게 연상할 수 있는 이미지를 활용하는 것이다.

10 ①

제품에 관해 어느 정도일 것이라고 소비자가 기대하는 가격을 준거가격(reference price)이라고 한다. 소비자들은 자극으로 주어진 실제 제품 가격을 본인의 준거가격과 비교해 봄으로써 저렴하거나 비싸다고 지각하게 된다.

11 ②

식역하 광고는 기본적인 충동을 유발할 수는 있지만 특정 상표의 구매를 촉진할 만큼 강한 효과를 갖지는 못한다.

12 ③

해석에 영향을 미치는 개인적 요인에는 동기, 지식, 기대가 있다. 정황은 자극적 요인에 해당한다.

주관식

13

|답안| 선택적 노출

|해설| 소비자가 자신에게 필요하다고 판단되는 정보에만 자신을 노출시킴으로써 불필요한 노출은 주의 이전 단계에서 제거해버리는 메커니즘을 선택적 노출이라고 한다.

14

|답안| 선택적 주의

|해설| 사람이 많이 모인 자리에서 자신과 관련된 대화를 듣거나 관심이 있는 주제의 이야기를 듣게 되면 상대적으로 선명하게 들리는 효과가 카테일파티 효과이다. 이러한 효과는 정보를 처리하는 소비자가 모든 정보에 관심을 기울이는 것이 아니라 본인과 관심이 높은 내용과 대상에만 선별적으로 주의를 주기 때문에 발생한다. 즉, 선택적 주의에 의한 효과이다.

15

|답안| 우연적 노출은 비의도적 노출의 일종으로 의도하지 않은 상태에서 자극에 노출되는 것을 의미한다. TV프로그램 및 광고 등을 통해 소비자들이 선택적으로 자극을 받아들일 수 없을 때 주로 발생한다.

16

|답안| 지각적 추론

|해설| 지각적 추론은 어떤 자극에 대해 평가할 때 그 자극 자체를 가지고 평가하기보다는 다른 단서들을 가지고 추리하는 방식이다. 예를 들어, 어떤 사람을 평가할 때 그 사람이 졸업한 학교, 다니는 회사, 옷차림, 액세서리, 말투 등의 단서로 그 사람을 평가하는 것을 말한다. 마케팅 상황에서는 후광 효과와 가격-품질 연상 관계 등을 사례로 들 수 있다.

17

|답안| 순서 효과는 자극이 제시되는 순서에 따라 해석을 달리 할 수 있는 가능성을 말한다. 순서 효과에는 최근 효과와 초기 효과가 있다. 최근 효과는 자극의 내용들이 차례로 제시되는 경우 맨 끝에 제시된 부분에 비중을 두어 지각하는 것이고, 초기 효과는 맨 처음에 제시된 부분에 비중을 두어 지각하는 것이다. 일반적으로 평가적 인상의 결정(태도형성)에는 초기 효과가 크게 작용하고, 회상(메시지 내용의 기억)에는 최근 효과가 크게 작용한다.

답안 작성 Tip
순서에 따른 효과 유형과 각 유형이 미치는 영향에 대해 설명하여야 한다.

18

|답안| 감지는 자극의 강도가 어느 정도 강해져 감각기관을 통해 그 자극을 알아차리는 것이다.

19

|답안| 적응

|해설| 마케팅 자극에 반복적으로 혹은 연속적으로 노출되면 그 자극에 주의를 기울이지 않게 되는 현상을 적응이라고 한다. 적응에 대한 대처 방안으로 광고의 제작 및 실행방식을 조금씩 다르게 하는 방법이 있다.

20

|답안| 지각적 추론

|해설| 지각적 추론은 어떤 자극에 대해 평가할 때 그 자극 자체를 가지고 평가하기 보다는 다른 단서들을 가지고 추리하는 방식이다. 값이 싼 제품을 보면 품질이 낮고, 비쌀수록 품질이 좋다고 생각하는 가격-품질 간 연상 관계, 한 제품 범주에서 우수하다고 평가받는 제품이 다른 연관 분야로 진출 시 확장된 제품도 우수할 것이라고 판단하는 후광 효과 등이 지각적 추론의 사례에 해당한다.

무료 학습자료 제공 · 독학사 단기합격 **해커스독학사**
www.haksa2080.com

전문가가 분석한 출제경향 및 학습전략

제4장에서는 행동적 학습과 대리학습의 내용이 매우 중요하고 과거 출제 빈도가 높다. 인지적 학습은 개념이 어렵지만 최근 출제빈도가 높아지고 있는 부분이므로 주요 이론과 실제 마케팅 사례 등을 중점적으로 학습해야 한다. 또한 주요 기억장치의 특징과 기억을 증대시키는 전략에 대해 암기하고 최근 중요해지고 있는 감각기억의 개념과 특징에 대해 알아두는 것이 좋다.

제4장 | 핵심 키워드 Top 10
핵심 키워드 Top 10은 본문에도 동일하게 ★로 표시하였습니다.

01	고전적 조건화 ★★★	p.106
02	수단적 조건화 ★★★	p.108
03	가설검증과정의 학습 ★★	p.103
04	대리학습(vicarious learning) ★★	p.112
05	리허설(rehearsal) ★★	p.116
06	단기기억의 리허설을 통한 이전 전략 ★★	p.116
07	인지적 학습(cognitive learning) ★	p.102
08	정보환경의 애매모호성(하향식 정보처리와 상향식 정보처리) ★	p.104
09	행동적 학습(behavioral learning) ★	p.106
10	감각기억 ★	p.115

제4장

학습과 기억

제1절 인지적 학습
제2절 행동주의적 학습
제3절 대리학습
제4절 기억

제1절 인지적 학습

01 인지적 학습의 개념

1. 인지적 학습(cognitive learning) ⭐ 기출개념
① 소비자가 새로운 정보를 접하여 과거에 가지고 있던 제품에 대한 기대 또는 신념을 해당 정보에 맞추어 적응시키는 과정이다.
② 정보가 처리되어 신념과 태도가 변화하는 과정을 설명한다.
③ 소비자는 제품이나 서비스에 대한 기존의 신념이나 믿음을 강화하고 수정하는 데 있어서 과학자들이 가설을 세우고 경험적인 증거를 얻어 이를 검증하는 과정과 유사한 단계를 거치게 된다.

2. 인지적 학습의 유형 기출개념

(1) 첨가(추가, accretion)
① 대부분의 인지적 학습은 추가에 의해 일어난다.
② 추가는 특정 대상에 대한 소비자의 정보처리 결과가 기존의 지식구조에 새로운 지식, 의미, 신념 등의 내용을 추가하는 것을 의미한다.
③ 추가에 의한 학습 효과는 새로운 연상관계를 구축하는 것이다.

(2) 조율(조정, tuning)
소비자가 특정 제품에 대한 새로운 지식과 경험을 기존의 지식구조에 추가하게 될 때, 기존 지식구조의 일부가 변화되어 새로운 의미를 지니는 구조로 일반화될 수 있도록 수정하는 것이다.

(3) 재구조화(재조직화, restructuring)
① 전혀 다른 새로운 의미구조를 만들거나 기존의 지식구조를 완전히 다시 설계함으로써 지식의 전반적인 현상 네트워크 구조를 재편하는 것이다.
② 과거에 축적된 정보의 양이 지나치게 많아짐에 따라 지식구조 자체를 다시 설정해야 할 필요성이 있을 때 나타난다.

02 가설검증과정으로서의 인지적 학습

1. 가설검증과정의 학습 ★★ 기출개념

(1) 가설검증과정의 개념

다양한 정보원을 통해 얻게 된 정보를 통합하여 기존의 신념을 바꾸어가는 과정이다.

(2) 소비자 학습의 4단계 모형

① 소비자는 제품 및 서비스에 대한 기존의 신념이나 믿음을 강화하고 수정하는 데 있어 과학자들의 가설 검증과정과 유사한 단계를 거친다.

② 소비자들은 기억 속의 기존 신념이나 광고주장을 가설로 설정하고 해당 가설을 검증하는 과정을 나름대로 거친다.

③ 가설검증과정에서 소비자는 흔히 추론상의 오류를 범하기 쉬운 검증 방법들을 사용한다.

예 자신이 세운 가설을 기각하기보다 지지하는 방향으로 증거를 해석하는 경향이 있다(확인의 편향).

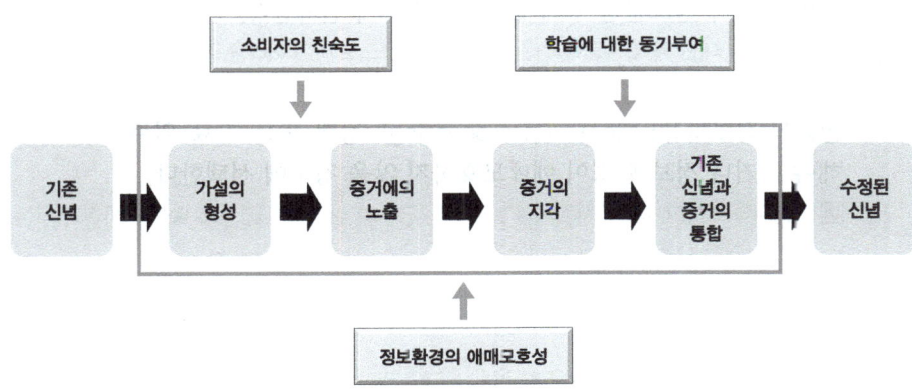

[그림 4-1] 소비자 학습의 4단계 모형

2. 소비자 학습에 영향을 미치는 요인들

(1) 친숙도(familiarity)

① 소비자가 가지고 있는 제품과 관련된 경험의 양의 정도를 의미한다.

② 친숙도가 높은 소비자가 친숙도가 낮은 소비자에 비하여 좀 더 세분화되고 위계적으로 조직화된(hierarchically organized) 지식 구조와 소비상의 원칙들(consumption rules)을 가지고 있다.

③ 친숙도가 높은 소비자가 낮은 소비자에 비해 상품경험에 대하여 강한 기대와 믿음을 갖게 된다.

④ 제품에 친숙한 소비자는 친숙하지 않은 소비자에 비하여 더 많은 정보를 흡수한다.

> **핵심 Check**
>
> **친숙도와 학습의 관계**
>
> 친숙도와 학습은 ∩자 모양의 관계를 가진다. 즉, 해당분야의 초보자는 제품범주에 대해 다는 지식이 없어 정보 탐색 및 습득이 어렵다. 또한 전문가는 제품범주에 대해 본인이 다 알고 있다고 생각하기 때문에 추가적인 정보 탐색이나 학습을 하지 않는다. 일반적으로 중간 수준의 친숙도를 가진 소비자가 제품 정보에 대한 학습욕구가 있어 가장 많이 학습할 가능성이 높다.

⑤ 여러 제품 대안이 존재할 경우에는 친숙도가 중간 정도인 소비자가 가장 많은 정보를 기억한다.

(2) 동기부여
① 현재 상태에서 바람직한 상태로 옮겨가는 것을 통제하는 메커니즘이다.
② 소비자 학습행동의 방향(목표)과 강도를 결정하는 요소이다.
③ 높은 동기부여 수준에서 정보처리할 때는 개별 제품속성 정보를 세밀하게 처리하는 방식을 사용한다.
④ 낮은 동기부여 수준에서 정보처리할 때는 하위유형화(subtyping)와 같은 간단한 정보처리 방식을 사용한다.

(3) 정보환경의 애매모호성 ★ 〔기출개념〕
① 소비자를 둘러싼 정보환경의 성격에 따라 정보처리방식을 선택하는 방법이 달라진다.
② 소비자들은 학습을 위해 하향식 정보처리 혹은 상향식 정보처리 방법을 사용한다.
③ **하향식 정보처리(top-down processing)**: 가설 또는 개념 위주의 정보처리를 해야 하거나 정보환경이 애매모호할 경우에 선택한다.
> 예 맥주 맛에 대한 해석: 제품에 대한 평가를 객관적으로 하기 어려운 경우이므로 소비경험 이전에 소비자가 가지고 있던 기존 제품신념이 소비경험의 해석에 그대로 영향을 미친다.

④ **상향식 정보처리(bottom-up processing)**: 경험 또는 자료 위주의 정보처리를 해야 하거나 정보 환경이 애매모호하지 않을 경우에 선택한다.
> 예 그랜저와 스파크, 이 두 자동차를 비교하는 경우와 같이 소비경험에 확실한 차이가 나는 경우에는 가설을 사용경험에 근거하여 판단한다.

03 가설검증모형의 마케팅 시사점

1. 시장에서 선도적인 위치에 있는 상표들
① 가능한 한 소비자들이 학습하고자 하는 동기부여의 수준을 낮출 필요가 있다.
② 촉진 활동을 통해 다른 상표를 경험할 필요가 없음을 강조한다.

2. 시장에서 2위 또는 그 이하인 상표들
① 소비자들로 하여금 가능한 많은 탐색과 학습을 하도록 유도한다.
② 제품품질이 시장 선도기업과 동일하거나 그보다 월등할 경우 소비자로 하여금 탐색과 학습을 하도록 유도하고 나아가 자사 제품을 써보도록 하는 것이 중요하다.

기출개념확인

01 소비자의 인지적인 학습에 영향을 미치는 요인이 아닌 것은?
① 친숙도
② 반복노출
③ 동기부여
④ 정보환경의 애매모호성

02 소비자 가설검증모형이 시장 선도자와 시장 추격자에게 제시하는 마케팅 시사점에 대해 기술하시오.

정답·해설

01 ②
소비자의 인지적인 학습에 영향을 미칠 수 있는 요인에는 친숙도, 동기부여, 정보환경의 애매모호성 등이 있다. 일반적으로 반복노출은 인지적인 정보처리를 유도하기 어려운 조건이다.

02 시장 선도자 상표는 가능한 한 소비자들이 학습을 하고자 하는 동기부여의 수준을 낮출 필요가 있으며, 다른 상표를 경험할 필요가 없음을 강조하여 다른 상표에 노출될 수 있는 촉진 활동을 막아야 한다. 시장 추격자 상표는 소비자들로 하여금 가능한 많은 탐색과 학습을 하도록 유도하고 나아가 자사 제품을 써보도록 만드는 것이 중요하다.

제2절 행동주의적 학습

01 행동적 학습의 개념

1. 행동적 학습(behavioral learning) ★ 기출개념
① 모든 학습이 경험에서 나오며 환경과의 접촉을 통한 경험, 즉 사건들을 경험하는 것은 비교적 영속적으로 행동변화를 이끄는 과정이라고 이해한다.
② 학습은 자극과 반응을 반복적으로 경험함으로써 발생한다고 본다.
③ 외부 환경에서 오는 자극에 대한 반응이 반복해서 일어나는 과정을 통해 학습이 이루어지는 것으로 본다.

02 고전적 조건화 ★★★ 기출개념

1. 고전적 조건화(classical conditioning) 이론

(1) 고전적 조건화의 개념
중립적 자극을 특정 반응을 유발하는 무조건 자극과 결부시켜 반복적으로 노출시키면, 중립 자극이 조건 자극으로 변하여 기존에 무조건 자극에 의해 야기되던 반응과 매우 유사한 반응을 유발한다.

(2) 고전적 조건화의 구성요소
① 무조건 자극(unconditioned stimulus): 자연스럽게 어떤 반응을 유발하는 자극을 의미한다.
② 무조건 반응(unconditioned response): 무조건 자극에 의해 자연스럽게 나타나는 반응이다.
③ 조건 자극(conditioned stimulus): 무조건 자극과 짝지어져 함께 반복적으로 제시되어 나중에는 동일하거나 유사한 반응을 일으키는 자극이다.
④ 조건 반응(conditioned response): 조건 자극에 의해 나타나는 학습된 반응이다.

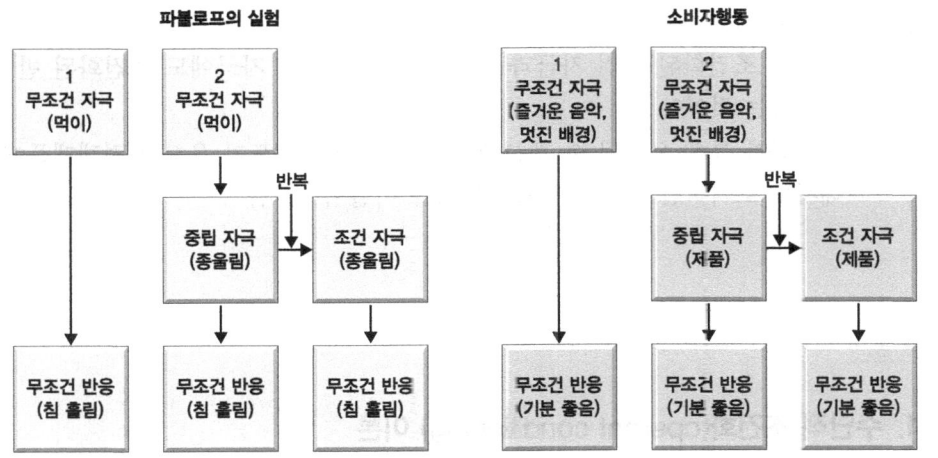

[그림 4-2] 고전적 조건화의 과정

2. 고전적 조건화에 영향을 미치는 요소들 - 마케팅 시사점

(1) 무조건 자극의 강도
무조건 자극의 강도가 강할수록 학습 효과가 커진다.

(2) 반복횟수
무조건 자극과 조건 자극을 결부시켜 반복 노출시킬수록 학습 효과가 커진다.

(3) 자극이 주어지는 순서
① 전방(forward) 조건화: 조건 자극이 먼저 제시된 후, 무조건 자극이 제시된다.
② 후방(backward) 조건화: 무조건 자극이 먼저 제시된 후, 조건 자극이 제시된다.
③ 동시(simultaneous) 조건화: 두 가지 자극이 동시에 제시되는 것이다.
④ 전방 조건화가 가장 효과적이며, 후방 조건화가 가장 비효과적이다.

(4) 소비자의 관여도
관여도가 높을수록 고전적 조건화에 의한 학습이 낮아진다.

(5) 자극에의 친숙도
무조건 자극에 친숙할수록 학습 효과는 낮아진다.

3. 고전적 조건화의 소멸과 일반화 - 마케팅 시사점

(1) 소멸(extinction)
① 조건 자극과 무조건 자극이 결합되어 제시되는 것이 중단되면 시간 경과에 따라 조건화의 효과가 서서히 감소하는 것이다.
② 광고를 중단하면 조건화의 효과가 사라진다.

(2) 일반화(generalization)
① 이전에 조건화된 조건 자극과 유사한 새로운 조건 자극에도 조건화된 반응이 일어나는 것이다.
② 조건화를 통해 유발된 한 제품에 대한 호의적인 태도가 유사한 경쟁제품에 대해서도 호의적인 태도를 갖도록 영향을 미칠 수 있다.

03 수단적 조건화 ★★★ 기출개념

1. 수단적 조건화(operant conditioning) 이론

(1) 수단적 조건화의 개념
① 자극에 대한 반응의 결과가 어떠한가에 따라 동일한 반응으로 강화되거나 혹은 동일한 반응을 회피한다.
② 어떤 반응에 대해 선택적으로 상을 주거나 벌을 주는 식으로 보상함으로써 해당 반응이 일어날 확률을 증가시키거나 감소시키는 방법이다.

(2) 수단적 조건화의 유형
① 긍정적 강화(positive reinforcement)
  ㉠ 자극에 대하여 반응행동의 결과가 바람직하게 나타났을 때, 자극과 반응의 관계를 강력하게 하는 것을 의미한다.
  ㉡ 주변이 환경적인 자극이 보상의 형태로 긍정적인 강화를 제공할 때, 반응은 강화되고 적절한 행동이 학습된다.
② 부정적 강화(negative reinforcement)
  ㉠ 부정적 결과가 자극으로 제공됨으로써 부정적 결과를 회피하기 위하여 특정 반응을 보일 확률을 증대시키는 것이다.
  ㉡ 소비자는 부정적인 결과를 회피하기 위해 학습된 행동을 취하려는 경향을 보인다.
③ 처벌(punishment)
  ㉠ 자극에 대해 반응함으로써 부정적인 결과가 발생하는 것이다.
  ㉡ 이에 따라 바람직하지 않은 행동에 대해 부정적 결과를 초래하여 소비자가 행동 반응을 취할 가능성을 감소시키는 것이다.
  ㉢ 부정적인 결과를 제공하여 이를 회피하기 위한 특정 행동 반응의 가능성을 증가시키려는 부정적 강화와는 차이가 있다.

2. 수단적 조건화의 특징

① 자극, 반응, 보상물(강화물)이라는 세 가지 요소로 구성되며, 반응과 그 결과에 초점이 있다.
② 후행 자극에 의한 행동변화에 관심이 있다.
③ 외부의 자극 없이, 의식적으로 어떤 결과를 일으키게 하는 행동에 의해 이루어지는 조건화이다.
④ 고전적 조건화와 같이 계속적인 강화가 없으면 소거현상이 일어나며, 자발적인 회복현상도 일어난다.
⑤ 조건화 과정에서 변별 조건을 구성하여 변별 자극에 따라 반응을 조절할 수 있다.
⑥ 수단적 조건화는 보상체계에 의한 아동의 행동유발이나 행동수정에 적용되었으며, 프로그램 학습에 적용 가능하다.

3. 고전적 조건화와 수단적 조건화의 비교

구분	고전적 조건화	수단적 조건화
특징	• 확립된 자극-반응 연결관계에 기초를 두고 자연적으로 학습됨 • 학습자의 행위(action)에 의존하지 않음 • 학습은 반응 이전에 제시된 자극에 의해 이루어짐	• 학습자가 보상을 가져올 수 있는 적절한 반응을 발견함으로써 학습이 이루어짐 • 학습자의 능동적 관응(행위)이 학습자의 상황이나 환경을 변화시킴 • 주어진 자극에 대한 반응의 결과에 의해 이루어짐

4. 수단적 조건화의 마케팅 시사점

(1) 강화가 소비자의 구매에 미치는 영향

① 제품 구매 후 강화의 발생 정도가 차기 구매 행위에 커다란 영향을 끼친다.
② 특정 상표를 사용할 때마다 계속해서 만족을 얻게 되면, 그 만족이 강화요인으로 작용한다.
③ 강화는 습관적인 구매(habitual buying)를 하게 될 확률을 증가시킨다.

(2) 강화 스케줄

① 전체 강화(total reinforcement)
 ㉠ 연속 강화(continuous reinforcement)라고도 한다.
 ㉡ 자극에 대한 반응이 있을 때마다 강화시키는 것으로 학습이 신속히 일어난다.
② 부분 강화(partial reinforcement)
 ㉠ 반응이 가끔 강화되는 것으로 학습이 가장 지속적이다.
 ㉡ 체계적 또는 무작위적이다.
③ 강화 스케줄의 효과는 경우에 따라 다르므로 적절한 방법을 발견해야 한다.

(3) 소멸과 망각

① 소멸(extinction)
　㉠ 자극과 기대되는 보상 간의 연결이 제거되는 것이다.
　㉡ 소비자가 소비하던 제품에 더 이상 만족하지 않을 때 발생한다.
　㉢ 재구매의 가능성을 떨어뜨린다.

② 망각(forgetting)
　㉠ 자극이 오랫동안 반복되지 않을 때 발생한다.
　㉡ 제품을 오랫동안 사용하지 않거나 광고 중단 시 제품을 망각한다.
　㉢ 경쟁 상표의 집중적 광고 때문에 망각이 발생할 가능성이 존재한다.
　㉣ 망각보다 소멸이 재구매 가능성을 떨어뜨릴 가능성이 더 크다.

(4) 조형화(shaping)

① 어떤 반응을 가져올 가능성이 높은 자극을 제공하여 궁극적으로 다른 반응을 유도하는 것이다.
② 슈퍼마켓에서 파격적인 할인품목(loss leader)을 통해 점포 안으로 소비자를 유인한 경우, 유인된 소비자는 점포 안으로 들어오지 않은 소비자에 비해 다른 제품을 구매할 가능성이 커진다.
③ 대형 백화점에서의 어린이를 위한 이벤트, 교양 강좌, 문화 행사 등을 기획하는 것이 조형화를 유도하기 위한 전략이다.

기출개념확인

01 행동적 학습 유형에 대한 설명으로 잘못 기술된 내용은?

① 고전적 조건화는 소비자의 행위에 의존하지 않는다.
② 고전적 조건화는 학습이 반응 이전에 제시된 자극에 의해 이루어진다고 가정한다.
③ 수단적 조건화는 확립된 자극-반응의 연결 관계에 기초를 두고 자연적으로 학습하는 내용이다.
④ 수단적 조건화는 학습자의 능동적 반응이 학습자의 상황이나 환경을 변화시킨다.

02 다음 빈칸에 들어갈 알맞은 말을 쓰시오.

> (   )은/는 자극에 대해 반응 행동의 결과가 바람직하게 나타났을 때 자극과 반응의 관계를 강력하게 하는 것을 의미한다.

정답·해설

01 ③
수단적 조건화는 학습자가 보상을 가져올 수 있는 적절한 반응을 발견함으로써 학습이 이루어진다. 확립된 자극-반응 연결 관계에 기초를 두고 자연적으로 학습하는 것은 고전적 조건화의 개념에 해당한다.

02 긍정적 강화
긍정적 강화는 자극에 대해 반응 행동의 결과가 바람직하게 나타났을 때 자극과 반응의 관계를 강력하게 하는 것을 의미한다. 주변의 환경적인 자극이 보상의 형태로 긍정적인 강화를 제공할 때 해당 반응이 강화되고 적절한 행동이 학습된다.

제3절 대리학습

01 대리학습의 개념

1. 대리학습(vicarious learning) ★★ 기출개념

(1) 모델링
모델의 행동을 관찰하여 자신의 행동을 변화시키는 것이다.

2. 모델링의 사용목적

① 관찰자의 행동목록에 존재하지 않던 새로운 반응 패턴을 획득하기 위함이다.
   예 소비자가 모르던 제품을 광고모델이 사용한 결과 만족스럽다는 것을 보여 주어 제품을 구매하도록 유도한다.
② 바람직하지 않은 행동을 금지시킨다.
   예 마약금지광고, 쓰레기 투척금지 광고 등 공익광고에서 많이 이용한다.
③ 관찰자의 행동목록에 이미 있는 바람직한 행동의 유발을 도와주기 위해서이다.
   예 맥주회사에서 자사의 맥주가 중요한 파티 등 특별한 경우에 사용될 수 있음을 보여주어 소비자를 설득시킨다.

02 대리적 학습의 유형

1. 공개적 모델링(overt modeling)

① 소비자가 타인(모델)의 행동 및 행동결과를 관찰하게 하여 개인의 행동을 변화시키고자 하는 시도이다.
② 소비자가 모델의 행동을 직접 관찰한 후 그 결과에 따라 모델이 한 행동과 같은 행동을 할 가능성이 높아지거나 낮아진다.
③ 공개적 모델링의 과정

구분	세부 과정
1단계	모델이 행동하고 그 결과를 경험함
2단계	관찰자는 모델의 행동과 결과를 봄
3단계	모델의 행동결과에 따라 관찰자의 행동에 변화를 가져옴

2. 비공개적 모델링(covert modeling)

실제적 행동이나 결과가 제시되지 않는 대신 소비자에게 모델이 어떤 상황에서 취하는 행동과 결과를 상상하도록 요구함으로써 이루어진다.

예 라디오에서의 맥주광고(Come to think of it! I'll have Heireken.)

3. 언어적 모델링(verbal modeling)

소비자에게 자신과 유사한 다른 사람들이 특정 상황에서 어떻게 행동했는가를 들려주는 것으로 이루어진다.

예 불우이웃돕기, 수재민 돕기 모금운동

03 모델링 효과에 영향을 미치는 요인

1. 모델의 특성

① 모델이 보다 매력적이거나 신뢰감이 느껴질수록 모델링 효과는 커진다.
② 지위가 높거나 전문적 지식을 가진 모델일수록 영향력이 더 크다.
③ 모델의 특성이 관찰자와 유사할수록 효과가 커진다.

2. 관찰자의 특성

① 관찰자가 보다 의존적일수록, 자신감과 자아존중(self-esteem)의 정도가 낮을수록, 모방행동에 따라 만족스런 결과를 얻는 경험이 많을수록 모델링 효과는 커진다.
② 모델화된 행동의 결과에 대해 관찰자가 부여하는 가치(value)가 모델링 효과의 결정적 요인이 된다.

3. 모델화된 행동 및 행동결과의 특성

① 모델화된 행동이 보다 주의 깊고 생동적이며 뚜렷할수록 효과는 커진다.
② 행동결과가 진실처럼 느껴질수록(plausible) 효과는 커진다.

기출개념확인

01 모델링을 활용하는 사례에 해당하지 <u>않는</u> 것은?

① 내가 좋아하는 영화배우가 나오는 광고를 자주 보다 보니 그 브랜드를 보면 기분이 좋아지게 되었다.
② 소비자가 모르던 제품을 광고모델이 사용한 결과 만족스럽다는 것을 보여 주어 제품을 구매하도록 유도한다.
③ 마약금지광고, 쓰레기 투척금지 광고 등 공익광고에서 많이 이용한다.
④ 맥주회사에서 자사의 맥주가 중요한 파티 등 특별한 경우에 사용될 수 있음을 보여주어 소비자를 설득시킨다.

02 소비자로 하여금 타인의 행동 및 행동에 따른 결과를 관찰하게 하여 소비자의 행동을 변화시키고자 하는 대리학습의 유형은?

정답·해설

01 ①
고전적 조건화의 사례에 해당하는 내용이다.

오답분석
② 모델링을 사용하는 목적 중 관찰자의 행동목록(behavior repertoire)에 존재하지 않던 새로운 반응 패턴을 획득하기 위한 사례이다.
③ 모델링을 사용하는 목적 중 바람직하지 않은 행동을 금지시키는 사례이다.
④ 모델링을 사용하는 목적 중 관찰자의 행동목록에 이미 있는 바람직한 행동의 유발을 도와주기 위한 사례이다.

02 공개적 모델링
공개적 모델링(overt modeling)은 소비자가 타인(모델)의 행동 및 행동결과를 관찰하게 하여 개인의 행동을 변화시키고자 하는 시도이다. 소비자가 모델 행동을 직접 관찰한 후, 그 결과에 따라 모델이 한 행동과 같은 행동을 할 가능성이 높아지거나 낮아진다.

제4절 기억

01 기억구조모형

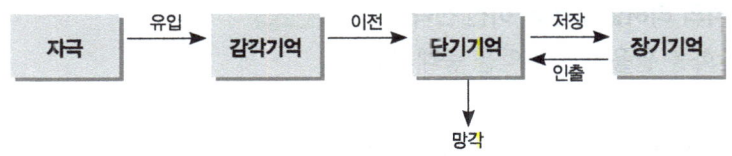

[그림 4-3] 다중기억구조모델(multiple store model of memory)

1. 감각기억 ★ 기출개념
① 유입정보가 절대적 식역수준을 초과하여 감각기관이 그 정보를 감지하는 부분이다.
② 시각, 청각, 촉각, 미각, 후각과 같은 오감(五感) 등을 통해 기억한다.
③ 매우 짧은 시간 동안 저장이 가능하다.
　예 0.25초 정도로 저장이 가능하다.
④ 주의를 기울여 더 이상 정보처리를 하지 않는 경우 0.25초 만에 사라져 버린다.
⑤ 감각기억에 유입된 마케팅 자극을 아주 짧은 기간에 무의식 상태에서 분석한다.
⑥ 감각기관에 머무르고 있는 정보들 중 관심을 끄는 정보만을 단기기억에 이전할 수 있도록 통제하는 기능을 한다.

2. 단기기억

(1) 단기기억의 기능
감각기억에서 들어온 입력정보를 일시적으로 저장하면서 장기기억에 연결시키는 기능을 수행한다.

(2) 단기기억의 특성
① 처리용량의 한계로 인해 한 번에 일정량만을 처리한다.
　예 7 ± 2 정보단위(chunk)만을 한 번에 처리하며, 정보과부하(information overload)상황이 되면 이들 중 일부만이 처리된다.
② 유입정보에 대한 맥락을 제공하고 의미를 부여하는 하향식 정보처리가 더 효율적인 정보의 처리를 가능하게 한다.

(3) 리허설(rehearsal) ★★ 기출개념
① 리허설의 개념: 처리된 정보를 장기기억으로 이전시키기 위하여 리허설이라는 통제과정이 실시된다.
② 리허설의 유형
  ㉠ 유지 리허설: 처리된 정보를 단기기억 속에 계속 머물러 있게 하거나 단기기억에서 장기기억으로 이동시키기 위해 마음속으로 반복하는 것이다.
  ㉡ 정교화 리허설: 단기기억에 유입된 정보의 의미를 해석하여 유입정보와 기존 지식의 결합이 일어나는 것이다.

(4) 단기기억의 리허설을 통한 이전 전략 ★★ 기출개념
① 시각화를 활용하여 기억을 증대시킨다.
  예 그림, 사진, 구체적 언어 자극(Sony의 Walkman), 시각화 유도
② 기억술(mnemonic devices)을 사용한다.
  예 "시력이 나쁜 눈을 모아 모아 모아겐"
③ 음악을 사용한다
  예 Jingles in advertising(CM 송), "뽀뽀뽀", "우루사"
④ 반복광고를 시행한다.
  예 광고에 대한 싫증이 있을 수 있으나 저관여 상황에서는 강제적인 정보의 리허설을 통해 장기기억으로 전이시킨다(게보린 vs 사리돈).

3. 장기기억

(1) 장기기억의 개념
단기기억에서 처리된 정보가 영구히 저장되는 곳이다.

(2) 장기기억 내 정보의 유형 기출개념

유형	내용
서술적 지식	사실과 사건에 대한 기억
사건적 지식	일상생활에서 경험하는 구체적 표상(사건)들에 대한 기억 예 말보로 담배 – 빨간색 담배케이스, 카우보이 광고
의미적 지식	소비자가 경험하게 되는 사건이나 대상이 갖는 의미에 대한 기억 예 말보로 담배 – 남성적인 상표 이미지
절차적 지식	일의 수행절차, 자전거타기 등 절차와 관련된 지식 예 판매원이 구매 결정을 재촉하면, 나는 이를 거절하고 점포를 떠난다.

(3) 장기기억 속의 지식구조
① 장기기억에 저장된 정보나 지식은 네트워크 조직을 가진다.
② 활성화의 확산(spread of activation): 장기기억에는 관련 정보들이 서로 그물처럼 연결되어 있어 하나의 정보가 먼저 활성화되면 그와 연결된 다른 관련 정보들이 연속적으로 활성화되는 것이다.

(4) 장기기억의 유지(retention)에 영향을 주는 요인들
① 단기기억 내에서의 리허설의 정도가 영향을 준다.
② 정보처리의 깊이(depth of processing): 스스로 떠올린 생각이나 정교화 리허설은 새로운 정보와 기존 정보의 연상을 증가시킨다.
③ 자극의 빈도(frequency): 지속적 반복보다는 간헐적 반복이 연상을 증가시킨다.
④ 구체적 정보 vs 추상적 정보: 시각적 기억은 의미적 기억보다 잘 연상되고 구체적인 사례가 더 잘 기억난다.

(5) 기억과 의미(memory and meaning)
① 장기기억의 조직 원칙은 의미(meaning)와 유사성(similarity)에 좌우된다.
② 개념들의 의미 또는 발음 등이 서로 비슷할수록 장기기억 내에서 서로 가깝게 위치한다.
③ 유입정보에 사전 지식을 이용하여 의미를 부여할 수 있는 경우 그 지식에 동화(assimilate)된다.
④ 장기기억은 거의 무제한의 용량을 가진 것으로 판단된다.
⑤ 장기기억은 주로 의미에 의해서 조직되어 있기 때문에 장기기억에서의 제한은 용량의 제한이 아니라 인출 가능성의 제한 때문에 발생한다.

(6) 경쟁정보로 인한 정보인출 방해의 유형
① 선입정보방해(proactive inhibition): 과거에 학습된 정보가 최근에 학습된 정보의 인출을 방해하는 것이다.
② 후입정보방해(retroactive inhibition): 보다 최근에 학습된 정보가 이보다 먼저 학습된 정보의 인출을 방해하는 것이다.
③ Von Restorff 효과
   ㉠ 경쟁정보의 방해와 관련된 개념이다.
   ㉡ 비교적 유사한 자극(정보)들 중에서 독특한 자극이 보다 쉽게 회상되는 현상이다.
   ㉢ 시사점
      • 정보의 현저성이 높을수록 회상력이 높아진다.
      • 독특한 제품 특성, 지속적인 광고 캠페인, 인출단서의 이용, 자극 요인의 활용 등은 자극(정보)의 현저성을 높인다.
      예 자극요인: 진기한 자극, 화려한 색상의 자극, 큰 자극 등

(7) 제품정보의 인출을 용이하게 하는 데 영향을 미치는 요인
① 마케팅 자극 자체의 특성
   ㉠ 저장된 정보에 대한 긍정적·부정적 평가: 전반적인 제품평가나 느낌이 구체적인 브랜드정보가 더 잘 기억된다.
   ㉡ 현저성이 높은 마케팅 자극: 특정 자극이 주변의 다른 자극들보다 두드러져 보일 때 기억될 가능성이 더 높다.

ⓒ 대표성을 가진 마케팅 자극: 해당 제품 범주를 가장 대표하는 브랜드가 기억으로부터 쉽게 인출된다.
ⓔ 저장된 정보들 간의 일관성: 기억에 저장된 관련 정보들 간에 일관성이 있을 때, 보다 쉽게 기억될 수 있다.
ⓜ 추가적으로 제공된 유사정보: 학습된 정보들이 서로 보완적일 때, 정보의 인출이 높아진다.

② 인출단서의 제공
ⓐ 인출단서의 제공은 정보의 회상에 도움이 된다.
ⓑ 무드일치 효과: 정보를 저장할 때 소비자가 경험했던 기분과 그 정보를 인출할 시점에 갖게 되는 기분이 유사할수록, 그 정보의 인출이 보다 용이해지는 현상이다.

③ 소비자의 특성
ⓐ 무드: 긍정적 무드의 소비자는 긍정적 제품의 정보를 더 잘 회상하고, 부정적 무드의 소비자는 부정적 제품 정보를 더 잘 회상한다.
ⓑ 전문성: 전문적 지식을 가진 소비자가 그렇지 않은 소비자보다 더 많은 제품 정보를 회상할 수 있다.

예 제품 정보: 상표대안, 상표속성, 제품편익 등에 관한 정보

📗 개념 Plus

정보의 저장과 인출의 두 가지 메커니즘

명시적 기억(explicit memory)은 특정정보를 기억하고 있다는 개인의 의식이 있는 기억으로 예를 들어 지난번에 맥도날드를 방문했던 일을 기억하는 경우이다. 암묵적 기억(implicit memory)은 과거에 학습한 것에 대한 의식적인 지각은 없지만 현재의 행동에 영향을 주는 기억 등이다.

02 기억제어과정

1. 기억제어과정의 개념
새로운 정보를 단기기억에서 처리하고, 새로운 정보를 처리하기 위하여 장기기억에 저장된 정보를 인출하고, 처리된 정보를 장기기억에 저장하는 일련의 메커니즘이다.

2. 기억제어과정의 구성요소

(1) 부호화
단기기억에 유입된 마케팅 자극에 대해 의미를 부여하는 것이다.

(2) 리허설
마음속으로 유입정보를 반복하는 것이다.

(3) 이전
시연을 많이 하면 제품 정보가 단기기억에 더 오래 머물게 되어 장기기억으로 이전될 가능성이 높다.

(4) 배치
단기기억으로부터 이전된 정보가 장기기억의 스키마에 연결되는 메커니즘이다.

(5) 인출

① 장기기억에 저장된 정보는 필요 시 단기기억으로 인출된다.
② 인출단서의 사용은 제품 정보의 인출을 용이하게 한다.
> 예 인출단서의 예: 광고에 사용되었던 광고 문구를 점포에 부착하거나 광고모델의 사진을 제품 패키지에 이용하는 것이다.

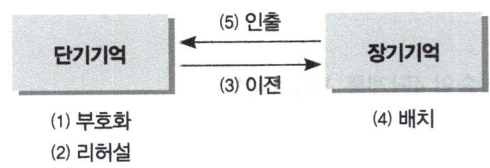

[그림 4-4] 기억제어과정

기출개념확인

01 단기기억의 리허설을 도와주기 위한 전략에 해당하지 않는 것은?

① 시각화를 활용하여 기억을 증대시킨다.
② 기억술(mnemonic devices)을 사용한다.
③ 형상과 배경을 사용한다.
④ 반복광고를 시행한다.

02 단기기억의 정보를 장기기억으로 이동시키기 위한 두 가지 방법을 쓰시오.

정답·해설

01 ③
단기기억의 리허설을 도와주기 위해서는 시각화 활용(mental imagery), 기억술(mnemonic devices) 사용, 반복광고의 실행 등이 있다. 형상과 배경은 정보 해석을 용이하게 하는 지각적 조직화의 원리 중 하나이다.

02 유지 리허설, 정교화 리허설
리허설은 처리된 정보를 장기기억으로 이전시키기 위한 통제과정이다. 리허설의 유형에는 처리된 정보가 기억 속에 계속 머물러 있도록 하기 위해 마음속으로 반복하는 유지 리허설과 단기기억에 유입된 정보의 의미를 해석하여 유입정보와 기존지식의 결합이 일어나는 정교화 리허설이 있다.

제4장 | 주관식 집중 공략

01 가설검증모형에서 의미하는 인지적인 소비자 학습의 4단계를 서술하시오.

|답안| 가설검증모형에서 의미하는 인지적 소비자 학습의 4단계는 가설 형성, 증거에의 노출, 증거의 지각, 기존 신념과 증거의 통합이라고 할 수 있다.

|해설| 가설 검증은 인지적 사고과정에 의해 이루어지므로 가설검증모형 자체를 인지적 학습과정이라고 볼 수 있다. 소비자들은 기업이 제공하는 제품 정보에 노출되면 기존 신념을 강화하거나 수정할만한지를 확인할 수 있는 소비자 나름대로의 가설을 세우고 제품에 대한 사용 경험 혹은 가설을 검증하기에 충분하다고 생각되는 근거 등을 얻어 이를 기존 신념과 통합하여 강화하거나 수정하는 과정을 거친다.

|Tip| 4단계가 무엇이 있는지 확인한 후, 세부 내용을 채워 넣는다.

02 다음 사례가 설명하는 개념이 무엇인지 쓰시오.

> 이가 시린 경험을 자주하는 A는 TV에서 시린 이의 증상을 완화해준다는 시린메○ 치약광고를 보고 사용해본 결과, 실제로 시린 이 증상이 사라지는 경험을 하였다. 그래서 다음에도 이가 시린 경우 시린메○ 치약을 사용하였다.

|답안| 부정적 강화

|해설| 수단적 조건화의 유형 중 하나인 부정적 강화는 부정적인 결과를 멈추게 하는 조건을 강화시키는 것을 말한다. 즉, 시린 이라는 부정적 결과가 자극으로 제공됨으로써 부정적 결과를 회피하기 위해 시린메○ 치약으로 이를 닦는 확률을 증대시키는 것이다.

03 Von Restorff 효과에 대해 설명하시오.

| 답안 | Von Restorff 효과는 경쟁정보의 방해와 관련된 개념으로 비교적 동질적이고 유사한 자극 및 정보 중에서 독특한 자극이 보다 쉽게 회상되는 현상을 말한다.

04 다음 사례가 설명하는 개념이 무엇인지 쓰시오.

> 단기기억의 특성상 처리용량의 한계로 인해 한 번에 5~9개 정도의 정보단위만을 한 번에 처리할 수 있으며, 이를 넘어서게 되면 발생하는 상황이다.

| 답안 | 정보과부하(information overload)
| 해설 | 단기기억 장치는 처리용량의 한계로 인해 한 번에 일정량만을 처리할 수 있다. 보통 5~9개의 정보단위(chunk)간을 한 번에 처리하며 정보과부하(information overload)상황이 되면 이들 중 일부만이 처리된다. 이러한 경우 유입정보에 대한 맥락을 제공하거나 의미를 부여하는 하향식 정보처리(top-down processing)가 더 효율적인 정보의 처리를 가능하게 한다.

05 다음에서 (5)에 알맞은 과정의 단계는 무엇인지 쓰시오.

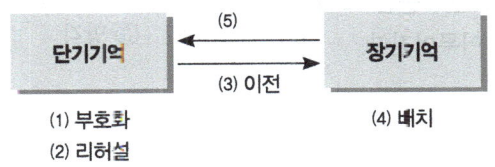

| 답안 | 인출
| 해설 | 기억제어과정의 구성요소에는 부호화, 리허설, 이전, 배치, 인출의 단계로 기억된 정보가 다시 연상되어 소비자가 정보처리, 학습, 의사결정 시 활용하게 된다. 인출단서의 사용은 제품 정보의 인출을 용이하게 한다. 예를 들어 광고에 사용되었던 광고 문구를 점포에 부착하거나 광고모델의 사진을 제품패키지에 이용하는 것이다.

제4장 | 실전연습문제

* 기출유형 은 해당 문제가 실제 시험에 출제된 유형임을 나타냅니다.

객관식

01 다음 중 인지적 학습과 관련이 없는 것은?
① 추가
② 조정
③ 반복
④ 재조직화

02 다음 중 가설검증모형으로서의 인지적 학습을 이용한 기업 전략이 아닌 것은?
① 시장 선도자 위치에 있는 브랜드들은 가능한 소비자들의 학습동기 수준을 낮추어야 한다.
② 시장 선도자 위치에 있는 브랜드들은 소비자들의 정보 탐색 욕구를 굳이 부추길 필요는 없다.
③ 시장 추격자 위치에 있는 브랜드들은 소비자들의 학습동기 수준을 높여야 한다.
④ 시장 추격자 위치에 있는 브랜드들은 소비자들의 관성적 구매에 의해 판매가 이루어진다.

기출유형
03 학습이 일어나는 과정에는 관심이 없고 자극과 반응의 반복적인 경험으로 학습이 일어난다고 보는 것은?
① 행동적 학습
② 인지적 학습
③ 사회적 학습
④ 개인적 학습

기출유형
04 고전적 조건화의 결정요인에 대한 설명으로 옳지 않은 것은?
① 조건화와 무조건 자극의 강도 간 관계에는 차이가 없다.
② 조건 자극과 무조건 자극 간에 반복이 많을수록 더 효과적이다.
③ 조건 자극이 먼저 오는 것이 효과적이다.
④ 소비자가 광고 제품에 대한 관여도가 높을 경우 학습이 효과적이지 않다.

기출유형
05 자극과 기대되는 보상 간의 연결이 제거되는 것과 관련 깊은 것은?
① 부분강화
② 소멸
③ 망각
④ 조형화

기출유형
06 다음 중 대리적 학습의 유형이 아닌 것은?
① 공개적 모델링
② 언어적 모델링
③ 비공개적 모델링
④ 고전적 모델링

07 모델링 행동에 영향을 미치는 요인과 관련된 설명으로 틀린 것은?

① 모델의 특성이 관찰자와 유사할수록 그 효과가 커진다.
② 모델화된 행동이 보다 주의 깊고 생동적이며 뚜렷할수록 효과는 커진다.
③ 모델링이라는 것 자체가 관찰자의 특성이 개입되기 힘들다.
④ 모델이 매력적이고 신뢰가 있다고 느낄수록 효과가 커진다.

08 감각기관의 특징을 설명한 것으로 가장 잘못된 것은?

① 정보는 감각기관에서 짧은 시간동안만 처리과정을 거친다.
② 외부에서 유입된 정보는 감각등록기에 의해 모두 두뇌로 전달된다.
③ 감각등록기에는 가공되지 않은 정보가 일시적으로 입력된다.
④ 짧은 시간동안 처리되지 못한 감각정보는 즉시 사라진다.

09 장기기억 내 정보 유형에 해당하지 않는 것은?

① 함축적 지식   ② 의미적 지식
③ 사건적 지식   ④ 절차적 지식

10 다음 중 괄호 안에 들어갈 내용으로 적절한 것은?

> 장기기억은 주로 의미에 의해서 조직되어 있기 때문에 장기기억의 제한은 용량의 제한이 아니라 (　　　)의 제한 때문이다.

① 마케팅 자극   ② 유지 리허설
③ 인출 가능성   ④ 반복노출 횟수

11 다음 중 고전적 조건화가 가장 효과적인 경우에 해당하는 것은?

① 관여도가 높은 제품군을 조건 자극으로 제시한다.
② 브랜드와 좋은 음악이 동시에 제시된다.
③ 좋은 음악이 먼저 제시된 후 브랜드가 제시된다.
④ 브랜드가 먼저 제시된 후 좋은 음악이 제시된다.

12 다음 중 장기기억의 유지에 영향을 주는 요인으로 해당하지 않는 것은?

① 리허설의 정도   ② 의미적 기억
③ 자극의 빈도   ④ 정보처리의 깊이

주관식

기출유형

13 하향식 정보처리와 상향식 정보처리에 대해 설명하시오.

15 소비자 학습 이론 중 기부금을 요청할 때 다른 사람의 기부금을 알려줌으로써 기부를 유도하는 경우는 어떤 개념으로 설명할 수 있는지 쓰시오.

기출유형

14 다음 사례를 읽고, 조건화와 관련된 개념 중 무엇과 관련 있는지 쓰시오.

> 일식집에서 회를 먹었더니 배탈이 나서 다시 그 일식집에 가지 않았다.

기출유형

16 다음 빈칸에 들어갈 알맞은 말을 쓰시오.

> (　　　)은/는 처리된 정보를 단기기억 속에 유지하거나 단기기억에서 장기기억으로 이동시키기 위해 마음속으로 반복하는 것이다.

17 새로운 정보를 단기기억에서 처리하고, 새로운 정보를 처리하기 위하여 장기기억에 저장된 정보를 인출하며, 처리된 정보를 장기기억에 저장하는 일련의 메커니즘을 무엇이라고 하는지 쓰시오.

19 제품을 오랫동안 사용하지 않거나 광고 중단, 경쟁상표의 집중적 광고 때문에 망각 발생 가능성이 존재하는 것은 어떤 학습 이론으로 설명이 가능한지 쓰시오.

기출유형

18 소비자들이 새로운 정보를 접하여 과거에 가지고 있던 제품에 대한 기대나 신념을 해당 정보에 맞게 처리하여 신념과 태도가 변화하는 과정을 설명하는 개념을 무엇이라고 하는지 쓰시오.

20 다음 빈칸에 들어갈 알맞은 말을 쓰시오.

> 제품 정보의 인출을 용이하게 하는 데 영향을 미치는 요인에는 마케팅 자극 차제의 특성, 소비자의 특성, (　　　) 등이 있다.

제4장 | 실전연습문제 정답·해설

객관식

01	02	03	04	05
③	④	①	①	②
06	07	08	09	10
④	③	②	①	③
11	12			
④	②			

01 ③

자극의 단순 반복은 인지적 학습에 의한 과정이 아니다.

오답분석

① 소비자는 제품과 서비스에 대한 정보처리 결과, 기존의 지식구조에 새로운 지식이나 신념을 '추가'하게 된다.
② '조정(조율)'은 소비자가 제품에 대한 지식이 축적됨에 따라 자신이 가진 지식구조를 재검토하여 이 지식구조를 일반화함으로써 일어나는 것이다.
④ '재조직화(재구조화)'는 광범위한 인지적 노력하에 기존의 지식과는 전혀 다른 새로운 의미구조를 만들거나 기존의 지식구조를 재편하는 것이다.

02 ④

시장 추격자 브랜드는 기존 신념을 수정하도록 소비자들로 하여금 가능한 많은 탐색과 학습을 하도록 유도하고, 제품 품질에 경쟁우위가 있는 경우 자사 제품을 써보도록 만드는 것이 중요하다.

참고 시장 선도자 브랜드의 전략

시장 선도자 브랜드는 소비자가 새로운 증거에 노출되는 것이 기존 신념을 수정하게 될 가능성을 높이므로 가능한 한 소비자들이 학습을 하고자 하는 동기부여의 수준을 낮추고, 시용을 통해 다른 제품을 경험할 필요가 없음을 강조해야 한다.

03 ①

행동적 학습에 대한 설명으로 행동적 학습은 자극과 반응을 반복적으로 경험함으로써 발생한다고 본다.

참고 행동적 학습

모든 학습은 반복된 경험에서 나오며 환경과의 접촉을 통한 경험, 즉, 사건들을 경험하는 것은 비교적 영속적으로 행동변화를 이끄는 과정이라고 이해한다.

04 ①

무조건 자극의 강도가 강할수록 학습 효과가 커지므로 강도 간 관계에 차이가 없는 것은 아니다.

오답분석

② 무조건 자극과 조건 자극을 결부시켜 반복 노출시킬수록 학습 효과가 커진다.
③ 전방 조건화와 같이 조건 자극이 먼저 제시된 후, 무조건 자극이 제시되는 경우가 효과적이다.
④ 관여도가 높을수록 고전적 조건화에 의한 학습이 낮아진다.

05 ②

소멸은 자극과 기대되는 보상 간의 연결이 제거되는 것이다. 즉 소비자가 소비하던 제품에 더 이상 만족하지 않아 재구매가 일어나지 않는 것이다.

06 ④

대리적 학습 유형에는 공개적 모델링, 비공개적 모델링, 언어적 모델링이 있다.

07 ③

모델링 행동에 영향을 미치는 요소로는 모델의 특성, 관찰자의 특성, 모델화된 행동이나 그 결과의 특성이 있다.

08 ②

유입정보는 감각등록기를 통해 선택적으로 두뇌에 전달된다. 또한, 감각정보는 0.25초 정도의 짧은 시간만 지속되어 관심 있는 정보만 의미를 처리하는 과정을 거치게 되고, 그렇지 않은 정보는 즉시 사라진다.

09 ①

장기기억 내 정보의 유형에는 사실과 사건에 대한 기억인 서술적 지식, 일상생활에서 경험하는 구체적인 사건에 대한 기억인 사건적 지식, 소비자가 경험하는 사건이나 대상이 갖는 의미와 관련된 의미적 지식, 일의 수행절차와 관련된 절차적 지식이 있다.

10 ③

장기기억은 주로 의미에 의해서 관련 정보들이 네트워크 형태로 서로 그물처럼 연결되어 있다. 이는 연관된 개념을 활성화하지 않으면 장기기억에서 회상되거나 인출되지 않는 구조이다. 따라서 장기기억의 제한은 뇌의 저장용량의 제한이 아니라 인출 가능성의 제한 때문이라고 할 수 있다.

참고 **인출과 마케팅 담당자**
마케팅 담당자는 인출을 용이하게 할 수 있게끔 장기기억에서 회상 시 마케팅 자극 자체의 특성을 활용하거나 인출단서를 제공하는 것, 소비자 특성 정보를 활용하는 것을 고려해 볼 수 있다.

11 ④

고전적 조건화의 경우 전방 조건화가 가장 효과적이며, 후방 조건화가 가장 비효과적이다. 전방(forward) 조건화는 조건자극이 먼저 제시된 후 무조건자극이 제시되는 것을 의미한다.

오답분석
① 관여도가 높을수록 고전적 조건화에 의한 학습이 낮아진다.
② 동시(simultaneous) 조건화에 해당하며, 이는 두 가지 자극이 동시에 제시되는 것이다.
③ 후방(backward) 조건화에 해당하며, 무조건자극이 조건자극을 선행한다.

12 ②

장기기억의 유지에 영향을 주는 요인들에는 단기기억 내에서의 리허설의 정도, 새로운 정보와 기존 정보의 연상을 증가시키는 정보 처리의 깊이, 자극의 빈도, 구체적이고 시각적인 기억 등이 있다. 의미적 기억은 시각적, 청각적 기억에 비해 연상되기 어렵다.

주관식

13

|답안| 하향식 정보처리는 가설 또는 개념 위주의 정보처리이며, 상향식 정보처리는 경험 또는 자료 위주의 정보처리를 의미한다. 이 중 소비자가 어떤 방식에 의존하는가의 여부는 소비자가 경험하는 정보 환경이 가지는 애매모호성 수준에 따라 나누어 볼 수 있는데, 애매모호한 경우 하향식을 사용하며, 반대의 경우 상향식을 사용하게 된다.

14

|답안| 처벌
|해설| 자극에 대한 반응을 함으로써 부정적인 결과가 발생하는 것 때문에 아예 그 자극을 외면하는 것을 처벌이라고 한다.

15

|답안| 언어적 모델링
|해설| 언어적 모델링은 소비자에게 자신과 유사한 다른 사람들이 특정 상황에서 어떻게 행동했는가를 알려줌으로써 유사한 행동을 유도하는 대리적 학습 방식이다.

16

|답안| 유지 리허설
|해설| 유지 리허설은 처리된 정보를 단기기억 속에 유지하거나 단기기억에서 장기기억으로 이동시키기 위해 정보의 의미를 부여하기보다는 마음속으로 반복하는 것이다. 예를 들어, 전화번호 등을 반복해서 말함으로써 자동적으로 나올 수 있을 때까지 계속하는 경우이다.

17

|답안| 기억제어과정
|해설| 기억제어과정은 새로운 정보를 단기기억에서 처리하고, 새로운 정보를 처리하기 위해 장기기억에 저장된 정보를 인출하고, 처리된 정보를 장기기억에 저장하는 일련의 메커니즘이다. 부호화, 리허설, 이전, 배치, 인출 등은 기억제어과정을 구성하는 주 요소이다.

18

|답안| 인지적 학습

|해설| 소비자들이 새로운 정보를 접하여 과거에 가지고 있던 제품에 대한 기대나 신념을 해당 정보에 맞게 처리하여 신념과 태도가 변화하는 과정을 설명하는 개념을 인지적 학습이라고 한다. 소비자는 제품이 서비스에 대한 기존의 신념을 강화·수정하는 데 있어 연구자들이 하는 가설검증과정을 유사하게 활용한다.

19

|답안| 수단적 조건화

|해설| 수단적 조건화에서는 자극과 보상의 연결고리가 끊어지는 소멸(extinction)과 자극이 오랫동안 반복되지 않을 때 발생하는 망각(forgetting) 현상이 발생할 수 있다.
이는 제품을 오랫동안 사용하지 않거나 광고 중단 시 제품을 망각한다거나 경쟁상표의 집중적 광고 때문에 망각 발생 가능성이 존재한다는 것을 의미한다. 망각보다는 소멸이 재구매 가능성을 떨어뜨릴 가능성이 더 크다.

20

|답안| 인출단서의 제공

|해설| 제품 정보의 인출을 용이하게 하는 데 영향을 미치는 요인에는 현저성, 대표성, 일관성을 가지는 마케팅 자극 자체의 특성, 정보를 저장하는 시점과 일치하는 인출단서의 제공, 무드, 전문성 등 소비자의 특성 요인이 있다.

무료 학습자료 제공 · 독학사 단기합격 **해커스독학사**
www.haksa2080.com

무료 학습자료 제공·독학사 단기합격 **해커스독학사**
www.haksa2080.com

전문가가 분석한 출제경향 및 학습전략

제5장에서는 동기와 욕구의 개념적 차이, 동기와 관련된 주요 이론, 동기의 유형과 동기를 측정하기 위한 투사법, 래더링, 수단-목적 사슬, 심층면접 등에 대한 내용이 많이 출제되고 있다. 가치는 최근 그 중요성이 감소하고는 있으나 가치의 측정 방법은 계속 출제되는 경향이 있다. 관여도에서는 자이코스키의 PII, 로랑과 캐퍼러의 다차원 측정 방법과 FCB모형의 활용에 대해 주요 특징을 기억할 필요가 있다.

제5장 | 핵심 키워드 Top 10
핵심 키워드 Top 10은 본문에도 동일하게 ★로 표시하였습니다.

01	심층면접법 ★★★	p.141
02	관여도의 측정 방법 ★★★	p.147
03	매슬로우(Maslow)의 욕구 계층 이론 ★★	p.135
04	동기 간 갈등 유형 ★★	p.137
05	수단-목적 사슬 ★★	p.140
06	가치의 측정 ★★	p.144
07	동기와 욕구의 개념 및 차이 ★	p.132
08	투사법 ★	p.139
09	래더링 ★	p.139
10	FCB(Foote, Cone and Belding)모형을 이용한 마케팅 전략 ★	p.149

제5장

동기와 가치

제1절 동기의 의의
제2절 동기 이론
제3절 동기 및 욕구의 측정
제4절 가치
제5절 관여도

제1절 동기의 의의

01 동기와 욕구의 개념 및 차이 ★ 기출개념

1. 동기(motive)의 개념
① 미충족 욕구 때문에 발생하는 소비자의 내부적 긴장상태를 줄이기 위한 추진력이다.
② 구매행동에 니즈보다 더 근본적인 영향을 미치는 것이 동기라고 할 수 있다.
③ 내부적 긴장상태는 개인에 따라 다르며, 보통 욕구가 인식될 때에 발생한다.

2. 동기의 유형

(1) 제품이나 브랜드가 제공하는 동기

유형	내용
기능적 동기	제품이나 브랜드가 제공하는 유용성에 의해 제품을 선택하는 동기 예 '연비'를 강조하는 자동차 광고
심미적 동기	제품이나 브랜드가 제공하는 심미성에 의해 제품을 선택하는 동기 예 '디자인'을 강조하는 자동차 광고
사회적 동기	제품이나 브랜드가 제공하는 사회적 상징성에 의하여 제품을 선택하는 동기 예 '신분의 과시'를 강조하는 자동차 광고
호기심 동기	제품이나 브랜드가 제공하는 혜택에 대한 궁금증이나 다양성 추구에 의한 동기 예 '색다른 경험'을 강조하는 자동차 광고

(2) 상황에 의한 동기
원하는 제품이나 브랜드가 있지만 금전적인 부담 때문에 욕구가 억제되다가 할부판매나 할인판매 등에 의하여 구매동기가 부각되고 결국 구매로 연결되기도 한다.

3. 욕구(needs)의 개념
① 생리적, 개인적, 사회적인 동기들이 활성화된 상태이다.
② 실제 상태와 바람직한 상태 간의 불일치로부터 발생한다.
③ 어떤 욕구가 충족되지 않았을 때 소비자는 긴장감을 경험하게 된다.
④ 긴장감이 해소되도록 욕구가 구매동기를 유도하기 때문에 욕구는 동기를 유발하는 필요조건이 된다.

4. 욕구의 유형

(1) 선천적 욕구
① 인간이 유기체로서 생명을 유지하기 위해 필요로 하는 생물학적 혹은 생리적인 것을 의미한다.
② 음식, 물, 공기, 의복, 거주, 그리고 성적 욕구를 포함하기 때문에 1차적 욕구로 간주된다.

(2) 후천적 욕구
① 다른 사람과의 상호작용과 개인의 심리적인 상태의 결과로서 문화 혹은 환경에 반응하여 학습된 욕구들이다.
② 존중, 명성, 애정 그리고 권력에 관련된 욕구 등을 포함하는 2차적 욕구로 간주된다.

02 동기의 특성

1. 동기의 접근방식

(1) 인적자원적 접근방식
① 최근 등장한 행동 과학 이론에 기반한다.
② 동기유발의 대상이 되는 인간을 복잡한 인간으로 보는 입장이다.
③ 인간을 단순히 경제인 또는 사회인으로 보는 것이 아니라 경제적 욕구 구조를 갖는 인간으로 보는 연구이다.

(2) 인간관계론적 접근방식
① 인간관계론에 기반한다.
② 동기유발의 대상이 되는 인간을 사회인으로 본다.
③ 인간의 사회적 욕구 충족에만 관심을 집중하는 연구이다.

2. 동기의 특성
① 소비자 동기는 욕구에 기초한다.
② 동기는 행동의 방향을 제시하는 특성을 가진다.
③ 동기는 소비자의 긴장을 감소시킨다.
④ 동기는 환경 내에서 작용하게 된다.

기출개념확인

01 소비자 동기의 특성에 대한 설명으로 옳지 <u>않은</u> 것은?
① 소비자 동기는 욕구에 기초한다.
② 동기는 행동의 방향을 제시하는 특성을 가진다.
③ 동기는 소비자의 긴장을 감소시킨다.
④ 동기는 환경 외부에서 작용하게 된다.

02 다른 사람들과의 상호작용과 개인의 심리적인 상태의 결과이며, 문화나 환경에 반응하여 학습된 욕구를 무엇이라고 하는지 쓰시오.

정답·해설

01 ④
동기는 소비자 욕구의 발현 등 환경 내부에 작동하는 요인이다.

02 후천적 욕구
후천적 욕구는 다른 사람과의 상호작용과 개인의 심리적인 상태의 결과로서 문화 또는 환경에 반응하여 학습된 욕구들이다. 존중, 명성, 애정 그리고 권력에 관련된 욕구 등을 포함하는 2차적 욕구와 같은 의미로 간주된다.

제2절 동기 이론

01 동기의 분류

1. 매슬로우(Maslow)의 욕구 계층 이론 ★★ 기출개념

(1) 욕구 계층 이론(need hierarchy theory)의 개념
① 인간에게는 다섯 가지의 기본적인 욕구가 있다고 보았다.
② 욕구들이 계층별 내지 단계별로 강도가 다르게 배열되어 있다고 본다.
③ 강도가 가장 강한 생리적 욕구를 먼저 충족하고 난 다음으로 안전 욕구를 충족하게 되며, 하위 수준에서 상위 수준으로 나아간다고 본다.

(2) 욕구 계층 이론의 단계
① 생리적 욕구
  ㉠ 물, 음식, 온도, 노폐물의 방출 등 가장 기본적인 수준의 의식주와 관련된다.
  ㉡ 사람들은 생리적 욕구를 다른 어떤 욕구보다 우선적으로 만족하고자 하는 경향이 있다.
② 안전에 대한 욕구
  ㉠ 신체적인 위험에서 벗어나고자 하는 것뿐 아니라 심리적인 안정감도 포함한다.
  ㉡ 소비자들이 위험을 느낄 때에 익숙한 것을 기대하는 것은 안전에 대한 욕구 때문이다.
③ 사회적 욕구
  ㉠ 친구를 사귀고 동우회 등에 가입하는 등의 행동으로 나타난다.
  ㉡ 자신이 사랑받는 사람이나 소속감을 느끼는 집단과 유사한 소비활동을 한다.
④ 존경에 대한 욕구
  ㉠ 존경에 대한 욕구가 채워지면 자신감이 높아지며 스스로 능력이 있다고 믿는다.
  ㉡ 존경에 대한 욕구가 채워지지 못하면 스스로 열등하다고 느끼거나 좌절감을 맛보게 된다.
  예 특정 문제의 성공적인 해결, 업무상의 능력과 기술에 대한 다른 사람의 인정, 조직적 지위의 활용 등
⑤ 자기실현의 욕구
  ㉠ 진실, 아름다움, 선함, 정의 등을 추구하는 등 형이상학적인 욕구이다.
  ㉡ 자신이 가지고 있는 잠재적인 능력을 최대한 발휘하고자 한다.

개념 Plus

욕구 계층 이론의 한계
매슬로우의 욕구 계층 이론은 과거에 동기에 대한 설명을 위해 도입된 이론일 뿐, 현재 마케팅 분야에서 설명력 있는 이론은 아니다. 실제로 소비자의 욕구가 단계별로 충족되는 것은 아닌 것으로 알려져 있다. 예를 들어, 사람들은 음식을 생리적 욕구를 충족시키기 위해서도 먹지만, 동시에 사회적 욕구나 존경 욕구(푸즈 칼럼니스트) 충족을 위해서도 소비한다.

2. 맥과이어(McGuire)의 심리적 동기 이론

(1) 인지유지 동기
① 일관성을 위한 욕구: 태도, 행동, 의견, 자기이미지, 타인에 관한 관점 등을 모두 일치되게 하려는 기본 욕구이다.
② 귀인 욕구
 ㉠ 누가, 무엇이 사건을 일으키는가에 대해 알고자 하는 욕구이다.
 ㉡ 결과가 좋거나 나쁜 이유에 대해 고민하는 욕구이다.
③ 분류 욕구: 의미 있고 통제·관리할 수 있는 방법에 직면한 경험과 정보를 분류하고자 하는 것으로 상품 가격에 대한 반응에서 나타난다.
④ 객관화의 욕구
 ㉠ 사람들이 느끼고 알고 있는 것을 추론할 수 있는 단서나 상징성을 드러내고자 하는 것이다.
 ㉡ 이미지와 소비자 라이프스타일을 표현하는 데 중요한 역할을 한다.

(2) 인지발전 동기
① 자치 욕구
 ㉠ 독립성과 개인성에 대한 욕구를 말한다.
 ㉡ 일반적으로 서양인들이 자치 욕구가 강하고 동양인들은 소속감에 대한 욕구가 강하다.
② 자극 욕구: 사람들은 종종 다양하고 다른 자극을 추구한다.
③ 목적 욕구: 소비자들은 현재 자신과 비교해 이상적인 결과나 나은 목적을 투영하고 싶어 하며, 이상적인 상태를 향해 끊임없이 나아가고자 한다.
④ 실용성 욕구
 ㉠ 어떤 기회를 활용하기 위한 방법을 찾기 위해 이용하는 욕구이다.
 ㉡ 소비자는 자신을 문제해결자로서 대한다.

(3) 감정유지 동기
① 긴장감 욕구: 일상에서 불안정한 스트레스를 주는 일이 생기면 이때 발생한 긴장감과 스트레스를 효과적으로 관리하며, 긴장감으로 인한 환기를 감소시키고 싶어 한다.
② 표현 욕구: 자신의 정체성을 타인에게 표현하고자 하는 욕구이다.
③ 자아방어 욕구: 자아를 보호하고자 하는 욕구이다.
④ 강화 욕구: 사람들은 과거 자신의 경험과 유사한 상황이 되면 특정 방법으로 보상된 행동을 반복하려 한다.

(4) 감정발전 동기
① 단언 욕구: 사람들은 성공 및 칭찬을 추구하는 경쟁적 획득자로서 힘이나 성취감, 존중감을 중요하게 생각한다.

② 소속 욕구
  ㉠ 소속감은 타인과 상호 간 도움이 되고 만족하는 관계를 발전시켜 준다.
  ㉡ 대인 간 관계에서 이타주의, 수용 추구, 감정과 연관된다.
③ 정체감 욕구: 다양한 역할을 추구하려는 소비자의 특성에 관한 것이다.
④ 모델링 욕구
  ㉠ 누구나 자신이 이상적으로 생각하는 사람들을 모방하고자 한다.
  ㉡ 이런 성향을 가진 사람들은 조직에 순응하게 되고 준거집단을 이루며 살아간다.

02 동기와 갈등

1. 동기유발 갈등의 개념
① 구매 결정은 하나 이상의 동기유발 원인이 개입될 수 있기 때문에, 소비자들은 스스로 긍정적이거나 부정적인 갈등 상황에 놓이게 된다.
② 하나의 욕구를 충족시킨다는 것은 다른 욕구를 충족시키는 데 그만큼 자원을 사용할 수 없다는 것이기 때문에 갈등이 발생한다.
③ 특정 욕구를 충족시키는 데 돈과 시간을 할당하면 다른 욕구를 충족시키는 데 그만큼 많은 양을 사용할 수 없게 된다.

2. 동기 간 갈등 유형 ★★ 기출개념

(1) 접근 – 접근 갈등(approach – approach conflict)
① 두 가지의 이상의 매력적인 대안 중 하나를 선택해야 할 때 나타난다.
  예) 친구들과 운동을 할지 가족과 함께 시간을 보낼지 갈등할 수 있다.
② 소비자는 신념이나 행동이 서로 갈등할 때 인지부조화를 감소하는 과정을 통해 두 대안 사이에서 선택을 한다.
③ 두 행동 중에서 하나를 선택한 후 만족하지 않더라도, 그 선택이 불가피한 것이었다고 합리화하는 이유를 찾아 부조화를 감소시키려고 한다.

(2) 접근 – 회피 갈등(approach – avoidance conflict)
① 특정 목표를 바라는 동시에 그것을 회피하기를 바랄 때 발생한다.
② 우리가 바라는 많은 제품은 부정적인 결과를 가지고 있다.
  예) • 커피는 마시고 싶지만 밤에 잠을 못 잘까 봐 걱정한다.
      • 담배를 피고 싶어도 담배는 폐암을 유발할 수 있다.

(3) 회피 – 회피 갈등(avoidance – avoidance conflict)
두 개의 바라지 않는 대안 중에서 하나를 선택해야 할 때이다.
  예) 충치가 심해 잇몸이 아픈 상황인데, 평소에 치과치료를 받는 것 또한 무서워하는 경우이다.

3. 동기 간 갈등 유형의 사례 및 마케팅적 해결 방법

동기 간 갈등 유형	사례	마케팅적 해결 방법
접근 – 접근 갈등	일명 행복한 고민으로, 두 가지 바람직한 대안 사이에서 고민하는 것 예 중국 요릿집에 가면 항상 자장면을 먹을지 짬뽕을 먹을지 고민함	패키지 상품의 개발 예 짬 – 짜 메뉴
접근 – 회피 갈등	바람과 동시에 회피하고 싶을 때 예 콜라를 먹고는 싶으나, 살이 찔까 봐 먹을지 고민됨	회피적 요인을 제거하는 메시지 소구 또는 상품의 개발 예 다이어트 콜라
회피 – 회피 갈등	두 가지 대안 모두 회피하고 싶을 때 예 아플 때 치료비 내는 것도 싫고, 보험 상품을 직접 알아보는 것도 귀찮음	귀찮은 요인을 제거해 주는 방법 예 보험설계사의 방문 영업

기출개념확인

01 매슬로우의 욕구 계층 모형에 따른 각 단계가 순서대로 기술된 것은?
① 생리적 욕구 – 안전 욕구 – 사회적 욕구 – 존경 욕구 – 자기실현 욕구
② 생리적 욕구 – 안전 욕구 – 자기실현 욕구 – 사회적 욕구 – 존경 욕구
③ 안전 욕구 – 생리적 욕구 – 자기실현 욕구 – 존경 욕구 – 사회적 욕구
④ 안전 욕구 – 생리적 욕구 – 사회적 욕구 – 자기실현 욕구 – 존경 욕구

02 동기 유형 중 원치 않는 두 개의 동기가 충돌하는 상황을 무엇이라고 하는가?

정답·해설

01 ①
매슬로우의 욕구 계층 모형 혹은 욕구 단계설은 기본적인 의식주의 충족과 관련된 생리적 욕구, 신체적, 심리적 안정감을 확보하는 것과 관련된 안전에 대한 욕구, 소속감을 느끼고 싶어하는 사회적 욕구, 조직 내에서 인정을 받는 존경에 대한 욕구, 삶의 가치를 높이는 자기실현의 욕구의 순으로 욕구가 발현되므로 순차적으로 욕구에 대한 충족이 이루어져야 한다고 주장한다.

02 회피 – 회피 갈등
회피 – 회피 갈등(avoidance – avoidance conflict)은 두 개의 원치 않는 대안 중에서 하나를 선택해야 하는 경우이다. 예를 들어 충치가 심해 잇몸이 아픈 상황인데, 평소에 치과치료를 받는 것 또한 무서워하는 경우이다. 이런 경우 마케팅 담당자는 회피 동기 중 하나를 해결하는 것을 대안으로 제시함으로써 소비자의 다른 회피 동기를 해결하는 데 집중시킬 수 있다.

제3절 동기 및 욕구의 측정

01 투사법 ★ 기출개념

1. 투사법(projective technique)의 개념
① 자극적인 상황을 설정한 후 자극에 대한 상대방의 반응을 관찰하여 내면의 동기를 밝혀내는 것이다.
② 정신분석학 및 심리학에서 많이 사용되는 측정 방법이다.

2. 투사법의 종류

구분	내용
그림 연기법	그림을 보여줌으로써 그 반응을 관찰함
역할 기법	역할을 부여하여 그 격할에서 보이는 피험자의 심리를 분석함
언어 기법	문장을 완성하도록 하여 피험자를 관찰함

02 래더링 ★ 기출개념

1. 래더링(laddering)의 개념
① 제품의 물리적 특성과 고객 가치 간 연결 관계를 파악하여 심리지도를 만드는 방법이다.
② 지각과정을 통해서 개인의 내면 가치에 접근해 상품의 구매와 사용을 유도하는 구체적이고 존재적인 가치를 연결함으로써 소비행태를 유발하는 근본 이유를 파악할 수 있다.

2. 래더링의 역할
① 구체적인 실행은 연상 네트워크를 이용한 연속된 질문으로 소비자의 잠재적인 의식에 최대한 가깝게 접근하는 기법이다.
② 마케팅 담당자는 향, 맛, 가격, 저지방 등 구체적인 상품속성으로부터 성취감, 자부심, 가족 중심 등 추상적인 개인 가치에 도달하게 된다.

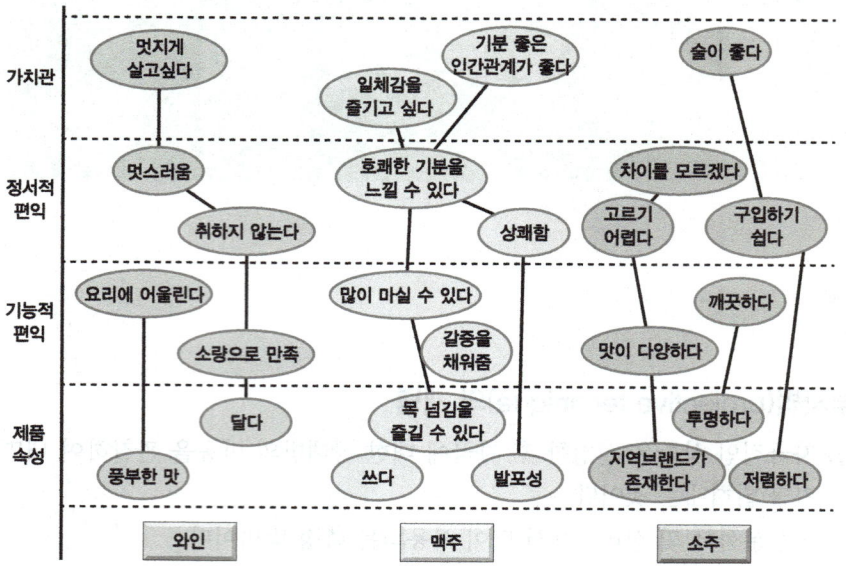

[그림 5-1] 주류 제품의 래더링 사례

03 수단 - 목적 사슬 ★★ 기출개념

1. 수단 - 목적 사슬(means - end chain)의 개념

① 소비자의 인지적 구조를 이해하기 위한 접근 방법이다.
② 제품 관련 정보가 기억 속의 여러 가지 추상적 수준에 걸쳐서 저장된다는 이론이다.
③ 속성 - 결과 - 가치의 3단계로 파악한다.

2. 수단 - 목적 사슬의 단계

(1) 속성

구분	내용
물질적 특성	단위로 측정 가능한 속성
추상적 특성	물질적 특성으로부터 출발하여 주관적인 성격을 띠는 속성

(2) 결과

구분	내용
심리사회적 결과	개인적 느낌에 의해 생기는 내재적 결과(정서적·심리적 편익)
기능적 결과	제품의 속성으로부터 생기는 직접적인 결과(기능적 편익)

(3) 가치

구분	내용
수단적 가치	최종적 가치로 유도될 수 있는 가치(타인의 존경심 유지, 성취감 등)
최종적 가치	행동을 유발하는 최종 단계의 가치(자기존중, 자신감 등)

04 심층면접법 ★★★ 기출개념

1. 심층면접(in-depth interview)의 개념
① 1 대 1 인터뷰를 통해 소비자가 제품을 구매한 원인과 동기 등을 파악하는 기법이다.
② 일반적인 설문조사 등으로 밝히기 어려운 소비자의 잠재적 욕구를 파악한다.

2. 심층면접의 특성
① 널리 사용되는 대표적인 정성적인 조사기법이다.
② 응답자의 응답에 따라 즉각적인 질문 변경이 가능하다.
③ 제품에 대한 커뮤니케이션 전략 및 제품 용도 개발 등에 활용된다.
④ 비교적 운용이 쉽고 비용이 저렴한 편이다.

기출개념확인

01 다음 중 소비자의 인지적 구조를 이해하기 위한 접근 방법은?
① 수단 – 목적 사슬
② 심층면접법
③ 투사법
④ 래더링

02 심층면접법은 어떤 조사방식을 통해 소비자의 구매 동기를 파악하는 기법인지 쓰시오.

정답·해설

01 ①
수단 – 목적 사슬은 소비자의 인지적 구조를 이해하기 위한 하나의 접근 방법으로 제품 관련 정보가 기억 속의 여러 가지 추상적인 수준에 걸쳐서 저장된다는 이론이다. 이 방법은 속성 – 결과 – 가치라는 3단계로 파악한다.

02 (1 대 1) 인터뷰
심층면접법(in – depth interview)은 1 대 1 인터뷰를 통해 소비자가 제품을 구매한 원인 및 동기 등을 파악하는 기법이다. 일반적인 설문조사 등으로 밝히기 어려운 소비자의 잠재적 욕구를 파악한다.

제4절 가치

01 가치의 정의와 척도 및 특성

1. 가치의 개념
① 삶의 목적, 즉 달성하고자 하는 인생의 최종상태에 대한 인지적 표현이다.
② 가치는 행동의 예측지표가 될 수 있다.

2. 가치의 척도

(1) 로키치 가치조사(RVS; Rokeach Value Survey)
① 가치를 삶의 최종목표인 궁극적 가치와 그것을 성취하기 위한 수단적 가치로 구분하고 있다.
② 가치연구는 수단 – 목적 사슬을 통해 마케팅에 응용될 수 있다.
③ 소비자의 궁극적 가치가 무엇인지에 따라 소비자가 어떤 종류의 속성을 가진 상품을 선택하는지가 달라진다.
> 예 소비자는 미백기능이라는 구체적 속성을 갖춘 치약을 구매하여 최종적으로는 행복추구라는 최종가치에 도달하고자 한다.

(2) VALS(Values And LifeStyle) [기출개념]
① 소비자의 세계관을 자기가 정한 어떤 원칙에 따라 행동하는 원칙지향형, 타인의 의견에 따라 행동하는 지위지향형, 그리고 행동지향형의 세 가지로 구분하였다.
② 소비자들의 가치관이 어떻게 변화하는가를 추적하기 위해 개발되었다.

(3) iVALS(인터넷 이용자의 10가지 유형)
① 열광적 마니아형(wizards)
② 나 홀로 개척형(pioneers)
③ 자아성숙지향형(upstreamers)
④ 참여지향형(socialites)
⑤ 실용적 활용형(workers)
⑥ 오락문화 추구형(surfers)
⑦ 현실만족형(mainstreamers)
⑧ 사교지향형(sociables)
⑨ 정보추구형(seekers)
⑩ 반신반의형(immigrants)

02 가치의 측정 ★★ 기출개념

1. 설문조사법

(1) 로키치(Rockeach)의 가치조사
① 가치는 어떤 구체적인 행동양식이나 최종 상태를 다른 행동양식이나 최종 상태보다 개인적·사회적으로 더 선호하는 지속적인 신념이다.
② 가치와 태도는 인지적으로 관련성이 있다.
③ 가치는 내적 일관성이 오랜 기간 지속된다.

(2) 칼(Kahle)의 LOV(List Of Values)
① 소비자의 일상생활과 직접 연관성을 갖는 개개인의 중심적인 9개 가치항목을 제시하였다.
② 가치는 인간이 생활환경에 적응하기 위한 도구적인 기능을 수행한다고 보았으므로 궁극적인 최종 가치와 수단적 가치를 구분하지 않는다.

2. 문화추론법
① 개개인은 자신의 독특한 경험 및 다른 사회구성원들과의 공유된 문화적 경험을 토대로 자신만의 의미를 구성한다고 본다.
② 제품의 가치는 소비과정에서 다양한 경험을 제공해 주는지 여부에 의해 결정된다.
③ 주로 참여관찰방식을 통해 상징적이고 주관적인 경험을 해석한다.
④ 기호학적 분석으로 그 시대의 소비와 관련된 상징을 통해 그 시대의 삶을 이해한다.

기출개념확인

01 로키치(Rokeach)의 가치조사에서 개념 측정을 위해 가정하는 바가 아닌 것은?
① 궁극적 가치와 수단적 가치로 구분하고 있다.
② 가치와 태도는 정서적으로 관련되어 있다.
③ 가치는 내적 일관성이 있어 오랜 기간 지속될 수 있다.
④ 수단 – 목적 사슬의 형태로 표련할 수 있다.

02 가치는 도구적 기능을 기본적으로 수행한다고 가정하면서 소비자의 일상생활과 직접 연관성을 갖는 개개인의 중심적인 9개의 가치항목을 제시한 개념은 무엇인지 쓰시오.

정답·해설

01 ②
가치조사는 가치를 삶의 최종 목표인 궁극적 가치와 그것을 성취하기 위한 수단적 가치로 구분하고 있다. 이 중 소비자의 궁극적 가치가 무엇인지에 따라 더떤 종류의 속성을 가진 상품을 선택하는지가 달라진다고 가정하고 있다. 형성된 가치와 태도는 인지적으로 관련성이 있어 내적 일관성이 오랜 기간 지속될 수 있는 특성이 존재한다.

02 LOV(List Of Values)
LOV는 가치가 인간이 생활환경에 적응하기 위한 도구적 기능을 수행한다고 보았으므로 궁극적인 최종 가치와 수단적 가치를 구분하지 않는다. 이를 구체화하기 위해 소비자의 일상생활과 직접 연관성을 갖는 개개인의 중심적인 9개 가치항목을 제시하였다.

제5절 관여도

01 관여도의 개념

1. 관여도

(1) 관여도의 개념
① 주어진 상황에서 특정 대상에 대해 개인이 중요하다고 지각하거나 관심 있다고 지각하는 수준이다.
② 주어진 상황에서 특정 대상에 대해 개인이 관련이 있다고 지각하는 수준이다.

(2) 관여도의 유형
① **지속적 관여**(enduring involvement)
  ⊙ 개인이 어떤 제품군에 대하여 지속적으로 갖는 관여도이다.
  ⊙ 제품이 자신의 중요한 가치와 관련되거나 자아(ego)와 관련될수록 높다.
    예 평소 자동차를 좋아하는 사람이 자동차 구매를 고려하는 경우
② **상황적 관여**(situational involvement)
  ⊙ 상황에 따라 변화하는 관여도이다.
  ⊙ 특정 상황에서 위험을 크게 지각할수록 고조된다.
    예 평소에는 관심 없으나 다른 사람에게 선물을 하기 위해 와인 구매를 고려하는 경우

2. 관여도의 결정 요인

(1) 개인적 요인
자아 이미지를 강화시키는 제품일수록 관여도는 증가한다.

(2) 제품 요인
① 상표대안들 간의 차별화 정도가 높을수록 관여도는 증가한다.
② 지각된 위험(perceived risk)이 높을수록 관여도는 증가한다.
③ 지각된 위험에는 신체적 위험, 성능 위험, 심리적 위험, 사회적 위험, 재무적 위험 등이 있다.

(3) 상황적 요인
① 선물을 하는 상황에서는 관여도가 증가한다.
② 사회적 압력이 높은 상황에서는 관여도가 증가한다.

3. 관여도의 측정 방법 ★★★ 기출개념

(1) 자이코스키(Zaichkowsky)의 PII(Personal Involvement Inventory)
① 제품의 중요성 차원을 강조한다.
② 의미차별화 척도로 만들어진 20개 항목으로 구성된다.
③ 어떠한 하나의 제품에 대한 관여도를 PII로 측정한 경우에 개인별 점수는 20~140 (20×1~20×7)의 분포로 나타난다.
④ 20에 가까울수록 저관여 소비자로, 140에 가까울수록 고관여 소비자로 분류된다.
⑤ 일반적으로 지속적인 관여를 보이는 제품수준에서는 자동차와 PC가 높으며, 커피, 시리얼 등이 낮다.
⑥ 자이코스키의 PII 설문 항목(우리말 적용 시 12개 항목 개발)

설문 항목	
중요하다	중요하지 않다
관련이 크다	무관하다
의미가 크다	의미가 작다
유용하다	유용하지 않다
가치가 크다	가치가 작다
중대한 것이다	하찮은 것이다
유익하다	유익하지 않다
관심이 많다	관심이 없다
매력적인 것이 많다	매력적인 것이 아니다
원한다	원하지 않는다
바람직하다	바람직하지 않다
필요하다	필요하지 않다

(2) 로랑과 캐퍼러(Laurent and Kapferer)의 관여도 측정 방법
① 다차원적 측정방식의 개념
  ㉠ 한 제품에 대한 관여도가 높아지는 이유는 여러 가지가 있으므로 단일 차원에 의해 측정하는 것은 부적절하다고 본다.
  ㉡ 관여도는 인지적 관여(실용적 동기)와 감정적 관여(가치표현적, 쾌락적 동기)로 구분할 수 있다.
② 관여도의 측정 차원
  ㉠ 부정적 결과의 중요성: 제품의 중요성과 잘못된 제품 선택에 의한 부정적 결과가 얼마나 중요한가에 대한 개인의 지각을 평가하는 것이다.
  ㉡ 잘못 선택할 가능성: 잘못된 선택을 할 확률에 대한 개인의 지각을 측정하는 것이다.

ⓒ 쾌락적 가치: 제품의 구매와 사용이 개인에게 즐거움을 줄 수 있는 능력을 말한다.
ⓔ 상징적 가치: 제품의 구매와 사용에 대하여 소비자가 부여하는 상징성의 표출 정도를 측정하는 것이다.

③ 로랑과 캐퍼러의 관여도 설문 항목

구분	내용
부정적 결과의 중요성	_____은/는 나에게 매우 중요하다. _____을/를 잘못 선택한다는 것은 내게 커다란 문제이다.
잘못 선택할 가능성	_____을/를 잘못 선택할 가능성은 매우 높다.
쾌락적 가치	_____은/는 내게 큰 즐거움을 준다.
상징적 가치	나는 다른 사람이 선택하는 _____을/를 보고 그 사람을 판단할 수 있다.

02 관여도와 소비자행동

1. 구매 의사결정과정과 관여도

(1) 구매 의사결정과정

문제 인식, 정보 탐색, 대안 평가, 구매(선택), 구매 후 행동의 순서로 진행된다.

(2) 구매 의사결정유형과 관여도

구분	내용
고관여 구매 의사결정과정 (포괄적 문제해결)	문제 인식 → 정보 탐색 → 대안 평가 → 구매 → 구매 후 행동
저관여 구매 의사결정과정 (제한적 문제해결)	문제 인식 → 구매 → 대안 평가
습관적 구매 의사결정 (일상적 문제해결)	문제해결을 위한 최선의 대안을 사전에 알고 있어서 문제를 인식하면 바로 결정하는 경우
회상적 문제해결	문제를 인식하게 된 경우 과거에 본 광고나 다른 사람이 추천한 것이 생각나 바로 구매 결정을 하는 경우

2. 브랜드 선택과 관여도

(1) 관여도에 따른 반복구매행동 유형
① 안전과 신분이나 라이프스타일을 표현할 수 있는 상징성이 강한 제품은 고관여인 경우가 많은데, 이런 경우에는 소비자가 주로 특정 브랜드에 대한 충성도를 갖고 있는 경우가 많다.
② 라면을 구매하는 경우에 가장 친숙한 브랜드이거나 가장 많이 팔리는 브랜드를 심각한 고민 없이 거의 자동적으로 구입하는 경우가 많다.
③ 관여도에 따른 반복구매행동 유형

구분	고관여	저관여
의사결정	복잡한 의사결정	제한적 의사결정
습관	브랜드 충성도	관성

(2) 충성도 유형
① 진정한 충성도: 속마음으로도 다른 브랜드보다 상대적으로 더 좋아하고, 실제로 구매행동도 더 많이 한다.
② 의사 충성도: 속마음으로는 별로 좋아하지 않지만 당장 다른 대안이 없어서 아쉬운 대로 계속 어떤 브랜드를 구입할 뿐인 충성도이다.
③ 잠재 충성도: 마음으로는 무척 좋아하는데 실제로 구매는 적게 하는 경우이므로 특정 장애 요인만 없어진다면 진정한 충성도로 전환될 가능성이 높다.
④ 관여도에 따른 충성도 유형

구분		반복구매 정도	
		높음	낮음
상대적 태도	높음	진정한 충성도 (true loyalty)	잠재 충성도 (latent loyalty)
	낮음	의사 충성도 (spurious loyalty)	비충성도 (no loyalty)

3. FCB(Foote, Cone and Belding)모형을 이용한 마케팅 전략 ★ 기출개념
① FCB모형은 관여도(고관여/저관여)와 구매동기(이성적 동기/감성적 동기)를 기준으로 소비자 구매유형을 네 가지로 구분하고 각각에 맞는 마케팅 전략을 제안하였다.
② 자동차와 의약품은 '고관여 – 이성적 동기' 제품으로 성능과 품질을 강조하는 이성적 소구 광고가 효과적이다. 하지만 현실에서는 정반대의 소구 전략도 유효한 경우가 많다.

③ FCB모형에 따른 마케팅 전략

구분		관여도	
		높음(고관여)	낮음(저관여)
구매동기	이성적 동기	• 예시: 자동차, 약 • 전략: 성능, 품질정보 제공 및 강조 전략	• 예시: 면도기, 화장지 • 전략: 브랜드 인지도 유지를 위한 반복광고 전략
	감성적 동기	• 예시: 패션의류 • 전략: 소비자의 자아 이미지와 연결하는 감성 소구 전략	• 예시: 맥주, 청량음료 • 전략: 친밀감, 상징성을 강조하는 반복광고 전략

기출개념확인

01 로랑과 캐퍼러(Laurent and Kapferer)의 관여도 측정 방법은 자이코스키(Zaichkowsky)의 PII(Personal Involvement Inventory)를 다차원적으로 확장한 것으로 알려져 있다. 새롭게 확장된 개념에 해당하지 않는 것은?

① 실용적 동기
② 쾌락적 동기
③ 상징적 동기
④ 심미적 동기

02 Foote, Cone, and Belding사의 관여도에 따른 광고 전략 모형에 따르면, 패션의류 등 소비자의 자아 이미지와 연결하는 감성 소구 전략이 적합한 관여도와 구매동기가 무엇인지 쓰시오.

정답·해설

01 ④
로랑과 캐퍼러(Laurent and Kapferer)의 관여도 측정 방법은 기존 개인 중요도를 중심으로 측정하는 자이코스키(Zaichkowsky)의 PII(Personal Involvement Inventory)에 비해 실용적 동기, 상징적 동기, 쾌락적 동기 등 다차원적으로 측정방식을 개선하였다. 이는 한 제품에 대한 관여도가 높아지는 것에 여러 가지 이유가 있으므로 단일 차원에 의해 측정하는 것은 부적절하다고 보았기 때문이다.

02 고관여 – 감성적 동기
FCB모형은 관여도(고관여/저관여)와 구매동기(이성적 동기/감성적 동기)를 기준으로 소비자 구매유형을 네 가지로 구분하고 각각에 맞는 마케팅 전략을 제안한 모형이다. 패션의류 등은 고관여 – 감성적 동기의 제품으로 소비자의 자아 이미지를 감성적으로 소구하는 전략이 적합하다고 설명하고 있다.

제5장 | 주관식 집중 공략

01 금전적 부담을 줄여주기 위해 할인해 주거나 패키지형 묶음 제품을 구입하도록 유도하는 마케팅 전략이 필요한 갈등 유형을 무엇이라고 하는지 쓰시오.

| 답안 | 접근 – 접근 갈등
| 해설 | 접근 – 접근 갈등은 두 개 이상의 바람직한 대안들 사이에서 선택을 해야 할 때 발생한다.

02 1 대 1 면접을 통해 소비자의 심리를 파악하는 방법은 무엇인지 쓰시오.

| 답안 | 심층면접법
| 해설 | 심층면접법은 1 대 1 인터뷰를 통해 소비자의 내면 깊숙이 자리잡고 있는 욕구, 동기, 태도 등을 조사하는 기법이다.

03 로랑과 캐퍼러(Laurent and Kapferer)가 제시한 관여도 측정에 필요한 차원에 대해 설명하시오.

|답안| 로랑과 캐퍼러는 제품의 중요성과 잘못된 제품 선택에 의한 부정적 결과가 얼마나 중요한가에 대한 개인의 지각을 평가하는 '부정적 결과의 중요성', 잘못된 선택을 할 확률에 대한 개인의 지각을 측정하는 '잘못 선택할 가능성', 제품의 구매와 사용이 개인에게 즐거움을 줄 수 있는 능력인 '쾌락적 가치', 제품의 구매와 사용에 대하여 소비자가 부여하는 상징성의 표출 정도를 측정하는 '상징적 가치'로 관여도를 측정하였다.

|Tip| 4가지 차원의 개념을 중심으로 설명해야 한다.

04 소비자의 동기 연구에 있어 최근 등장한 행동과학 이론에 기반하며, 동기유발의 대상이 되는 인간을 단순한 경제인 혹은 사회인으로 보는 것이 아니라 경제적 욕구 구조를 갖는 복잡한 인간으로 보는 접근방식을 쓰시오.

|답안| 인적자원론적 접근방식

|해설| 동기 연구의 접근 방식에는 인적자원론적 접근방식과 인간관계론적 접근방식이 있는데, 인적자원론적 접근방식은 소비자의 동기 연구에 있어 최근 등장한 행동과학 이론에 기반하며, 동기유발의 대상이 되는 인간을 단순한 경제인 혹은 사회인으로 보는 것이 아니라 경제적 욕구 구조를 갖는 복잡한 인간으로 보는 접근방식이다.

05 자이코스키(Zaichkowsky)의 관여도 측정방식에 대해 설명하시오.

|답안| 자이코스키(Zaichkowsky)의 관여도 측정방식은 제품의 중요성 차원을 강조하며 의미차별화 척도로 만들어진 20개 항목으로 구성된다. 한 제품에 대한 관여도를 PIE로 측정한 경우 개인별 점수는 20~140(20×1~20×7)의 분포로 나타난다. 20에 가까울수록 저관여 소비자로, 140에 가까울수록 고관여 소비자로 분류된다. 일반적으로 지속적인 관여를 보이는 제품수준에서는 자동차, PC가 높고 커피, 시리얼 등이 낮다.

|Tip| 관여도 측정의 핵심 차원 및 측정 항목 결과치에 따른 관여도 분류 및 제품 사례 등을 기술한다.

제5장 | 실전연습문제

* 기출유형 은 해당 문제가 실제 시험에 출제된 유형임을 나타냅니다.

객관식

기출유형
01 다음 중 강화와 더불어 개인행위를 목표지향적 행위로 지속적으로 유도하는 영향력 과정은?
① 동기
② 지각
③ 학습
④ 태도

02 다음 중 후천적 욕구에 해당하는 것은?
① 음식
② 집
③ 물
④ 명성

기출유형
03 다음 중 청소년들이 친구들과 유사한 소비행동을 하는 경향을 잘 설명하고 있는 것은?
① 생리적 욕구를 만족시키려 하기 때문에 나타난다.
② 안전에 대한 욕구를 만족시키려 하기 때문에 나타난다.
③ 사회적 욕구를 만족시키려 하기 때문에 나타난다.
④ 자기실현의 욕구를 만족시키려 하는 것이다.

04 다음 중 인지유지 동기와 관련된 욕구는?
① 귀인 욕구
② 실용성 욕구
③ 자치 욕구
④ 긴장감소 욕구

기출유형
05 다음 중 신혼부부가 신혼여행을 하와이로 갈지 호주로 갈지 고민하는 상황은 어떤 유형의 갈등에 속하는가?
① 회피 – 회피 갈등
② 접근 – 회피 갈등
③ 욕구 갈등
④ 접근 – 접근 갈등

06 다음 중 가치에 대한 설명으로 틀린 것은?
① 가치란 삶의 목적, 즉 달성하고자 하는 최종 상태에 대한 인지적 표현이다.
② 가치는 일상생활의 모든 결정 시점에서 판단의 기준으로 작용한다.
③ 가치는 행동의 예측지표가 될 수 있다.
④ 가치조사에 가장 많이 이용되는 척도는 VALS 이다.

07 로랑과 캐퍼러가 제시한 관여도 측정에 필요한 차원이 아닌 것은?

① 쾌락적 가치
② 만족도
③ 부정적 결과의 중요성
④ 잘못 선택할 가능성

10 다음 중 FCB(Foote, Cone, and Belding) 모형에서 이성적 고관여 제품에 해당되는 것은?

① 맥주
② 면도기
③ 금융상품
④ 스포츠카

08 충성도 분류 기준으로 보아 상대적 태도는 높으나 반복 구매 정도가 낮은 것은?

① 잠재 충성도
② 진정한 충성도
③ 의사 충성도
④ 비충성도

11 다음 중 제품이나 브랜드가 제공하는 동기의 유형에 해당하지 않는 것은?

① 상황적 동기
② 호기심 동기
③ 사회적 동기
④ 심미적 동기

09 소비자들의 다양성 추구 경향이 발생하는 경우는?

① 저관여 제품이면서 브랜드 간 차이가 작을 때
② 저관여 제품이면서 브랜드 간 차이가 클 때
③ 고관여 제품이면서 브랜드 간 차이가 클 때
④ 고관여 제품이면서 브랜드 간 차이가 작을 때

12 수단 – 목적 사슬의 단계에 해당하지 않는 것은?

① 속성
② 결과
③ 가치
④ 개성

주관식

13 다음 빈칸에 들어갈 알맞은 말을 쓰시오.

> 소비자의 동기 간 갈등 유형에는 (   ), (   ), (   )이 있다.

14 자극적인 상황을 설정한 후에 자극에 대한 상대의 반응을 관찰하여 내면의 동기를 밝혀내는 기법은 무엇인지 쓰시오.

15 수단 – 목적 사슬에 대해 약술하시오.

16 특정 상황에서 자극에 의하여 발생하는 개인적인 중요성이나 관련성을 무엇이라고 하는지 쓰시오.

17 FCB(Foote, Cone, and Belding) 모형을 따랐을 때, 저관여 제품 – 실용적 동기에 적합한 광고 전략에 대해 설명하시오.

18 매슬로우의 욕구 계층 이론에서 신체적인 위험에서 벗어나고자 하는 것뿐만 아니라 심리적인 안정감을 추구하고 소비자들이 위험을 느낄 때에 익숙한 것에 대해 기대하는 욕구를 무엇이라고 하는지 쓰시오.

19 가치를 측정하는 방식 중 설문조사법과는 달리 주로 참여관찰방식을 통해 상징적이고 주관적인 경험을 해석하며 기호학적 분석으로 그 시대의 소비와 관련된 상징을 통해 그 시대의 삶을 이해하는 방식을 무엇이라 하는지 쓰시오.

20 로키치(Rockeach)의 가치조사와 칼(Kahle)의 LOV(List of Values)의 차이에 대해 설명하시오.

제5장 | 실전연습문제 정답·해설

객관식

01	02	03	04	05
①	④	③	①	④
06	07	08	09	10
④	②	①	②	③
11	12			
①	④			

01 ①

동기는 특정한 방식으로 행위를 하게 만드는 충동적 힘이며, 목표지향성을 지닌다는 의미가 함축되어 있다. 인간의 모든 행위는 동기를 바탕으로 이루어지게 된다.

오답분석

② 지각은 유입된 정보의 내용을 조직화하고 그 정보의 의미를 해석하는 것이다.
③ 학습은 다양한 정보원을 통해 얻게 된 정보 및 자극을 통해 기존의 신념을 바꾸어가는 과정이다.
④ 태도는 어떤 대상(제품, 브랜드, 점포, 서비스 등)에 대해 일관성 있게 우호적 또는 비우호적으로 반응하는 학습된 선유경향(선입견)이다.

02 ④

후천적 욕구는 다른 사람들과의 상호작용과 개인의 심리적인 상태의 결과로서 문화 또는 환경에 반응하여 학습된 욕구이며, 존중, 명성, 애정, 권력에 대한 욕구 등이 포함된다.

오답분석

①, ②, ③ 음식, 집, 물 등은 생리적인 특성을 가진 1차적인 욕구이다.

03 ③

친구를 사귀고 동호회 등에 가입하는 것은 소속감을 느끼고 싶어하는 사회적 욕구의 발현이다. 친구들과 유사한 소비행동을 통해 같은 집단에 속한 소속감을 느끼게 된다.

04 ①

인지유지 동기와 관련된 욕구에는 일관성을 위한 욕구, 귀인 욕구, 분류 욕구, 객관화의 욕구가 있다.

05 ④

두 개 이상의 바람직한 대안 사이에서 선택을 해야 할 때 발생하는 것이 접근 – 접근 갈등이다.

06 ④

가치조사에 가장 많이 이용되는 척도는 로키치(Rokeach)의 가치조사 척도이다. VALS는 소비자의 생애주기를 활용한 라이프스타일을 측정하기 위한 방법이다.

07 ②

로랑과 캐퍼러가 제시한 관여도 측정 차원은 4가지이다.
첫째, 제품의 중요성과 잘못된 제품 선택에 의한 부정적 결과가 얼마나 중요한가에 대한 개인의 지각을 평가하는 부정적 결과의 중요성, 둘째, 잘못된 선택을 할 확률에 대한 개인의 지각을 측정하는 잘못 선택할 가능성, 셋째, 제품의 구매와 사용이 개인에게 즐거움을 줄 수 있는 능력인 쾌락적 가치, 마지막으로, 제품의 구매와 사용에 대하여 소비자가 부여하는 상징성의 표출 정도를 측정하는 상징적 가치로 관여도를 측정하였다.

08 ①

잠재 충성도는 심리적으로는 좋아하는데 실제 구매는 적게 하는 경우로 상대적 태도는 높으나 반복구매의 정도는 낮은 경우에 해당한다.

09 ②

다양성 추구 경향은 저관여 제품이면서 브랜드 간 차이가 클 때 발생하는 소비 유형에 해당한다.

10 ③

이성적 동기로 제품을 구매하고 싶어하고 관여도가 높은 제품은 자동차, 금융상품, 주택 구매, 약 등이 있다. 해당 제품의 경우에는 제품의 우수한 속성이나 품질정보를 다양하게 제공하는 광고 전략이 효과적이다.

|오답분석|
④ 스포츠카는 자동차이지만 소비자가 정서적(쾌락적) 동기로 구매하는 경우가 많으므로 이성적 동기 – 고관여 제품이라고 볼 수 없다.

11 ①

소비자 동기의 유형은 제품이나 브랜드가 제공하는 동기와 상황에 의한 동기로 구분할 수 있다. 제품이나 브랜드가 제공하는 동기에는 기능적 동기, 심미적 동기, 사회적 동기, 호기심 동기가 있다.

12 ④

수단 – 목적 사슬의 단계는 속성 – 결과 – 가치로 연결된다.

주관식

13

|답안| 접근 – 접근 갈등, 접근 – 회피 갈등, 회피 – 회피 갈등

|해설| 접근 – 접근 갈등(approach – approach conflict)은 두 가지의 이상의 매력적인 대안 중 하나를 선택해야 할 때 나타난다. 소비자는 신념이나 행동이 서로 갈등할 때 인지부조화를 감소하는 과정을 통해 두 대안 사이에서 선택을 한다.
접근 – 회피 갈등(approach – avoidance conflict)은 특정 목표를 바라는 동시에 그것을 회피하기를 바랄 때 발생한다.
회피 – 회피 갈등(avoidance – avoidance conflict)은 두 개의 바라지 않는 대안 중에서 하나를 선택해야 할 때 발생한다.

14

|답안| 투사법

|해설| 투사법(projective technique)은 자극적인 상황을 설정한 후에 자극에 대한 상대의 반응을 관찰해 내면의 동기를 밝혀내는 것이다. 정신분석학 및 심리학에서 많이 사용되는 측정 방법이며, 그림 연기법, 역할 기법, 언어 기법 등의 방식이 있다.

15

|답안| 수단 – 목적 사슬의 개념은 소비자의 인지적 구조를 이해하기 위한 하나의 접근 방법으로 제품에 관련된 정보가 기억 속의 여러 가지의 추상수준에 걸쳐서 저장된다는 이론이다. 속성 – 결과 – 가치로 연결되는 위계구조로 파악한다.

답안 작성 Tip
개념과 구성요소를 중심으로 서술해야 한다.

16

|답안| 관여도

|해설| 관여도는 주어진 상황에서 특정 대상에 대해 개인이 중요하다고 (혹은 관심이 있다고) 지각하는 수준, 또는 관련이 있다고 지각하는 수준이다. 이러한 관여도의 유형에는 지속적 관여와 상황적 관여가 있다.

17

|답안| 저관여 – 이성적 동기로 제품을 구매하는 경우 브랜드에 대한 반복광고 전략을 통해 친숙하거나 핵심적인 속성을 중심으로 소구할 필요가 있다.

|해설| FCB모형은 관여도(고관여/저관여)와 구매동기(이성적 동기/감성적 동기)를 기준으로 소비자 구매유형을 네 가지로 구분하고 각각에 맞는 마케팅 전략을 제안하였다.

답안 작성 Tip
FCB모형의 주요 기준에 적합한 소구 방식을 설명해야 한다.

18

|답안| 안전에 대한 욕구

|해설| 매슬로우의 욕구 계층 이론에서 신체적인 위험에서 벗어나고자 하는 것뿐만 아니라 심리적인 안정감을 추구하고 소비자들이 위험을 느낄 때에 익숙한 것을 기대하는 욕구를 안전에 대한 욕구라고 한다. 생리적 욕구 다음에 발현되며 안전 욕구 후에는 사회적 욕구가 발현된다고 보았다.

19

|답안| 문화추론법

|해설| 문화추론법은 주로 참여관찰방식을 통해 상징적이고 주관적인 경험을 해석하며, 기호학적 분석으로 그 시대의 소비와 관련된 상징을 통해 그 시대의 삶을 이해한다. 소비자 개인은 자신의 독특한 경험 및 다른 사회구성원들과의 공유된 문화적 경험을 토대로 자신만의 의미를 구성한다고 보며 제품의 가치는 소비과정에서 다양한 경험을 제공해 주는지 여부에 의해 결정된다.

20

|답안| 로키치(Rockeach)의 가치조사는 삶의 최종목표인 궁극적 가치와 그것을 성취하기 위한 수단적 가치로 구분하고 있다. 그러나 칼(Kahle)의 LOV(List of Values)에서는 가치는 인간이 생활환경에 적응하기 위한 도구적 기능을 수행한다고 보았으므로 궁극적인 최종 가치와 수단적 가치를 구분하지 않는다.

답안 작성 Tip
가치의 유형 간 인식 차이에 대해 설명하여야 한다.

무료 학습자료 제공 · 독학사 단기합격 **해커스독학사**
www.haksa2080.com

전문가가 분석한 출제경향 및 학습전략

제6장에서는 정신분석 이론, 자아개념 이론, 사회심리 이론 등 개성이 어떠한 측면과 상황에서 발현되는지와 관련된 이론을 중심으로 개념을 묻는 질문이 출제되고 있다. 라이프스타일은 마케팅 전략 측면에서 최근까지 많이 활용된 변수이기 때문에 중요하고 출제 빈도가 높다. 특히 사이코그래픽스, AIO 분석 등은 라이프스타일의 개념을 활용하여 마케팅 전략을 실현하기 위한 수단으로 반드시 숙지해야 한다.

제6장 | 핵심 키워드 Top 10

핵심 키워드 Top 10은 본문에도 동일하게 ★로 표시하였습니다.

01	사이코그래픽스의 개념 ★★★	p.168
02	AIO(Activity, Interest, Opinion) 분석 ★★★	p.168
03	개성의 의미 ★★	p.162
04	자아개념 이론 ★★	p.164
05	자아개념의 유형(개인적 자아, 사회적 자아) ★★	p.164
06	특성 이론(trait theory) ★★	p.165
07	정신분석 이론(psychoanalytic theory) ★	p.162
08	사회심리 이론 ★	p.163
09	라이프스타일의 의의 ★	p.167
10	라이프스타일을 활용한 마케팅 전략 ★	p.169

제6장

개성과 라이프스타일

제1절 개성
제2절 라이프스타일과 사이코그래픽스

제1절 개성

01 개성의 의미와 중요성

1. 개성의 의미 ★★ 기출개념
① 환경적 자극에 대해 비교적 일관성 있으며, 지속적인 반응을 가져오는 개인의 심리적 특성(psychological characteristics)이다.
② 개성은 외적 행동의 원인으로 외적 행동에 강한 영향을 미친다.

2. 개성의 중요성
① 소비자의 개성은 구매행동, 매체선택, 혁신, 의견선도자, 시장세분화, 사회적 영향력, 제품선택, 지각된 위험, 태도변화 등 거의 모든 소비자행동과 관련있다.
② 소비자의 개성을 파악하는 것은 마케터 입장에서 광고제작, 구매 후 행동, 브랜드 태도 등을 분석하는 데 도움이 된다.

02 개성 이론

1. 정신분석 이론(psychoanalytic theory) ★ 기출개념

(1) 프로이트(Freud)의 정신분석 이론
① 인간의 개성시스템은 원초적 자아, 자아, 초자아로 구성되어 있다.
  ㉠ 원초적 자아(id): 식욕, 성욕과 같은 원초적이고 충동적 욕구의 원천이다.
  ㉡ 초자아(super-ego): 도덕적, 윤리적 행위 규범의 내적 표현이다.
  ㉢ 자아(ego): 원초적 자아와 초자아의 윤리적 금지 사이를 중재하며, 원초적 자아의 쾌락적 수요가 사회적으로 허용되는 범위 내에서 충족되도록 한다.
② 개성을 구성하는 세 가지 요소들의 상호작용이 무의식적 동기를 유발하고 무의식적인 동기는 인간의 행동으로 구체화된다.
③ 개성은 어린 시절에 형성되며, 성장과정에서의 여러 발전단계가 인간의 개성 형성과 밀접한 관계를 가진다.

(2) 정신분석 이론의 마케팅 시사점
① 1940~1960년대 동기 연구에 상당한 영향을 미쳤다.
② 동기측정 방법
  ㉠ 투사법(projective techniques): 어떤 상황을 제시하고 응답자로 하여금 그 상황을 해석하게 한 후, 그 해석으로부터 응답자의 내면적 동기를 파악하는 방법이다.
  ㉡ 심층면접법(in-depth interviews): 면접원이 조사의 내용과 일반적인 방향만을 가지고 대화를 통해 소비자의 내면 깊숙이 자리 잡고 있는 동기를 조사한다.

2. 사회심리 이론 ★ 기출개념

(1) 사회심리 이론의 개념
① 개인이 자신의 욕구를 충족시키기 위해 사회적 상황에서 어떻게 행동하는가에 초점을 맞춘다.
② 생물적 본능보다 사회적 변수를, 무의식적 동기보다 의식적 동기를 중요시한다.

(2) 호니(K. Horney)의 개인행동 성향
① 순응형(compliance)
  ㉠ 다른 사람을 향하는(toward others) 성향이 강하다.
  ㉡ 타인이 원하는 대로 행동하고 타인과의 마찰을 회피한다. 또한, 타인을 위해 자신을 희생하며 겸손하고 타인을 잘 신뢰하며 집단에 협력적이다.
② 공격형(aggressiveness)
  ㉠ 타인들에게 대항하는(against others) 성향이 강하다.
  ㉡ 권력(power)지향적이며 남보다 앞서고 성취하는 데 가치를 부여한다.
  ㉢ 타인과 비교하여 자신의 경쟁력과 지위를 평가하여 자아 이미지를 형성한다.
  ㉣ 외부 지향적이고 자기주장이 강하며, 자신감이 강하고 강인한 마음을 소유하고 있다.
③ 고립형(detachment)
  ㉠ 타인들로부터 멀리 떨어지려는(away from others) 성향이 있다.
  ㉡ 홀로 지내는 것을 좋아하며, 내성적이고 타인을 쉽게 믿지 않는다.

(3) 사회심리 이론의 측정 방법(CAD 척도)
① 순응형: 구취제거제, 비누, 바이엘 아스피린 등을 소비한다.(구취제거제, 비누 등을 구매)
② 공격형: 올드 스파이스라는 애프터셰이브 로션을 소비한다.(면도기, 로션 등을 구매)
③ 고립형: 맥주는 적게 마시고 차를 많이 마시는 사람들이다.(차, 맥주 등을 구매)

3. 자아개념 이론 ★★ 기출개념

(1) 자아개념(self-concept)
① 개인이 사회적으로 결정된 준거체계에 따라 자신에 대하여 갖는 지각이다.
② 자신에 대한 개인의 생각과 느낌의 총체이다.

(2) 자아개념과 3가지 요소
① 자아 이상: 자신이 원하는 모습이자 개인이 생각하는 완벽한 사람에 대한 비전이다.
② 자아 이미지: 행동과 직접적인 연관이 있으며, 의식적으로 더 좋은 자신의 이미지를 그리려는 노력이다.
③ 자부심: 자신이 얼마나 가치 있는 존재인지 느끼는 정도이다.

(3) 자아개념의 유형 ★★ 기출개념
① 개인적 자아
  ㉠ 자신에 대해 스스로 어떻게 생각하는지를 반영한다.
  ㉡ 개인적 자아에는 이상적 자아 이미지와 실제적 자아 이미지가 있다.
② 사회적 자아: 타인들이 자신을 어떻게 생각하는지와 관련된다.

(4) 자아개념 이론의 마케팅 적용
① 전체 시장을 유사한 자아개념을 갖는 세분시장들로 세분화한다.
② 점포이미지 형성에 적용할 수 있다.
③ 소비자들은 자신의 자아개념과 일치하는 이미지를 갖는 제품 또는 브랜드를 구매한다.

(5) 자아개념 이론의 브랜드 이론 적용(상징적 상호주의)
① 소비자의 자아개념은 제품/브랜드의 선택에 영향을 미친다.
② 소비자가 선택하는 제품/브랜드는 자아개념에 영향을 미친다.
③ 개인과 자신의 환경에 속한 상징들 간의 상호작용을 강조하는 개념이다.
④ 제품/브랜드는 객관적인 실체가 아닌 주관적인 상징물로서 구매된다.
⑤ 개인적 자아와 사회적 자아의 개념

구분	실제적 자아	이상적 자아
사적 자아	내가 나를 어떻게 보는가?	내가 어떻게 되길 바라나?
사회적 자아	다른 사람이 나를 어떻게 보는가?	나는 다른 사람이 나를 어떻게 보길 바라나?

4. 특성 이론(trait theory) ★★ 기출개념

(1) 특성 이론의 개념
① 특성이란 둘 이상의 사람들의 행동 혹은 특징들 간의 일관성 있는 차이이다.
② 개성은 선유경향(predispositions)을 의미하는 특성들의 집합으로 구성된다는 관점이다.
③ 개성은 한 개인이 다른 사람과 구별될 수 있는 비교적으로 지속적인 방식이다.

(2) 특성 이론의 가정
① 특성은 누구나 가지고 있으며, 그 정도에 있어서만 차이가 있어 개성이 달라지는 것이다.
② 특성은 비교적 안정적이고 환경조 상황과 무관하여, 상당히 일관성 있게 행동에 영향을 미친다.
③ 특성은 행동 결과를 측정함으로써 추론될 수 있다.

(3) 특성의 유형
① 중심적 특성: 모든 행동에 거의 광범위하게 영향을 미치는 특성이다.
② 2차적 특성: 제한적으로 특수한 상황이나 관계에서만 영향을 미치는 특성이다.

(4) 특성의 측정 방법
① EPPS(Edwards Personal Preference Schedule)는 마케팅 분야에서 널리 사용되는 측정 도구이다.
② EPPS의 성격 특성 척도

구분	내용
자기비하(self-depreciation)	열등감을 느끼고, 비난을 감수하려는 성향
지원(assistance)	타인을 도와주려는 성향
변화(change)	새로운 것을 추구하려는 성향
끈기(endurance)	하나의 일에 집착하여 완성하려는 성향
이성애(heterosexuality)	이성에게 매력적으로 보이고 싶어 하는 성향
공격(aggression)	타인을 공격하거나 해를 입히기를 원하는 성향
성취(achievement)	타인들과 경쟁하여 앞서려는 성향
순응(compliance)	타인의 의사결정에 따르려는 성향

개념 Plus

브랜드 개성 (brand personality)

브랜드 개성은 특성 이론을 마케팅에 적용시켜 개발된 개념이다. 이는 브랜드가 만일 사람이라면 어떤 개성의 사람으로 표현될 것인지를 말한다. 아커(Jennifer Aaker)는 114개의 개성 특성 변수로부터 아래 5개 브랜드 개성 요인을 추출하였다.

- 성실함(sincerity)
- 활기참(excitement)
- 유능함(competence)
- 세련됨(sophistication)
- 강인함(ruggedness)

구분	내용
질서 (order)	자신의 일이나 주변을 정리하고 체계화하려는 성향
과시 (exhibition)	주목받고 싶어 하는 성향
자치 (autonomy)	자유를 추구하고 타인의 간섭을 싫어하는 성향
친교 (affiliation)	집단에 참여하고 타인과 교제하려는 성향
분석 (analysis)	타인을 이해하고 자신을 분석하려는 성향
의존성 (dependence)	타인에게 도움 받기를 바라는 성향

기출개념확인

01 소비자의 행동이 다르게 나타나는 이유를 설명해주는 개성에 대한 이론이 **아닌** 것은?
① 기능주의 이론 ② 사회심리 이론
③ 자아개념 이론 ④ 특성 이론

02 개성이 마케팅 분야에서 왜 중요하게 생각되는지 그 이유를 기술하시오.

정답·해설

01 ①
기능주의 이론은 문화가 소비자의 선택에 미치는 영향을 설명하는 이론이다.

02 소비자의 개성은 구매행동, 매체의 선택 등과 관련되어 있다. 소비자의 개성을 파악하는 것은 마케터 입장에서 광고 제작의 효과, 구매 후 행동, 브랜드 태도 등을 분석하여 개별 소비자에 대한 전략을 수립하는 데 도움이 되므로 중요하게 생각된다.

제2절 라이프스타일과 사이코그래픽스

01 라이프스타일의 의의

1. 라이프스타일의 의의 ★ 기출개념
① 사람들이 살아가는 방식으로서 개개인의 독특한 삶의 양식(a unique pattern of living)을 의미한다.
② 개인의 인구통계적 특성, 사회계층, 동기, 개성, 감정, 가치, 가족 수명 주기, 문화, 경험 등에 의해 결정된다.

2. 라이프스타일의 역할
① 소비자의 라이프스타일은 자신의 욕구에 영향을 미치므로, 구매와 소비·사용행동에 영향을 미친다.
② 소비자의 소비·사용행동은 다시 라이프스타일을 강화시킨다.
③ 가정(household)도 라이프스타일을 가지며, 가정을 구성하는 개인들의 라이프스타일에 의해서도 결정된다.
④ 가족구성원들은 서로의 라이프스타일에 영향을 미치게 되는데, 이처럼 가정의 라이프스타일은 개인의 라이프스타일에 영향을 미친다.
⑤ 외적 요인들이 모두 동일한 사람의 라이프스타일이 동일하지 않은 이유는 내적 요인인 개성이나 가치관이 서로 다른 생활 유형을 갖게 하기 때문이다.

02 라이프스타일과 사이코그래픽스 연구

1. 라이프스타일 연구
① 사람을 소비자(consumer)가 아닌 '생활자(liver)'로 본다.
② 개별 소비자의 삶의 방식을 조사하는 것이 그 목적이 있는 것이 아니라, 비슷한 라이프스타일을 가지는 하위집단을 연구하는 데 목적이 있다.
③ 종합적인 연구의 특성을 가지고 있다.

2. 사이코그래픽스(psychographics) 연구

(1) 사이코그래픽스의 개념 ★★★ 기출개념
① 라이프스타일이라는 소비자행동의 기저에 있는 내면적 배경을 파악하기 위한 심리도식적 연구 방법이다.
② 사이코그래픽스는 가치, 개성, 라이프스타일을 반영하는 조작적 측정 도구로서 다양한 상황, 욕구, 자극하에 구매 또는 소비과정에서 발생하는 소비자의 심리적 과정이나 특성을 나타내는 것을 말한다.
③ 인구통계학적 기준으로 시장을 분류하는 마케팅의 한계를 해결하는 대안이며, 데모그래픽(인구통계)과 대조되는 질적 조사의 한 방법이다.

03 라이프스타일 측정

1. 사이코그래픽스(psychographics) 기출개념
① 라이프스타일의 조작적 측정 도구로써 널리 사용되는 기법이다.
② 정신(mental)을 나타내는 'psycho'와 윤곽(profiles)을 나타내는 'graphics'의 합성어이다.
③ 행위(Activity), 관심(Interest), 의견(Opinion)을 의미하는 AIO로 지칭한다.
④ 개인이 시간을 어떻게 소비하는가(행위), 주위환경에서 특별히 중요하게 고려하는 것은 무엇인가(관심), 그리고 자신과 주위세계에 대한 생각은 무엇인가(의견)에 대한 조사이다.

2. AIO(Activity, Interest, Opinion) 분석 ★★★ 기출개념

(1) AIO의 요소

구분	내용
활동 영역 (Activity)	• 어떠한 활동에 중요성을 부여하는가 • 매체를 보는 것, 쇼핑하는 것과 같은 명백한 행동을 의미함 • 관찰은 가능하나 행위의 이유는 직접 측정할 수 없음
관심 영역 (Interest)	• 어떠한 일에 중요성을 부여하는가 • 어떤 대상이나 사건 혹은 주제에 대해 개인이 관심을 부여하는 정도를 의미함
의견 영역 (Opinion)	• 자기 자신과 외부에 대해 어떠한 견해를 가지고 있는가 • 질문이 제기된 자극 상황하에 개인이 제공하는 응답을 의미함

(2) AIO 분석

구분	A	I	O
항목	일	가족	자기자신
	취미	가정	정치
	휴가	직업	사업
	오락	지역사회	경제
	쇼핑	음식	교육

(3) 호킨스와 동료들(Hawkins, Mothersbaugh, and Best)의 확장 AIO

① AIO에 포함되는 변수들이 너무 제한적이기 때문에 확장하여 사용한다.
② 확장된 AIO의 요소
  ㉠ 태도(attitude): 다른 사람, 장소, 아이디어, 제품 등에 대한 평가적 진술이다.
  ㉡ 가치(values): 어떤 것이 수용 가능하거나 바람직한가에 대해서 널리 부여된 신념들이다.
  ㉢ 활동과 관심(activities and interests): 취미, 스포츠, 공공서비스나 교회와 같이 소비자들이 시간과 노력을 들이는 비직업적 행동이다.
  ㉣ 인구통계(demographics): 나이, 교육, 소득, 가족 구조, 인종적인 배경, 성별, 직업, 지리적 위치 등이다.
  ㉤ 매체 패턴(media patterns): 소비자들이 사용하는 특수한 매체이다.
  ㉥ 사용률(usage rates): 특정 제품 범주 내에서 소비를 측정하며, 소비자는 대량, 보통, 소량, 혹은 비사용자들로 분류된다.

04 라이프스타일을 활용한 마케팅 전략 ★ 기출개념

1. 시장세분화

① 전체시장을 유사한 라이프스타일을 갖는 소비자 집단들로 세분화시킬 수 있다.
② 응답자들의 라이프스타일과 제품 사용, 매체 이용도, 인구통계적 특성 등을 동시에 측정한다.
③ 군집 분석에 의해 응답자들을 여러 개의 소집단으로 분류한다.

2. 특정집단 소비자들의 특성 파악

사고를 많이 내는 운전자는 보통 운전자들에 비해 위험 감수 성향과 충동 구매성향이 높으며, 부주의하고 스트레스를 많이 느낀다. 또한 그들은 금전적 문제를 겪고 있지만 낙천적이며, 영화에 관심을 많이 갖고 사회적·정치적으로 보수성이 낮다는 통계적 결과가 있다. 보험회사는 이러한 정보를 바탕으로 보험가입자의 보험료를 산정하게 된다.

3. 매체 선정
제품을 광고하기 위한 적절한 매체를 선정하는 데 필요한 정보를 얻을 수 있다.

4. 광고캠페인 개발

(1) Schlitz 맥주에 의해 조사된 대량 음주자의 특징 및 라이프스타일
① 노동자 계층이며 중류 소득층이다.
② 고등학교 졸업 학력에 젊은 층이다.
③ 비음주자들에 비하여 쾌락적이며 즐거움을 추구한다.
④ 비음주자들에 비하여 가족에 대한 관심이 적고 직업에 책임감이 덜하다.
⑤ 육체적, 남성지향적인 생활을 선호하고 공상을 잘한다.

기출개념확인

01 라이프스타일을 측정하기 위한 요소에 해당하지 않는 것은?
① 활동   ② 관심
③ 가치   ④ 의견

02 다음 빈칸에 들어갈 알맞은 말을 쓰시오.

( )은/는 라이프스타일이라는 소비자행동의 기저에 있는 내면적인 배경을 파악하기 위한 심리도식적 연구 방법이다.

정답·해설

01 ③
라이프스타일을 측정하는 기법인 AIO 분석은 행위(Activity), 관심(Interest), 의견(Opinion)을 의미한다. 가치는 동기 및 문화로 구분지어지는 집단적 개념이다.

02 사이코그래픽스
사이코그래픽스는 가치, 개성, 라이프스타일을 반영하는 조작적 측정 도구로서 다양한 상황이나 욕구, 자극하에서 구매나 소비과정에서 발생하는 소비자의 심리적 과정 또는 특성을 나타낸다. 이는 인구통계학적 기준으로 시장을 분류하는 마케팅의 한계를 해결하는 대안이며, 인구통계적 변수에 대한 조사와 대조되는 질적 조사의 한 방법이다.

제6장 | 주관식 집중 공략

01 프로이트의 원초적 자아, 자아, 초자아에 대해 간단히 설명하시오.

| 답안 | 프로이트는 정식분석 이론에서 인간의 개성시스템에 원초적 자아, 자아, 초자아로 구성된다고 보았다. 원초적 자아는 식욕, 성욕과 같은 원초적이고 충동적 욕구의 원천이다. 초자아는 도덕적, 윤리적 행위 규범의 내적 표현이다. 자아는 원초적 자아와 초자아의 윤리적 금지 사이를 중재하며, 원초적 자아의 쾌락적 수요가 사회적으로 허용되는 범위 내에서 충족되도록 한다.

| Tip | 각 개념 간 차이를 중심으로 설명해야 한다.

02 다음이 설명하는 개념은 무엇인지 쓰시오.

> (   )은/는 둘 이상의 사람들의 행동 혹은 특징들 간의 일관성 있는 차이이며, 행동결과를 측정함으로써 추론될 수 있다.

| 답안 | 특성

| 해설 | 특성은 둘 이상의 사람들의 행동이나 특징들 간 일관성 있는 차이를 나타내며, 특성은 소비행동의 결과를 측정함으로써 추론될 수 있다. 특성의 유형에는 모든 행동에 거의 광범위하게 영향을 끼치는 특성인 중심적 특성과, 제한적으로 특수한 상황이나 관계에서만 영향을 미치는 특성인 2차적 특성으로 분류할 수 있다. 마케팅 분야에서는 EPPS(Edwards Personal Preference Schedule)를 활용하여 특성을 측정하고 소비자 전략에 활용한다.

03 라이프스타일에 대하여 간단히 설명하시오.

|답안| 라이프스타일은 사람들이 살아가는 방식으로 개인마다 독특한 삶의 양식이다. 사람들이 시간을 소비하는 활동, 본인을 둘러싼 환경에서 중요하다고 생각하는 관심, 주위 세상에 대한 의견 등에 의해서 확인되고 규명되는 생활 유형이다.

|Tip| 라이프스타일을 측정할 수 있는 주요 개념요소를 중심으로 설명해야 한다.

04 호니(Horney)의 개인행동 성향 중, 타인들로부터 멀리 떨어지려는 성향이 있고 홀로 지내는 것을 좋아하며 내성적이고 타인을 쉽게 믿지 않는 유형은 무엇인지 쓰시오.

|답안| 고립형

|해설| 호니(Horney)의 개인행동 성향은 개인의 성향을 순응형, 공격형, 고립형으로 구분하고 있다. 이 중 고립형은 타인들로부터 멀리 떨어지려는 성향이 있고 홀로 지내는 것을 좋아하며 내성적이고 타인을 쉽게 믿지 않는 유형이다.

05 특성 이론에 따라 마케팅 분야에서 소비자의 성격 특성을 측정하는 척도를 무엇이라고 하는지 쓰시오.

|답안| EPPS(Edwards Personal Preference Schedule)

|해설| 마케팅 분야에서 널리 사용되는 특성의 측정 방법은 EPPS(Edwards Personal Preference Schedule)이다. EPPS는 개인의 성격 특성을 자기비하, 지원, 변화, 끈기, 이성애, 공격 등 14개의 유형으로 분류하고 있다.

제6장 | 실전연습문제

*기출유형 은 해당 문제가 실제 시험에 출제된 유형임을 나타냅니다.

객관식

기출유형

01 개성에 대한 내용 중 가장 거리가 먼 것은?

① 외부 환경과는 관련이 없다.
② 일관성이 있다.
③ 지속적인 반응 패턴으로 나타난다.
④ 개인의 심리적 특성이다.

기출유형

02 설문조사와 같은 조사 방법으로 실제 내면의 구매동기를 알아내기 쉽지 않은 이론은?

① 자아개념 이론   ② 정신분석 이론
③ 사회심리 이론   ④ 특성 이론

기출유형

03 다음 중 정신분석 이론에서 활용하는 마케팅 조사기법에 해당하는 것은?

① 관찰법   ② 설문지
③ 유선전화   ④ 투사법

04 다음 설명에서 말하는 3가지 유형으로 볼 수 없는 것은?

> 호니(Horney)는 아이가 부모와의 관계에서 발생하는 불안을 극복하면서 성장하는 과정에서 3가지 유형의 개성으로 발전된다고 보았다.

① 고립형   ② 순응형
③ 참여형   ④ 공격형

05 다음 중 특성 이론의 과정에 해당하지 않는 것은?

① 특성들은 누구에게나 공통적으로 존재하므로 사람마다 개성은 동일하다.
② 특성들은 환경이나 상황이 달라지더라도 영향을 받지 않고 매우 안정적으로 영향을 미친다.
③ 사람마다 공통적인 특성의 정도가 다르므로 사람마다 개성이 달라진다.
④ 특성은 행동 결과를 측정함으로써 추론될 수 있다.

기출유형

06 다음 중 라이프스타일 연구의 특징에 대한 설명으로 틀린 것은?

① 라이프스타일 연구는 종합적인 연구의 특성을 갖고 있다.
② 사람을 생활자로 보는 경우 제품이나 서비스라는 개별상품을 판매하는 것에 초점을 둔다.
③ 라이프스타일 연구는 사람을 소비자가 아닌 생활자로 본다.
④ 라이프스타일 연구는 비슷한 라이프스타일을 갖는 하위집단을 연구하는 데 목적이 있다.

07 다음 중 라이프스타일에 반영되는 것이라고 볼 수 없는 것은?
① 관심
② 활동
③ 지식
④ 의견

08 프로이트의 정신분석 이론에 따른 인간의 개성을 구성하는 요소가 아닌 것은?
① 자아
② 초자아
③ 원초적 자아
④ 성적 자아

09 프로이트의 정신분석 이론의 영향을 받아 조사자가 대화를 통해 소비자의 내면 깊숙이 자리 잡고 있는 동기를 조사하는 방법은?
① 투사법
② 심층면접법
③ 관찰법
④ 표적집단면접법

10 특성의 개념에 대한 설명으로 잘못된 것은?
① 특성이란 둘 이상의 사람들의 행동 혹은 특징들 간의 일관성 있는 차이이다.
② 개성은 선유경향을 의미하는 특성들의 집합으로 구성된다는 관점이다.
③ 특성은 소비자의 행동에 일관성 있게 영향을 미치지는 못한다.
④ 개성은 한 개인이 다른 사람과 구별될 수 있는 비교적 지속적인 방식이다.

11 라이프스타일을 활용하여 마케팅 전략에 영향을 미칠 수 있는 방법에 해당하지 않는 것은?
① 모든 소비자들의 특성 파악
② 시장세분화
③ 매체 선정
④ 광고캠페인 개발

12 다음 중 사이코그래픽스에 기반하여 개별 소비자의 특정 일에 중요성을 부여하는 수준 혹은 어떤 대상이나 사건 혹은 주제에 대해 개인이 부여하는 정도와 관련된 측정 개념을 의미하는 것은?
① 활동
② 관심
③ 의견
④ 가치

주관식

13 자아개념의 3요소를 쓰고 간략하게 설명하시오.

14 개인이 자신의 욕구를 충족시키기 위해 사회적 상황에서 어떻게 행동하는가를 설명하는 데 초점을 둔 이론이 무엇인지 쓰시오.

[기출유형]

15 삶의 방식으로 생활의 총체적 표현 방식을 의미하는 단어를 쓰시오.

16 사회심리 이론에 따른 개인의 특성을 측정하는 방법을 무엇이라고 하는지 쓰시오.

기출유형

17 개인이 사회적으로 결정된 준거체계에 따라 자신에 대하여 갖는 지각이자 자신에 대한 개인의 생각과 느낌의 총체(totality)를 의미하는 것이 무엇인지 쓰시오.

19 라이프스타일 연구에서 단순히 개별 소비자의 구매와 소비, 사용행동에 관심이 있는 것이 아니라 비슷한 소비자 간 삶의 방식을 조사하는 것에 목적이 있다는 것을 설명하는 개념은 개인을 '소비자'가 아닌 무엇으로 보기 때문인지 쓰시오.

기출유형

18 자아개념 이론에 따르면 자신에 대해 스스로 어떻게 생각하는지를 반영하는 것이 아니라 타인들이 자신을 어떻게 생각하는지와 관련된 개념을 무엇이라고 하는지 쓰시오.

기출유형

20 행위(activity), 관심(interest), 의견(opinion)을 의미하는 AIO는 과거 인구통계적 변수를 통한 시장 세분화가 아닌 소비자행동의 기저에 있는 내면적 배경을 파악하기 위해 어떤 측정 도구를 활용하는 것인지 쓰시오.

제6장 | 실전연습문제 정답·해설

객관식

01	02	03	04	05
①	②	④	③	①
06	07	08	09	10
②	③	④	②	③
11	12			
①	②			

01 ①
소비자행동이 사람마다 각자 다르게 나타나는 이유를 설명해주는 개성은 외부 환경의 자극에 대하여 상당히 일관되고 지속적인 반응의 패턴을 가져오는 개인의 심리적 특성으로 이해할 수 있다.

02 ②
정신분석 이론은 무의식적 동기를 다루고 있기 때문에 설문지 등의 조사기법으로는 실제 내면적 구매동기를 알아내기 쉽지 않다. 이 경우 심층면접법과 투사법 등을 사용한다.

03 ④
무의식적인 동기를 다루고 있는 정신분석 이론은 어떤 상황을 제시하고 응답자로 하여금 그 상황을 해석하게 한 후, 그 해석으로부터 응답자의 내면적 동기를 파악하는 방법인 투사법(projective techniques)이나 면접원이 조사의 내용과 일반적 방향만을 가지고 대화를 통해 소비자의 내면 깊숙이 자리 잡고 있는 동기를 조사하는 심층면접법(n-depth interviews)을 통해 동기를 측정한다.

04 ③
호니에 따르면, 개성은 아이가 부모와의 관계에서 발생하는 불안을 극복하면서 성장해 나가는 과정에서 형성된다. 호니는 불안에 대처하는 학습과정에서 소비자들은 순응, 공격, 고립의 세 가지 전략 중 하나를 취한다고 보았다.

05 ①
특성은 둘 이상의 사람들의 행동 또는 특징들 간의 일관성 있는 차이를 의미하므로 사람마다 개성이 동일하다는 것은 옳지 않은 설명이다.

> **참고** 특성 이론의 가정
> 첫째, 특성은 누구나 가지고 있으며 그 정도에 있어서만 차이가 있어 개성이 달라지는 것이다.
> 둘째, 특성들은 비교적 안정적이고 환경적 상황에 무관하여 행동에 상당히 일관성 있게 영향을 미친다.
> 셋째, 특성은 행동 결과를 측정함으로써 추론될 수 있다.

06 ②
사람을 소비자로 볼 때는 제품이나 서비스라는 개별상품을 판매하는 것에 초점을 둔다. 그러나 사람을 소비자가 아닌 생활자로 보는 경우에는 특정한 삶의 유형을 판매하는 것으로 마케팅의 관점이 변화된다. 라이프스타일 연구에서는 사람을 생활자로 본다.

07 ③
라이프스타일은 개인의 활동, 관심, 의견을 반영하는 생활의 총체적인 표현 방식이다.

08 ④
프로이트의 정신분석 이론에 따른 인간의 개성을 구성하는 요소에는 원초적 자아, 자아, 초자아가 있다.

09 ②

심층면접법은 조사면접원이 조사의 내용과 일반적인 방향만을 가지고 대화를 통해 소비자의 내면 깊숙이 자리 잡고 있는 동기를 조사하는 방법이다. 이는 프로이트의 정신분석 이론의 영향을 받은 방법이다.

10 ③

특성은 둘 이상의 사람들의 행동 혹은 특징들 간의 일관성 있는 차이로, 이러한 특성은 상황과는 무관하게 비교적 안정적이고 일관성 있게 소비자의 행동에 영향을 미친다.

11 ①

시장을 유사한 라이프스타일을 갖는 소비자집단들로 세분화시킬 수 있다. 제품의 광고를 위한 적절한 매체를 선정하는 데 필요한 정보를 얻을 수 있다. 그리고 표적 소비자를 대상으로 하여 그들의 행동 특성 및 라이프스타일을 반영하는 광고캠페인을 개발하는 데 활용할 수 있다.
그러나 라이프스타일을 활용하여 특정집단 소비자들의 특성을 파악하는 것은 가능하지만 모든 소비자들을 대상으로 특성을 파악하는 것은 불가능하다.

12 ②

AIO 분석은 사이코그래픽스에 기반하여 소비자의 라이프스타일을 파악하기 위한 측정방식에 해당한다. 이 중 개별 소비자의 특정 일에 중요성을 부여하는 수준 혹은 어떤 대상이나 사건 혹은 주제에 대해 개인이 부여하는 정도와 관련된 측정 개념은 관심에 해당한다.

주관식

13

| 답안 | 자아 이상, 자아 이미지, 자부심이 있다. 먼저, 자아 이상은 자신이 원하는 모습이자 개인이 생각하는 완벽한 사람에 대한 비전이다. 두 번째로 자아 이미지는 행동과 직접적인 연관이 있으며 의식적으로 더 좋은 자신의 이미지를 그리려는 노력이다. 마지막으로 자부심은 자신이 얼마나 가치 있는 존재인지 느끼는 정도를 말한다.

답안 작성 Tip
요소에 대해 자아 개념과 관련지어 설명해야 한다.

14

| 답안 | 사회심리 이론
| 해설 | 사회심리 이론은 생물적 본능보다 사회적 변수가 개성을 형성하는 데 있어 중요 변수가 되고 의식적 동기가 더 중요하다고 강조한다.

15

| 답안 | 라이프스타일
| 해설 | 라이프스타일은 개인의 활동, 관심, 의견을 반영하는 생활의 총체적인 표현 방식이라고 할 수 있다.

16

| 답안 | CAD 척도
| 해설 | 호니(K. Horney)의 개인행동 성향은 사회심리 이론에 기반하여 개인의 특성을 측정하는 방법을 순응형(compliance), 공격형(aggressiveness), 고립형(detachment)의 CAD 척도로 제시하였다.
순응형의 소비자는 구취제거제, 비누, 바이엘 아스피린 등을 소비하며, 공격형의 소비자는 면도기, 애프터셰이브 로션 등 개성이 강한 제품을 소비하며 고립형은 혼자 시간을 보내기 좋은 차, 맥주 등을 구매한다고 보았다.

17

| 답안 | 자아개념(self-concept)
| 해설 | 자아개념 이론에서는 자아개념을 개인이 사회적으로 결정된 준거체계에 따라 자신에 대하여 갖는 지각이자 자신에 대한 개인의 생각과 느낌의 총체(totality)로 정의하고 있다.

18

| 답안 | 사회적 자아
| 해설 | 자아개념은 개인적 자아와 사회적 자아로 구분할 수 있다. 개인적 자아는 자신에 대해 스스로 어떻게 생각하는지를 반영하고 이상적 자아 이미지와 실제적 자아 이미지를 통해 발현된다. 사회적 자아는 타인들이 어떻게 자신을 생각하는지와 관련된다.

19

|답안| 생활자

|해설| 라이프스타일 연구에서는 개인을 '소비자'가 아닌 '생활자'로 본다. 이는 단순히 개별 소비자의 구매와 소비, 사용행동에 관심이 있는 것이 아니라 비슷한 소비자 간 삶의 방식을 조사하는 것에 목적이 있다는 것을 설명하는 개념이다.

20

|답안| 사이코그래픽스(psychographics)

|해설| 사이코그래픽스(psychographics)는 라이프스타일의 조작적 측정도구로서 널리 사용되는 기법으로 행위(activity), 관심(interest), 의견(opinion)을 의미하는 AIO로 측정한다. 이러한 기법은 기존 인구통계적 변수를 활용한 시장세분화의 한계를 극복하고자 한 것이다.

무료 학습자료 제공 · 독학사 단기합격 **해커스독학사**
www.haksa2080.com

전문가가 분석한 출제경향 및 학습전략

제7장 태도에서는 태도의 개념과 유형, 기능, 구성요소와 관련해 핵심 개념과 각 유형 및 요소별 차이를 이해하는 것이 중요하다. 특히 피쉬바인 모델의 구성요소와 시사점을 정리해 볼 필요가 있다. 태도 변화 모형에서는 태도를 변화시킬 수 있는 핵심 메커니즘을 중심으로 학습해야 한다. 추가로 정교화 가능성 모델은 심층적인 태도 변화 이론이므로 구체적이고 다양한 측면에서 학습하는 것이 좋다.

제7장 | 핵심 키워드 Top 10
핵심 키워드 Top 10은 본문에도 동일하게 ★로 표시하였습니다.

01	태도의 유형 ★★★	p.187
02	페스팅거(Festinger)의 인지 부조화 이론(cognitive dissonance theory) ★★★	p.195
03	반복노출을 통한 태도 변화 ★★★	p.197
04	정교화 가능성 모델을 통한 태도 변화 ★★★	p.198
05	태도의 하위 요소(삼각구조) 이론 ★★	p.187
06	피쉬바인(Fishbein) 모델 ★★	p.190
07	하이더(Heider)의 인지적 균형 이론(balance theory) ★★	p.194
08	쉐리프(Sherif) 사회판단 이론 ★★	p.196
09	태도의 기능 ★	p.184
10	벰(Bem)의 자기지각 이론(self-perception theory) ★	p.196

제7장

태도

제1절 태도의 개념
제2절 태도의 기능
제3절 태도 형성 이론
제4절 태도 측정 모델
제5절 태도 변화 이론

제1절 태도의 개념

01 태도의 의미

1. 태도의 정의
① 어떤 대상(제품, 브랜드, 점포, 서비스 등)에 대해 일관성 있게 우호적이거나 비우호적으로 반응하는 학습된 선유경향, 즉 선입견을 말한다.
② 사람, 대상, 쟁점들에 대해 한 사람이 내리는 전반적 평가이다.
③ 행동을 유추할 수 있는 근거가 된다.

2. 태도의 특성
① 특정 제품, 브랜드, 점포, 서비스 등과 관련되어 이들 대상에 대한 태도가 나타난다.
② 태도는 심리적 상태여서 직접 관찰할 수 없고, 질문 등을 통해 간접적으로 측정하여 추론할 수 있다.
③ 제품과 브랜드에 대해 가지는 태도는 일관성과 지속성을 가진다.
④ 태도는 소비자의 소비경험을 통해 후천적으로 학습되는 것이다.
⑤ 태도는 마케팅 활동을 통해 형성되고 변화될 수 있다.

02 태도의 유용성

1. 태도의 유용성
① 소비자의 태도를 통해 소비자행동을 예측할 수 있다.
② 자사 제품 및 브랜드에 호의적인 집단과 호의적이지 않은 집단으로 나눌 수 있어 태도 차이에 따른 세분화 전략을 펼칠 수 있다.
③ 기업의 마케팅 믹스 활동(신제품, 가격, 광고, 유통 등)에 대한 소비자 태도를 조사하여 그 결과에 따라 전략을 다르게 펼칠 수 있다.

> **개념 Plus**
> **소비자태도와 소비자행동**
> 소비자가 특정 제품과 브랜드에 대해 좋은 태도를 가지고 있으면, 소비자가 그 제품과 브랜드를 선택할 가능성이 높아진다.

기출개념확인

01 태도가 가지는 특성에 대한 설명으로 잘못된 것은?

① 태도는 제품과 브랜드에 대해 지속성을 가진다.
② 태도는 직접 관찰할 수 있다.
③ 태도는 소비자의 소비경험을 통해 후천적으로 학습되는 것이다.
④ 태도는 마케팅 활동을 통해 형성되고 변화될 수 있다.

02 어떤 대상에 대해 우호적 또는 비우호적으로 일관성 있게 반응하는 학습된 선유경향을 무엇이라고 하는지 쓰시오.

정답 · 해설

01 ②
태도는 제품과 브랜드에 대한 호의적 또는 비호의적 경향을 의미하는데, 태도는 소비자의 심리적 상태이기 때문에 행동처럼 직접 관찰할 수 없으며, 질문 등을 통해 간접적으로 측정하여 추론할 수 있다.

오답분석
①, ③, ④ 태도는 소비자의 소비경험을 통해 후천적으로 학습되기 때문에 비교적 일관되고 지속성을 띠지만 일부 마케팅 활동을 통해 형성되거나 변화될 수 있다.

02 태도
태도는 제품, 브랜드, 점포, 서비스 등 대상에 대해 일관성 있게 우호적, 비우호적으로 반응하는 학습된 선유경향(선입견)이다. 사람, 대상, 쟁점들에 대해 한 사람이 내리는 전반적 평가이며, 행동을 유추할 수 있는 근거가 된다.

제2절 태도의 기능

01 태도의 특징

1. 태도의 일곱 가지 특징
① 태도는 어떤 대상이 있다.
② 태도는 직접 관찰할 수 없다.
③ 태도는 지속적이다.
④ 태도는 후천적이다.
⑤ 태도는 행동으로 나타날 수 있다.
⑥ 태도는 방향성과 강도가 있다.
⑦ 태도는 상황에 따라 변화될 수 있다.

> **개념 Plus**
>
> **태도의 후천성**
> 태도가 학습에 의해 후천적으로 형성된다는 것은 후천적으로 변화될 수도 있다는 의미를 내포한다.

02 태도의 기능

1. 태도의 기능 ★ 기출개념

(1) 실용적 기능
① 태도가 소비자로 하여금 자신의 욕구를 달성하도록 유도한다는 것이다.
② 제품의 혜택이 태도 형성의 근간이 된다고 보는 관점이다.
   예 귀뚜라미 보일러가 가스비를 절약해 준다는 혜택을 강조한 경우

(2) 가치표현적 기능
소비자는 자신의 가치관이나 상징성을 표현하는 브랜드에 대해 호의적인 태도를 가지게 된다.
   예 • 세련되고 도회적인 아름다움 추구 – 샤넬(CHANEL)브랜드
      • 보수적이지만 우아한 아름다움 추구 – 버버리(BURBERRY)브랜드

(3) 자아방어적 기능
태도는 소비자의 자아 이미지를 훼손하지 않고자 하는 자기방어적 기능을 가진다.
   예 니베아의 데오드란트 광고

(4) 지식 기능
소비자는 브랜드에 대한 지식을 태도의 형태로 보관하고 있다.

03 태도의 구성

1. 태도의 세 가지 요소

(1) 인지적 요소
① 인지적 요소는 대상에 대해 소비자가 가지고 있는 일련의 신념으로 이루어진다.
② 대상을 인지하는 데는 호의적 또는 비호의적, 긍정적 또는 부정적, 선 또는 악과 같은 어떤 속성에 대한 '평가적 신념'이 포함된다.
③ 비교 판단은 대상의 속성을 비교하는 '속성 판단'과 대상의 전체적인 유사성을 비교하는 '유사성 판단'으로 나눌 수 있다.
④ 모든 신념이 태도에 영향을 미치는 것은 아니며, 특정 시점에 두드러지게 부각되는 신념만이 영향을 미친다.
 예 자동차에 '내구성'이라는 속성을 부각시켜 소비자들이 인지하게 함으로써 소비자들에게 속성 판단을 유도할 수 있다.

(2) 감정적 요소
① 특정 대상에 대한 정서적인 면과 관련된 요소이다.
② '좋은 – 나쁜', '사랑하는 – 미워하는', '긍정적 – 부정적', '좋아하는 – 싫어하는' 등 정서와 관련되는 요소이다.
③ 특정 브랜드에 대한 소비자 감정은 '나쁘다'에서 '탁월하다'까지 연속선 안에서 평가함으로써 측정될 수 있다.

(3) 행동적 요소
① 행동적 반응을 보일 잠재력 또는 준비 상태를 말한다.
② 어떤 대상에 대한 소비자의 태도가 부정적이라면 잠재적으로 소비자는 그 대상에 대하여 공격, 파괴 또는 벌을 가할 준비가 되어 있다.
③ 태도가 긍정적이라면 다른 소비자들에게 그 대상을 추천할 마음의 준비를 가지고 있게 된다.
④ 소비자 조사에서 행동적 요소는 '행동의도'로 표현되어 선택행동과 연결된다.

2. 감정으로서의 태도
① 태도를 그 대상을 '좋아한다' 또는 '싫어한다'와 같은 감정적 요소만으로 파악하는 것이다.
② 태도는 인지적 요소(또는 신념)에 의해서 형성되며, 행동의도는 태도에 의해서 결정된다는 인과관계에 초점을 둔다.

개념 Plus

평가적 신념

평가적 신념이란 한 가지 브랜드 또는 제품과 다른 대안들을 비교 판단하는 것을 말한다.

기출개념확인

01 태도의 세 가지 요소에 해당하지 <u>않는</u> 것은?

① 문화적 요소
② 감정적 요소
③ 인지적 요소
④ 행동적 요소

02 태도의 기능 중 제품의 혜택과 소비자의 욕구를 달성하도록 유도하는 관점은 무엇인지 쓰시오.

정답 · 해설

01 ①
태도의 세 가지 요소에는 인지적 요소, 감정적 요소, 행동적 요소가 있다.

02 실용적 기능
실용적 기능은 태도가 소비자로 하여금 자신의 욕구를 달성하도록 유도한다는 것이며, 제품 혜택이 태도 형성의 근간이 된다고 보는 관점이다. 실용적 기능을 고려한 예로 보일러의 광고 전략 수립 시 가스비를 절약해 준다는 혜택을 강조하는 경우를 들 수 있다.

제3절 태도 형성 이론

01 태도의 접근방식

1. 태도의 하위 요소(삼각구조) 이론 ★★ 기출개념
태도를 인지, 감정, 행동의도라는 세 가지 구성요소로 되어있다고 보는 견해이다.

- 세 가지 하위 요소 견해

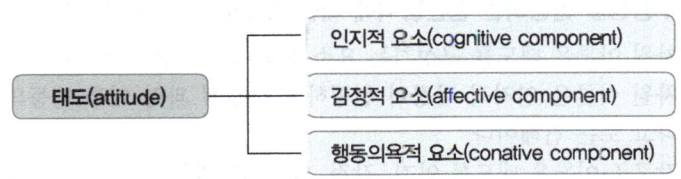

[그림 7-1] 소비자 태도에 대한 견해(삼각구조 이론)

2. 일차원 이론
① 세 요소를 상호 인과관계를 가지는 변수들로 보고 그 중에서 특히 '감정'을 태도라고 보는 견해이다.
② 즉, 머리로 생각한 후 가슴으로 느끼고, 그 후에 행동의도가 형성되는 것이라고 보는 견해이다.

- 단일차원 견해

[그림 7-2] 소비자 태도에 대한 견해(일차원 이론)

02 태도의 유형 ★★★ 기출개념

1. 학습 위계 모형(learning hierarchy)
① 신념 → 감정 → 행동
② 고관여 구매 의사결정 및 인지적인 정보처리에서 볼 수 있다.

2. 저관여 효과계층 모형(low - involvement hierarchy)
① 신념 → 행동 → 감정
② 주로 저관여 구매 의사결정 및 행동적 학습과정을 통해 형성된 태도이다.

3. 경험적 효과계층 모형
① 감정 → 행동 → 신념
② 주로 쾌락적 소비를 통해 형성된 태도이다.

기출개념확인

01 태도의 형성을 설명하는 접근방식에 대한 것으로 잘못된 것은?
① 일차원 이론은 태도를 구성하는 요소가 하나라고 간주하는 견해이다.
② 일차원 이론은 인지적 과정이 선행하고 감정적 과정 이후 행동의도가 형성된다고 보는 견해이다.
③ 삼각구조 이론은 태도를 인지, 감정, 행동의도라는 세 가지 구성요소로 되어 있다고 보는 견해이다.
④ 삼각구조 이론은 세 요소를 상호 인과관계를 가지는 변수들로 보고, 그 중에서 특히 감정을 태도라고 보는 견해이다.

02 관심도 및 중요도가 높지 않은 소비자의 제품 및 서비스와 관련되거나 행동적 학습에 의해 태도가 형성되는 태도의 유형을 무엇이라고 하는지 쓰시오.

정답·해설

01 ④
일차원 이론에서는 세 요소를 상호 인과관계를 가지는 변수들로 보고 그 중에서 '감정'이 단일차원의 태도라고 보는 견해이다. 즉, 머리로 생각한 후, 가슴으로 느끼고, 그 후 행동의도가 형성되는 것이라고 보는 견해이다. 삼차원 이론 혹은 삼각구조 이론에서는 태도가 인지, 감정, 행동의도라는 세 가지 구성요소로 되어있다고 보는 견해이다.

02 저관여 효과계층 모형
저관여 효과계층 모형은 신념, 행동, 감정의 단계로 태도가 형성되며, 주로 저관여 구매 의사결정 및 행동적 학습을 통해 형성된다는 견해이다.

제4절 태도 측정 모델

01 태도 측정 모델

1. 다속성 태도 모델(multi-attribute model)

(1) 다속성 태도 모델의 개념
① 인지적 학습에 근거한 이론으로 소비자의 태도는 어떤 제품이나 브랜드에 대하여 여러 가지 속성을 가지고 평가함으로써 형성된다고 보는 관점이다.
② 상표, 점포 등의 대상이 여러 속성들로 구성되어 있으며, 특정 대상에 대한 긍정적 또는 부정적 느낌은 그 대상의 여러 속성들에 대한 소비자의 평가에 의해 결정된다고 본다.
③ 소비자는 경험이나 외부 정보로부터 제품 및 브랜드에 대한 다양한 신념들을 형성한다.
④ 어느 한 속성의 낮은 평가가 다른 속성의 높은 평가로 보상될 수 있으므로 이를 보상적 태도 모델(compensatory attitude model)이라고도 한다.

(2) 태도 모형의 구성요소
① **부각된 속성(salient attributes)**: 제품을 평가할 때 떠오르는 몇 가지 중요한 속성, 즉 제품을 평가하는 기준들을 말한다.
   > 예 냉장고를 평가할 때 성능, 디자인, 에너지 효율성을 생각했다면, 이 세 가지 기준이 부각된 속성이라고 할 수 있다.
② **부각된 신념(salient belief)**
   ㉠ 소비자는 신념을 기억에 저장하여 제품 선택 시에 일부 신념만을 기억으로부터 활성화하여 사용한다.
   ㉡ 비교적 소수의 중요한 신념만이 소비자의 태도 형성에 사용된다고 가정한다.
   ㉢ 부각된 신념은 특정 시점과 특정 여건에서 활성화되는 신념이다.
   ㉣ 특정 제품과 브랜드에 대해 부각된 신념을 결합한 것이 태도라는 것을 인식하고 이를 결합하는 방법이다.

2. 피쉬바인(Fishbein) 모델 ★★ 기출개념

$$A_0 = \sum_{i=1}^{n} b_i e_i$$

A_0 = 대상에 대한 태도
b_i = 속성 i에 대한 소비자의 신념의 강도
e_i = 속성 i에 대한 소비자의 평가
n = 고려되는 부각 속성들의 수

① 다속성 태도 모형의 대표적인 모델이다.
② 각 속성에 대한 신념의 강도와 신념에 대한 평가를 곱한 후, 관련 속성 전체에 대한 곱한 값들을 합산하여 소비자 태도를 계산한다.
③ 특정 제품에 대한 태도는 부각된 속성에 대한 평가와 해당 속성을 얼마나 그 대상이 가지고 있는지에 대한 신념으로써 형성된다고 본다.
④ 속성의 평가는 고정된 것이 아니며, 시간과 장소 또는 상황에 따라 바뀔 수 있다.

3. 속성 만족도 – 중요도 모델

$$A_0 = \sum_{i=1}^{n} B_i I_i$$

A_0 = 특정 제품에 대한 태도
B_i = 그 제품이 특정 속성에 얼마나 만족스러운가에 대한 소비자 신념
I_i = 소비자가 속성 i에 대해 부여하는 중요도
n = 소비자에게 부각되는 속성의 수

① 대상에 대한 태도는 각각의 부각된 속성들에 대해 소비자가 갖는 만족도와 그 속성에 대해 중요시하는 정도에 의해 결정된다.
② 피쉬바인 모델에서의 신념의 강도가 '만족도'로 대체되고, 속성에 대한 평가가 '속성의 중요도'로 대체되는 것이다.

4. 소비자 태도 형성의 마케팅 시사점

(1) 부각 속성
소비자들이 중요하게 생각하지 않던 속성, 즉 부각 속성이 아니었던 것을 부각 속성으로 만들면 된다.
예 하이트 맥주는 '수질'을 맥주 평가의 부각 속성으로 만들어 줌으로써 소비자들에게 호의적인 태도를 형성함

(2) 부각 속성에 대한 평가나 중요도
과거에는 부각 속성이기는 해도 중요하게 생각하지 않았던 속성의 중요성을 높여 소비자의 태도를 변화시킬 수 있다.
예 에이스 침대의 '침대는 가구가 아닙니다. 과학입니다.'라는 광고의 경우

(3) 부각 신념이나 만족도

기존 소비자들로부터 만족도가 낮게 나왔던 속성에서 품질개선을 달성하는 것과 그것을 소비자에게 알림으로써 신념이나 만족도를 변화시키는 것이다.

예 청소기의 정숙성 테스트 결과에 대한 정보를 제공하는 경우

02 태도와 행동

1. 피쉬바인 확장 모형: 합리적 행동 이론(theory of reasoned action)

$$B \approx BI = W_1 A_B + W_2 SN$$

여기서 $A_B = \sum_{i=1}^{n} b_i e_i$ 이고,

$SN = \sum_{j=1}^{m} NB_j MC_j$ 이다.

B = 구매행동
BI = 구매의도
A_B = 제품 구매행동에 대한 태도
b_i = 구매행동이 결과 i를 가져다 줄 것이라는 소비자 신념
e_i = 결과 i에 대한 소비자 평가
SN = 주관적 규범(그 행동에 대한 타인의 의견에 대한 자신의 지각과 이를 얼마나 수용하는가에 관한 것)
NB_j = 규범적 신념(준거인 j가 그 행동에 관하여 지지할 것인지에 대한 개인적 신념)
MC_j = 준거인 j의 뜻에 순응하려는 동기
n = 부각 속성의 수
m = 중요한 준거인 혹은 준거집단의 수
W_1, W_2 = 상대적 중요도에 대한 가중치

(1) 합리적 행동 이론의 의의
① 다속성 태도 모형을 바탕으로 소비자의 사회적 역할 행동 측면까지 고려하는 확장 모형이다.
② 소비자는 어떤 행동의 수행 여부를 결정할 때, 그 행동의 수행결과가 자신에게 어떤 결과를 초래할 것인가를 합리적으로 생각하며, 그 결과가 긍정적일 것으로 예측할수록 해당 행동을 수행할 가능성이 높다.
③ 구매행동에 영향을 미치는 것은 대상(브랜드)에 대한 태도보다는 대상과 관련된 행동에 대한 태도이다.

(2) 주관적 규범(subjective norm)
어떤 행동을 할 때, 타인의 의견에 대한 지각과 이를 얼마나 수용하는지 정도이다.
① 규범적 신념(normative belief): 준거집단이 자신의 행동을 저지 혹은 반대할 것인지에 대한 개인의 생각이다.
② 순응 동기(motivation to comply): 해당 준거집단의 의견을 수용하려는 정도이다.

(3) 합리적 행동 이론의 마케팅 시사점

① 행동에 대한 태도가 구매행동에 미치는 주요 요소이며, 이는 그 제품의 사용으로부터 소비자가 얻는 편익과 관련된다.
   예 촉진과정에서 그 제품을 사용함으로써 얻게 될 편익을 강조한다.
② 주관적 규범의 영향력을 고려한다.
   예 광고 중에 가족이나 동료로부터 특정 제품의 구매에 대해 지지를 받는 장면을 보여준다.

(4) 합리적 행동 이론의 한계

① 합리적 행동 이론은 행동이 아니라 행동의도를 다루고 있는데, 실생활에서는 행동의도가 행동으로 연결된다는 것을 보장할 수 없는 다양한 상황과 장애가 존재하기 때문에 한계가 있다.
② 때로는 행동의 결과가 소비자의 통제가능 영역 밖에 있는 경우도 있다.
   예 • 은행에서 대출을 받고 싶은데 대출을 해주는 은행이 하나도 없는 경우
   • 충동구매나 다양성 추구 동기
   • 갑작스런 날씨 변화

2. 시도 이론(theory of trying)

① 합리적 행동 이론에서의 '행동' 대신에 '어떤 목적에 도달하기 위한 시도'로 대체 해야 한다고 주장한다.
② 행동의도와 실제 행동 사이에 추가적인 요인이 있다는 것을 암시한다.
③ 시도 이론은 새로운 몇 가지 요소들(과거의 시도 빈도, 최근성 등)을 추가함으로써 행동의도가 실제 행동으로 이어지는 것을 방해하거나 촉진하는 요인들이 포함된 복잡한 상황을 설명하고자 한다.

03 태도와 마케팅 전략

1. 태도와 소비자행동

① 태도가 행동으로 연결되지 않는 대표적인 경우는 사회적 규범의 영향이다.
② 대체로 관여도가 높은 경우에 태도와 행동의 관련성이 많아지고, 관여도가 낮은 경우에는 태도와 행동의 관련성이 적어질 수 있다.

2. 광고 태도

① 소비자의 관여도가 낮을 때에는 광고 태도가 브랜드에 대한 소비자들의 태도에 큰 영향을 미치므로 광고 태도를 근거로 브랜드 태도를 상당히 정확하게 예측할 수 있다.
② 소비자의 관여도가 높을 경우에는 광고 태도의 영향력이 적으며, 브랜드 속성에 대한 소비자들의 신념이 브랜드 태도의 형성에 직접적으로 영향을 미친다.

기출개념확인

01 다속성 태도 모델의 개념에 대한 설명으로 바르지 않은 것은?

① 인지적 학습에 근거한 이론으로 소비자의 태도는 어떤 제품이나 브랜드에 대해 여러 가지 속성을 가지고 평가를 함으로써 형성된다고 보는 관점이다.
② 대상(상표, 점포 등)이 여러 속성들로 구성되어 있으며, 특정 대상에 대한 긍정적 또는 부정적 느낌은 그 대상의 여러 속성들에 대한 소비자의 평가에 의해 결정된다고 본다.
③ 제품이나 서비스를 구성하는 여러 속성 중 태도를 결정하는 속성은 핵심 속성 및 핵심기준에 의해 결정된다는 관점이다.
④ 소비자는 경험이나 외부 정보로부터 제품과 브랜드에 대한 다양한 신념들을 형성한다.

02 태도 형성 이론 중 합리적 행동 이론에서의 행동의도가 실제 행동으로 연결된다고 보장할 수 없다는 한계를 보완하기 위해 나타난 다양한 요인들을 포괄하는 이론은 무엇인지 쓰시오.

정답·해설

01 ③

다속성 태도 모델은 어느 한 속성의 낮은 평가가 다른 속성의 높은 평가로 보상될 수 있으므로 특정 속성만으로 태도가 결정되는 것이 아니라 다양한 속성들을 통해 종합적으로 태도가 결정되는 형태이다.

> **참고** 다속성 태도 모델
> 다속성 태도 모델은 인지적 학습에 근거한 이론으로 소비자의 태도는 어떤 제품이나 브랜드에 대해 여러 가지 속성을 가지고 평가를 함으로써 형성된다고 보는 관점이다. 대상(상표, 점포 등)이 여러 속성들로 구성되어 있으며, 특정 대상에 대한 긍정적이거나 부정적 느낌은 그 대상의 여러 속성들에 대한 소비자의 평가에 의해 결정된다고 본다. 소비자는 경험이나 외부 정보로부터 제품과 브랜드에 대한 다양한 신념들을 형성한다.

02 시도 이론

시도 이론(theory of trying)은 합리적 행동 이론에서의 '행동'이 '어떤 목적에 도달하기 위한 시도'로 대체되어야 한다고 주장한다. 이는 행동의도와 실제 행동 사이에 추가적인 요인이 있다는 것을 암시한다. 시도 이론은 새로운 몇 가지 요소들(과거 시도 빈도, 최근성 등)을 추가하여 행동의도가 실제 행동으로 이어지는 것을 방해하거나 촉진하는 요인들이 포함된 복잡한 상황을 설명하고자 한다.

제5절 태도 변화 이론

01 태도 변화 관련 이론

1. 심리적 균형을 통한 태도 변화

(1) 하이더(Heider)의 인지적 균형 이론(balance theory) ★★ 기출개념

① 균형 이론의 개요
  ㉠ 균형 이론에 의하면 사람들은 자신들이 가지고 있는 신념과 태도 간에 일관성(조화)을 유지함으로써 심리적으로 편안한 느낌을 갖고 싶어 한다고 본다.
  ㉡ 개인의 태도 변화과정을 설명하기 위해 개인(P), 태도 대상(O), 관련 대상(X)으로 구성되는 삼각관계를 이용하며, 세 구성요소 간 삼각관계는 균형 혹은 불균형으로 나뉜다.
  ㉢ 불균형적 삼각관계 형성 시 균형을 회복하기 위해 기존의 태도를 변화시킨다고 본다.
  ㉣ 균형 및 불균형의 삼각관계

구분		개인(P)	태도 대상(O)	관련 대상(X)
균형적 삼각관계	#1	+	+	+
	#2	+	−	−
	#3	−	−	+
	#4	−	+	−
불균형적 삼각관계	#5	−	+	+
	#6	−	−	−
	#7	+	−	+
	#8	+	+	−

② 균형 이론의 시사점
  ㉠ 광고모델을 이용한 태도 변화: 표적 소비자가 좋아하는 연예인이나 운동 선수를 제품 광고에 출연시켜 그 제품에 대한 태도를 호의적으로 변화시킨다.
  ㉡ 설득적 메시지에 의한 태도 변화: 자사 브랜드가 갖고 있는 속성에 대해 자사 브랜드가 그 속성을 가지고 있다고 설득하고, 자사 브랜드가 갖지 않은 속성에 대해서는 그 속성이 바람직하지 않다고 설득한다.

(2) 오스굿과 탄넨바움(Osgood and Tannenbaum)의 일치성 이론
  ① 일치성 이론의 개요
    ㉠ 삼각관계의 구성요소 간의 관계가 균형 상태로 회복되는 과정에서 보다 강한 태도를 가진 두 요소 간의 관계가 더 큰 영향력을 가진다.
    ㉡ 인지 균형의 회복은 요소 간의 연관관계가 약한 쪽의 관계를 바꿈으로써 이루어진다.
  ② 일치성 이론의 시사점
    ㉠ 광고모델로 사용된 인기인의 인기 정도가 클수록 태도가 호의적 방향으로 많이 변화한다.
    ㉡ 자사 브랜드에 대해 비호의적인 소비자에게 그가 원하는 어떤 속성을 자사 브랜드가 가지고 있음을 설득할 때, 설득력이 강할수록 태도도 많이 변화한다.

(3) 페스팅거(Festinger)의 인지 부조화 이론(cognitive dissonance theory) ★★★ 기출개념
  ① 인지 부조화의 개요
    ㉠ 두 인지 간의 관계는 조화적 관계, 부조화적 관계, 무관한 관계로 나누어진다.
    ㉡ 두 인지 간에 충돌로 인한 갈등의 발생 즉 인지 부조화를 경험하면 인지적 조화 상태로 가려는 경향이 있다.
  ② 인지 부조화를 경험하기 쉬운 상황
    ㉠ 중요한 의사결정을 한 후에 경험하기 쉽다.
    ㉡ 태도 불일치 행동: 자신의 기존 신념이나 기존 태도와 다른 행동을 한 경우에 경험하기 쉽다.
    ㉢ 자신이 내린 의사결정에 배치되는 정보에 노출된 경우, 인지 부조화를 경험하기 쉽다.

2. 인지적·정서적 반응을 통한 태도 변화 기출개념

구분		태도 변화
인지적 반응	지지 주장 (support argument)	광고 메시지에 대한 동의 의견으로 태도가 호의적으로 변화할 수 있음
	반박 주장 (counter argument)	광고 메시지에 대한 반대 의견으로 태도가 부정적으로 변화할 수 있음
정서적 반응	실행 지지 (execution bolstering)	광고에 대해 긍정적인 느낌 또는 감정이 발생하는 것
	실행 격하 (execution derogations)	광고에 대해 부정적인 느낌 또는 감정이 발생하는 것

3. 귀인행동을 통한 태도 변화

(1) 벰(Bem)의 자기지각 이론(self-perception theory) ★ 기출개념

① 자기지각 이론의 개요: 개인은 자신의 행동으로부터 태도를 결정지으며, 행동이 변하면 태도가 변한 것으로 추론한다.

② 자기지각 이론을 활용한 FITD(Foot-In-The-Door) 기법이 있다.
  ㉠ 처음에 작은 호의를 요구하여 수용을 얻어낸 다음, 큰 호의를 요구하여 수용을 얻어내는 기법이다.
  ㉡ FITD 기법에 의한 태도 변화가 발생되기 위한 필요 요건
    - 첫 번째 요구와 두 번째 요구 간의 적절한 시간차
    - 첫 번째 요구가 크고 이를 수용한 경우
    - 동의만 한 경우보다 실제로 요구를 실천한 경우
    - 처음의 요구를 수용한 경우

③ 과다정당화(over-justification) 효과
  ㉠ 행동을 정당화할 수 있는 많은 외적 요인이 존재하면 존재하지 않는 경우에 비해 태도 변화가 저해되는 현상이다.
  ㉡ 과다정당화 효과가 발생되면 자기지각 이론이 적용되기 어렵다.
    예) 5시간에 걸친 일에 5,000원 지급

④ 자기지각 이론의 시사점
  ㉠ 세일 제품을 구매하게 되면 소비자는 자신의 구매행동으로부터 자신의 호의적 태도를 유추한다.
  ㉡ 세일 폭이 너무 큰 제품을 구매한 소비자는 그 제품이 좋아서라기보다는 세일 때문에 구매가 이루어진 것으로 생각하며(과다정당화 효과의 발생), 태도가 호의적으로 변하지 않는다.

4. 사회적 판단을 통한 태도 변화

(1) 쉐리프(Sherif)의 사회판단 이론 ★★ 기출개념

① 사회판단 이론의 개요
  ㉠ 개인이 설득적 메시지에 노출되었을 때, 그 메시지가 수용 영역에 속하면 설득(태도 변화)이 이루어지고 거부 영역에 속하면 설득(태도 변화)이 이루어지지 않는다.
  ㉡ 메시지에 대한 관여도가 높을수록, 설득적 메시지에 대한 수용 영역이 좁고 거부 영역이 넓어 기존 태도가 잘 변화되지 않는다.
  ㉢ 메시지에 대한 관여도가 낮을수록, 설득적 메시지에 대한 수용 영역이 넓고 거부 영역이 좁아 기존 태도가 쉽게 변화된다.

개념 Plus

FITD(Foot-In-The-Door) 기법

FITD기법은 방문판매사원이 가정집을 방문하여 벨을 누른 후, 잠시 5분 정도 양해를 구하는 것에서 착안한 것이다. 일단 대문에 발을 집어넣은 후 고객의 허락을 얻게 되면 문도 열어주었는데 제품을 하나라도 구매하게 되지 않겠느냐는 논리이다.

② 동화 및 대조 효과

구분	내용
동화 효과	수용 영역에 해당되는 메시지에 대해 실제보다 더 긍정적으로 해석하는 경향
대조 효과	거부 영역에 해당되는 메시지에 대해 실제보다 더 부정적으로 해석하는 경향

③ 사회판단 이론의 시사점

구분	고관여 소비자	저관여 소비자
수용 영역	좁음	넓음
수용 가능한 상표대안 수	적음	많음
상표평가 시 고려하는 속성의 수	많음	적음
상표전환 가능성	낮음	높음

5. 반복노출을 통한 태도 변화 ★★★ 기출개념

(1) 크루그먼(Krugman)의 저관여 학습을 통한 태도 변화
① 광고에 반복적으로 노출된 저관여 소비자는 제품속성에 대한 구체적 신념을 형성하지 않은 상태에서 광고된 상표를 구매하고 그 사용경험을 통해 그 상표를 평가한다.
② 저관여 하이어라키의 구조: 인지 → 행동 → 태도

(2) 자이용(Jajonc)의 단순노출 효과
① 어떤 대상에 반복적으로 노출되면 저절로 그 대상에 대해 보다 호의적인 태도를 형성한다.
② 어떤 대상이 개인에게 특별한 의미가 없을 때 단순노출에 따른 태도 효과가 크게 나타난다.
③ 저관여 소비자에게 자사 브랜드를 반복적으로 제시하여 친밀감을 갖게 한다.

(3) 해셔(Hasher)의 진실성 효과
① 진실성 효과의 개요
  ㉠ 개인이 동일한 진술에 반복적으로 노출되어 점차 익숙해지면 정보의 원천을 잊어버리고 해당 진술을 진실로 받아들이게 된다.
  ㉡ 관여도가 낮은 경우에 강하게 나타난다.
② 광고의 진실성 효과가 나타나기 위한 조건
  ㉠ 광고의 주장이 소비자에게 그럴듯하게 느껴져야 한다.
  ㉡ 소비자들이 검증하기 어려워야 한다.
  ㉢ 주장의 내용이 소비자에게 사소한 내용이 아닌 것으로 생각되어야 한다.
③ 진실성 효과의 시사점: 자사 브랜드의 핵심 특징 한두 가지를 반복적으로 제시하여 점차 이를 수용하도록 만든다.

02 정교화 가능성 모델을 통한 태도 변화 ★★★ 기출개념

1. 페티와 캐시오포(Petty and Cacioppo)의 정교화 가능성 모델

(1) 정교화 가능성 모델(ELM; Elaboration Likelihood Model)의 구조
① 정교화 가능성은 소비자의 정보처리동기와 정보처리능력을 말한다.
② 정교화 가능성 모델은 정교화 가능성이 높을 때는 중심경로(central route)로, 정교화 가능성이 낮은 경우에는 주변경로(peripheral route)를 통해 태도가 형성 또는 변화된다고 설명한다.

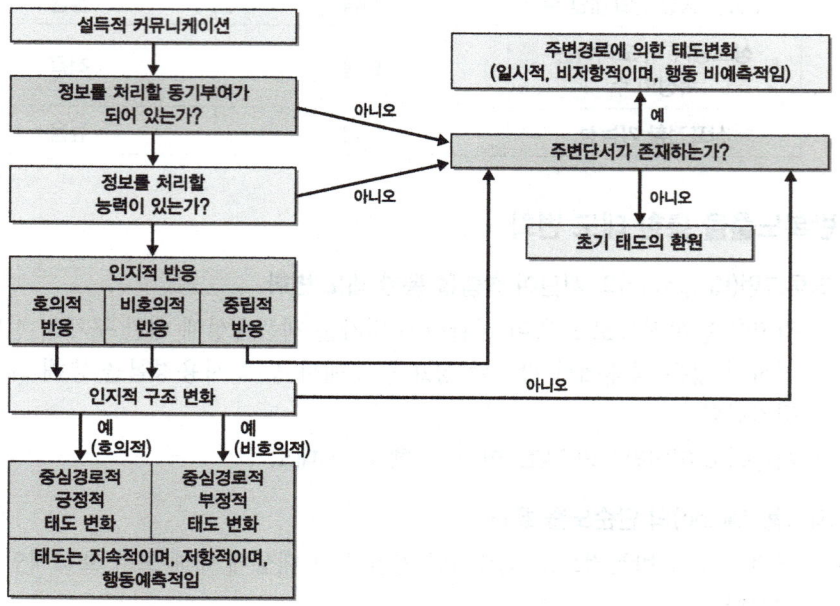

[그림 7-3] 정교화 가능성 모델의 구조

(2) 정교화 가능성 모델의 의의
① 중심경로를 통해 형성된 태도는 장기간 지속되며 구매행동에 영향을 미칠 가능성이 높다.
② 주변경로를 통해 형성된 태도는 일시적으로 유지되고 쉽게 변화되며 구매행동으로 이어질 가능성이 낮다.
③ 고관여 소비자는 주로 중심경로에 의해 태도를 형성하며, 저관여 소비자는 주변경로에 의해 태도를 형성한다.

2. 정교화 가능성의 영향 요인
① 정교화 가능성은 소비자의 제품정보처리 동기와 능력에 의해 결정된다.
② 제품정보를 처리하려는 동기와 능력이 클수록 정교화 가능성은 커진다.
③ 제품정보처리 동기와 능력이 모두 있을 때 중심경로에 의해 태도를 형성하며, 둘 중 하나라도 부족하면 주변경로에 의해 태도를 형성한다.

3. 경로를 통한 태도 변화

(1) 중심경로를 통한 태도 변화
정교화 가능성이 높을 때(정보처리를 하려는 동기와 능력 정도가 높을 때) 태도는 제품정보 등의 중심단서(central cue)를 통해 형성된다.

(2) 주변경로를 통한 태도 변화
정교화 가능성이 낮을 때 태도는 광고모델, 음악 등의 주변단서(peripheral cue)에 주로 영향을 받아 형성된다.

개념 Plus

주변단서
브랜드, 제조국, 모델, 정보 제시 방법, 광고 시행 방식 등이 주변단서가 될 수 있다. 정보를 깊이 있게 검토하지 않고 제품 자체와는 본질적으로는 상관없는 요인에 의하여 태도가 변화하게 된다.

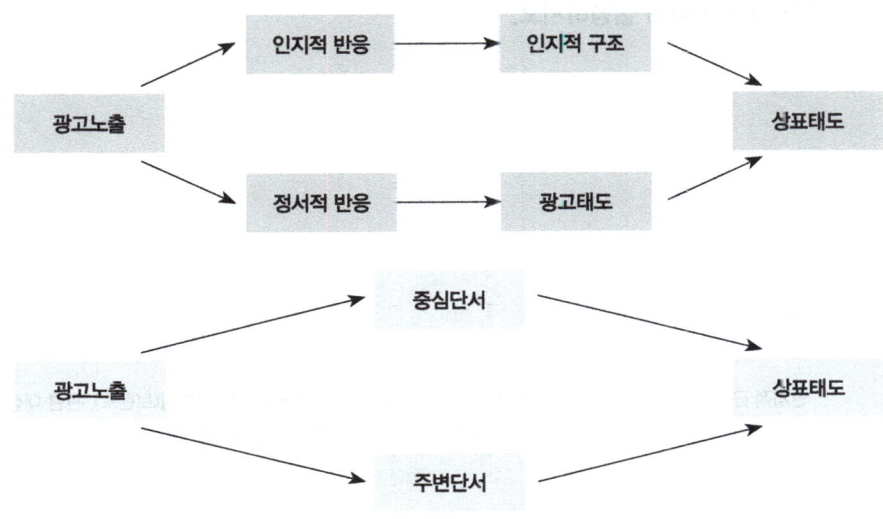

[그림 7-4] 정교화 가능성 모델을 통한 태도 변화

4. 정교화 가능성 모델의 마케팅 시사점
① 고관여 소비자에 대해서는 경쟁 브랜드에 비해 차별적 특성 또는 혜택 등을 설득력 있게 제시한다.
② 저관여 소비자에게는 구체적 제품 정보의 전달보다는 광고실행적 요소에 중점을 둔다.
③ 고관여 소비자에게는 인쇄매체를 통해 구체적인 정보를 제공한다.
④ 저관여 소비자에게는 방송매체를 통해 핵심 정보만을 짧은 시간에 반복적으로 제시한다.

기출개념확인

01 하이더(Heider)가 제시한 태도와 관련된 요인이 아닌 것은?
① 개인
② 태도 대상
③ 자기 지각
④ 관련 대상

02 주변단서에 대해 설명하시오.

정답·해설

01 ③
인지적 균형 이론에서는 태도와 관련된 세 가지 요인으로 개인(소비자), 태도 대상(브랜드), 관련 대상(모델)을 제시하고 해당 세 요소들 간의 삼각관계로서 태도 변화 과정을 설명한다.

02 주변경로를 통한 태도 형성 과정은 정교화 가능성이 낮을 때이며, 해당 태도는 광고모델, 음악 등의 주변단서에 주로 영향을 받아 형성된다. 브랜드, 제조국, 모델, 정보 제시 방법, 광고 시행 방식 등이 주변단서가 될 수 있다. 정보를 깊이 있게 검토하지 않고 제품 자체와는 본질적으로는 상관없는 요인에 의하여 태도가 변화하게 된다.

제7장 | 주관식 집중 공략

01 어떤 대상에 대하여 일관성 있게 호의적 또는 비호의적으로 반응하게 하는 학습된 선유경향을 무엇이라고 하는가?

|답안| 태도
|해설| 태도는 어떤 대상에 대하여 일관성 있게 호의적 또는 비호의적으로 반응하게 하는 학습된 선유경향이다.

02 FITD가 무엇인지 설명하시오.

|답안| FITD(Foot-In-The-Door) 기법은 자기지각 이론을 활용한 것으로 처음에 작은 호의를 요구하여 수용을 얻어낸 다음, 큰 호의를 요구하여 수용을 얻어내는 기법이다. 이러한 FITD 기법에 의한 태도 변화가 발생되기 위한 필요 요건에는 첫 번째 요구와 두 번째 요구 간 적절한 시간차, 첫 번째 요구가 크고 이를 수용한 경우, 동의만 한 경우보다 실제로 요구를 실천한 경우, 처음의 요구를 수용한 경우가 있다.
|Tip| FITD의 태도 변화 단계와 변화의 기저에 대한 이론이 포함되어야 한다.

03 다음 제시된 실험결과를 설명하는 이론은 무엇인지 쓰시오.

> 미군을 대상으로 한 실험에서 애국심을 유발하는 정치적인 선전영화를 여러 번 보여준 직후에 영화 속 주장의 신뢰도 및 진실성에 대해 질문하였을 때, 주장을 신뢰할 수 없고 진실되지 않은 것으로 평가하였다. 그러나 2개월 후 다시 측정한 결과 주장에 대해 매우 신뢰하고 진실된 것으로 받아들였으며, 심지어 해당 주장이 어떤 상황에서 습득한 것인지 잊어버린 경우가 많았다.

| 답안 | 진실성 효과
| 해설 | 진실성 효과란 개인이 동일한 진술에 반복적으로 노출되어 점차 익숙해지면 그 진술을 진실로 받아들이는 것이다.

04 소비자가 자아 이미지를 훼손하지 않고자 하는 태도의 기능을 무엇이라고 하는지 쓰시오.

| 답안 | 자아방어적 기능
| 해설 | 태도는 소비자의 자아 이미지를 훼손하지 않고자 하는 자기방어적 기능을 가지고 있다. 데오드란트 광고 등이 자아 이미지를 방어하기 위한 대표적인 제품들이다.

05 합리적 행동 이론에서 소비자의 사회적 역할 행동 측면을 고려하기 위해, 어떤 행동에 대해 타인의 의견에 대한 지각과 이를 얼마나 수용하는지 정도를 의미하는 내용을 규범적 신념과 순응 동기의 차원으로 측정하는 개념을 무엇이라고 하는지 쓰시오.

| 답안 | 주관적 규범
| 해설 | 피쉬바인 모형의 확장 모형에 해당하는 합리적 행동 이론(theory of reasoned action)은 다속성 태도 모형을 바탕으로 소비자의 사회적 역할 행동 측면까지 고려하는 확장 모형이다. 이러한 사회적 역할 행동은 어떤 행동에 대해 타인의 의견에 대한 지각과 이를 얼마나 수용하는지 정도를 의미하는 주관적 규범(subjective norm)의 개념으로 모형에 반영되고 있다. 이러한 주관적 규범은 준거집단이 자신의 행동을 저지 혹은 반대할 것인지에 대한 개인의 생각을 의미하는 규범적 신념(normative belief)과 해당 준거집단의 의견을 수용하려는 정도인 순응 동기(motivation to comply) 차원으로 측정하게 된다.

제7장 | 실전연습문제

* 기출유형 은 해당 문제가 실제 시험에 출제된 유형을 나타냅니다.

객관식

기출유형

01 다음 중 태도의 특징으로 옳지 <u>않은</u> 것은?

① 태도는 지속적이다.
② 태도는 직접 관찰될 수 있다.
③ 태도는 후천적이다.
④ 태도는 어떤 대상에 대해 형성된다.

기출유형

02 태도에 대한 일차원 이론에서는 어떤 요소만으로 보고 있는가?

① 지식   ② 감정
③ 행동의도   ④ 인지

03 'SM6는 연비효율이 높지 않지만, 안정성과 정숙성이 좋다고 생각한다'는 표현의 사례로 설명되는 개념은?

① 행동의도   ② 학습
③ 태도   ④ 인지

기출유형

04 어떤 치약이 구취를 제거해 줄 것이라는 신념 때문에 그 제품에 호의적인 태도를 가지고 있는 경우, 해당 태도의 기능을 설명하는 것은?

① 실용적 기능   ② 가치표현적 기능
③ 자아방어적 기능   ④ 지식 기능

기출유형

05 저관여 효과계층 모형 관점에서 태도의 형성과정을 바르게 설명한 것은?

① 신념 → 감정 → 행동
② 행동 → 신념 → 감정
③ 신념 → 행동 → 감정
④ 감정 → 행동 → 신념

기출유형

06 다음 중 다속성 태도 모델의 마케팅 시사점으로 볼 수 없는 것은?

① 광고에 대해 호의적인 감정을 유발하는 배경음악을 사용한다.
② 소비자들이 몰랐던 속성이 부각되도록 한다.
③ 품질개선을 통해 속성에 대한 소비자들의 신념을 변화시킨다.
④ 과거에 중요하지 않던 속성의 중요도를 높인다.

07 다음 중 태도 형성 이론에 대한 설명이 바르지 않은 것은?
① 다속성 태도 모델은 여러 가지 속성을 가지고 제품이나 브랜드를 평가한다.
② 속성 만족도 – 중요도 모델은 속성에 대한 평가와 신념의 강조의 곱으로 태도를 측정한다.
③ 피쉬바인 모델은 부각된 속성에 대한 평가와 신념으로 태도가 형성된다.
④ 확장된 피쉬바인 모델은 사회적 역할 행동의 측면을 고려해 피쉬바인 모델을 확장했다.

08 심리적 균형 회복을 통한 태도 변화를 설명하는 이론이 아닌 것은?
① 일치성 이론
② 자기지각 이론
③ 인지 부조화 이론
④ 인지적 균형 이론

09 다음 중 빈칸에 들어갈 단어로 적절한 것은?

( )에 따르면 소비자가 어떤 정보에 노출되었을 때 기존의 신념을 기준으로 허용가능한 수준이면 ( )가 발생하여 기존의 신념과 동일한 것으로 여긴다고 한다.

① 자기지각 이론 – 동화 효과
② 진실성 이론 – 대조 효과
③ 사회판단 이론 – 동화 효과
④ 단순노출 이론 – 대조 효과

10 다음 중 고관여 소비자들을 위한 마케팅 전략으로 옳지 않은 것은?
① 중심경로를 따라 태도를 형성할 가능성이 높다.
② 인쇄매체를 적극 활용하는 것이 중요하다.
③ 광고메시지는 경쟁 제품에 대한 차별적 특성을 설득력 있게 제시하는 것이 효과적이다.
④ 매력적인 포장, 품격 있는 포장 등으로 제품 선택에 영향을 미칠 가능성이 높다.

11 다음 내용 중 태도의 유용성에 대한 설명으로 옳지 않은 것은?
① 특정 제품과 브랜드에 대해 좋은 태도를 가지고 있으면 그 제품과 브랜드를 선택할 가능성이 높아진다.
② 자사 제품과 브랜드에 호의적인 집단과 호의적이지 않은 집단으로 나눌 수 있어 태도 차이에 따른 세분화 전략을 펼칠 수 있다.
③ 기업의 마케팅 믹스 활동(신제품, 가격, 광고, 유통 등)에 대한 소비자 태도를 조사하여 그 결과에 따라 전략을 다르게 펼칠 수 있다.
④ 관여도가 낮은 상황에서도 소비자의 태도는 소비자 행동을 예측하는 근거가 된다.

12 피쉬바인(Fishbein) 모형에 대한 설명으로 틀린 것은?
① 태도 모형을 구성하는 요소 중 부각된 속성은 해당 상품을 구성하는 모든 물리적 속성을 대상으로 한다.
② 각 속성에 대한 신념의 강도와 신념에 대한 평가를 곱한 후, 관련 속성들 전체에 대한 곱한 값들을 합산하여 소비자 태도를 계산한다.
③ 특정 제품에 대한 태도는 부각된 속성에 대한 평가와 그 속성을 얼마나 그 대상이 가지고 있는지에 대한 신념으로써 형성된다고 본다.
④ 속성의 평가는 고정된 것이 아니고 시간과 장소 및 상황에 따라 바뀔 수 있다.

주관식

13 다음 글에서 설명하는 태도의 기능을 무엇이라고 하는지 쓰시오.

> 대상에 대한 다양한 정보를 개별적으로 보관하지 않고 요약·정리해 태도를 형성하여 의사결정을 편하게 한다.

15 다음 사례에 제시된 내용과 가장 관련이 깊은 이론은?

> KB국민은행에 대한 비호의적인 태도가 평소 좋아하던 김연아 선수에 대한 호의적 태도 및 강도보다 약했기 때문에 김연아가 광고모델로 활약하는 KB국민은행에 대한 태도를 호의적으로 바꾸게 되었다.

[기출유형]

14 태도 형성 이론 중 소비자의 태도는 어떤 제품이나 브랜드에 대해 여러 가지 속성을 가지고 평가함으로써 형성된다고 보는 관점은 어느 것인지 쓰시오.

16 시도 이론과 피쉬바인의 합리적 행동 이론의 차이점에 대해 설명하시오.

17 다음 빈칸에 들어갈 내용을 순서대로 쓰시오.

> 정교화 가능성 모델은 정교화 가능성이 높을 때는 (　　　)(으)로, 정교화 가능성이 낮은 경우에는 (　　　)을/를 통해 태도가 형성되거나 변화된다고 설명한다.

18 감정 → 행동 → 신념의 순서로 형성되는 태도의 유형이자 주로 쾌락적 소비를 통해 형성된 태도는 어떤 모형으로 설명할 수 있는지 쓰시오.

19 광고에 대해 부정적인 느낌이나 감정이 발생하여 정서적 반응을 통한 태도 변화를 유도하는 반응을 무엇이라고 하는지 쓰시오.

20 다음 A, B 안에 들어갈 알맞은 내용을 각각 쓰시오.

> 정교화 가능성은 소비자의 제품정보처리 (　A　)와/과 (　B　)에 의해 결정된다. 제품정보를 처리하려는 (　A　)와/과 (　B　)이/가 클수록 정교화 가능성은 커진다. 제품정보처리 (　A　)와/과 (　B　)이/가 모두 있을 때 중심경로에 의해 태도를 형성하며, 둘 중 하나라도 부족하면 주변경로에 의해 태도를 형성한다.

제7장 | 실전연습문제 정답·해설

객관식

01	02	03	04	05
②	②	④	③	③
06	07	08	09	10
①	②	②	③	④
11	12			
④	①			

01 ②
태도는 심리적 상태이기 때문에 직접 관찰할 수 없으며, 질문 등을 통해 간접적으로 측정하여 추론할 수 있다. 제품과 브랜드에 대해 가지는 태도는 비교적 일관성과 지속성을 가진다. 하지만 소비경험, 마케팅 활동을 통해 후천적으로 학습되고 변화될 수 있다.

02 ②
태도를 일차원으로 보는 일차원 이론에서는 감정이 곧 태도라고 보고 있다. 태도를 그 대상을 '좋아한다' 또는 '싫어한다'는 감정적 요소만으로 파악하는 것을 의미한다. 이러한 감정으로써의 태도는 인지에 의해서 형성되며, 행동의도는 태도에 의해서 결정된다는 인과관계에 초점을 두고 있다.

03 ④
'SM6는 가성비가 좋다', '경제적이다', 또는 'SM6는 연비효율이 낮지만 정숙성과 승차감이 좋다' 등은 대상에 대한 생각이므로 인지적 요소에 해당한다.

오답분석
① '나는 SM6를 구매할 것이다'는 행동의도에 해당한다.

참고 감정적 요소
'나는 SM6를 좋아한다' 혹은 '나는 SM6가 매우 마음에 들지 않는다'는 긍정적, 부정적 느낌으로 감정적 요소에 해당한다.

04 ③
태도는 소비자의 자아 이미지를 훼손하지 않고자 하는 자아방어적 기능을 가지고 있다. 이것은 자아 이미지에 대한 소극적인 반응이라고 볼 수 있다.

오답분석
① 실용적 기능은 소비자로 하여금 태도를 통해 본인의 욕구를 달성하도록 유도하는 것이다.
② 가치표현적 기능은 소비자가 자신의 가치관이나 상징성을 표현하는 브랜드에 대해 호의적인 태도를 가지게 되는 것이다.
④ 지식 기능은 소비자가 브랜드에 대한 지식을 태도의 형태로 보관하고 있다는 견해이다.

05 ③
저관여 효과계층 모형은 신념 → 행동 → 감정으로 태도가 형성된다.

오답분석
① 학습 위계 모형에 대한 것이다.
② 자기지각 이론에 대한 것이다.
④ 경험적 효과계층 모형에 대한 것이다.

06 ①
광고에 대해 호의적인 감정을 유발하는 배경음악의 사용은 다속성 태도 모델의 마케팅 시사점으로 보기 어렵다.

참고 다속성 태도 모델의 마케팅 시사점
첫째, 소비자들이 중요하게 생각하지 않던 속성, 즉 부각 속성이 아니었던 것을 부각 속성으로 만들면 된다.
둘째, 과거에는 부각된 속성이기는 해도 중요하게 생각하지 않았던 속성의 중요성을 높여 소비자의 태도를 변화시킬 수 있다.
셋째, 기존 소비자들로부터 만족도가 낮게 나왔던 속성에서 품질개선을 달성하고, 그것을 소비자에게 알림으로써 신념이나 만족도를 변화시키는 것이다.

07 ②

속성 만족도 – 중요도 모델은 만족도와 속성의 중요도로 태도를 측정하는 모델이다.

08 ②

소비자는 자신들이 가지고 있는 신념과 태도 간에 조화를 유지함으로써 심리적으로 편안한 상태를 유지하고 싶어 한다. 심리적으로 편안한 상태가 깨지는 경우 균형 상태를 회복하기 위해 태도를 변경시킨다는 것이다. 이러한 관점에서 태도 변화를 설명하는 이론으로는 인지적 균형 이론, 일치성 이론, 인지 부조화 이론이 있다.

09 ③

사회판단 이론에 따르면 어떤 대상에 대하여 관여도가 낮을 때는 수용 영역이 넓어지고 거부 영역이 좁아져 기존의 태도와 반대되는 정보도 쉽게 수용하게 되므로 대조 효과보다 동화 효과가 더 많이 일어난다.

10 ④

매력적인 매장, 품격 있는 포장 등은 저관여 소비자들에게 제품 선택이 영향을 미칠 가능성이 높다.

11 ④

관여도가 낮은 상황에서의 소비자는 신념 → 행동 → 감정의 저관여 위계구조를 따라 태도의 형성을 설명할 수 있으므로 소비자행동을 예측하는 근거가 되기 어렵다.

12 ①

피쉬바인(Fishbein) 모형에 대한 설명에서 태도 모형을 구성하는 요소 중 부각된 속성은 해당 상품을 구성하는 모든 물리적 속성을 대상으로 하는 것이 아니라 소비자가 제품을 평가할 때 떠오르는 일부 중요한 속성들을 중심으로 제품을 평가하는 기준이다.

주관식

13

|답안| 지식 기능

|해설| 지식 기능은 제품 관련 정보를 통합하는 기능이다. 이는 다양한 정보를 요약, 정리하고 자극을 이해하는 준거기준으로 작용한다. 어떤 브랜드에 대하여 호의적인 태도를 가지고 있을 때 부정적인 자극을 받아들이지 않거나 평가절하하는 지각의 선택성도 태도의 지식기능에 의해 설명할 수 있다.

14

|답안| 다속성 태도 모델

|해설| 다속성 태도 모델은 인지적 학습에 근거한 이론으로 어떤 대상에 대한 전반적인 태도에 영향을 미치는 속성들과 그 속성들에 대한 평가가 어떠한지를 분석할 수 있기 때문에 유용한 마케팅 정보로 활용될 수 있다.

15

|답안| 일치성 이론

|해설| 일치성 이론은 두 대상 간의 연관관계의 강도를 설명변수로 활용하는 것으로, 두 요소 간의 연관관계가 약한 쪽의 관계를 바꿈으로써 인지 균형을 회복한다는 것이다.

16

|답안| 소비자들은 어떤 행동 그 자체보다는 그 행동의 결과를 중요시하는데, 합리적 행동 이론은 행동 그 자체를 다루는 모형이라는 한계가 있다. 이에 시도 이론이 등장하였으며, 시도 이론은 이성적 행동 이론에서의 '행동' 대신 '어떤 목적에 도달하기 위한 시도'로 대체되어야 한다고 주장한다.

답안 작성 Tip
합리적 행동 이론의 한계점과 이를 보완하기 위해 나타난 시도 이론이 어떤 개념을 활용했는지를 기술해야 한다.

17

|답안| 중심경로, 주변경로

|해설| 정교화 가능성 모델에서 정교화 가능성은 소비자의 정보처리동기와 정보처리능력을 말한다. 정교화 가능성 모델은 정교화 가능성이 높을 때는 중심경로(central route)로, 정교화 가능성이 낮을 때는 주변경로(peripheral route)를 통해 태도가 형성되거나 변화된다고 설명한다.

18

|답안| 경험적 효과계층 모형

|해설| 경험적 효과계층 모형은 감정 → 행동 → 신념의 과정을 통해 태도가 형성된다고 보며, 주로 쾌락적 소비를 통해 형성된다고 설명한다.

19

|답안| 실행 격하(execution derogations)

|해설| 광고를 통한 인지적 반응에는 지지 주장(support argument)과 반박 주장(counter argument)이 있다. 정서적 반응에는 실행 지지(execution bolstering)와 실행 격하(execution derogations)가 있다. 이 중 실행 격하는 광고 그 자체에 대한 부정적인 느낌이나 감정이 발생하여 정서적 반응을 통한 태도 변화를 유도하는 반응을 의미한다.

20

|답안| 동기, 능력

|해설| 정교화 가능성은 소비자의 제품정보처리 동기와 능력에 의해 결정된다. 제품정보를 처리하려는 동기와 능력이 클수록 정교화 가능성은 커진다. 제품정보처리 동기와 능력이 모두 있을 때 중심경로에 의해 태도를 형성하며, 둘 중 하나라도 부족하면 주변경로에 의해 태도를 형성한다.

무료 학습자료 제공 · 독학사 단기합격 **해커스독학사**
www.haksa2080.com

전문가가 분석한 출제경향 및 학습전략

제8장 문화는 소비자의 행동과 의사결정에 영향을 미치는 거시적 차원의 변수들을 다룬다. 따라서 문화적 개념의 핵심 특성과 유사 개념 간 차이를 이해하는 수준으로 학습하면 된다. 각 절에서는 문화의 구성요소와 특성을 중심으로 학습하고 이해해야 한다. 비교문화의 개념과 모형별 특성을 구분하고 소비자가 제품에 의미를 부여하는 여러 의례 등을 이해하여 실생활에서의 사례에 적용할 수 있어야 한다.

제8장 | 핵심 키워드 Top 10
핵심 키워드 Top 10은 본문에도 동일하게 ★로 표시하였습니다.

01	4차원 모형: 홉스테드(Hofstede) ★★★	p.223
02	구조주의: 레비스트로스(Levi-Strauss) ★★	p.220
03	상호의존적 문화와 독립적 문화: 마커스와 키타야마(Markus and Kitayama) ★★	p.222
04	고배경문화와 저배경문화: 홀(Hall) ★★	p.223
05	관습과 의례 ★	p.213
06	문화의 특성 ★	p.214
07	문화유입 ★	p.217
08	기능주의: 말리노프스키(Malinowski) ★	p.219
09	비교문화 연구의 개념 ★	p.222
10	소비자에 대한 제품 의미의 부여 ★	p.227

제8장

문화

제1절 문화의 이해
제2절 대중문화의 창조
제3절 문화적 선택
제4절 소비자문화의 확산

제1절 문화의 이해

01 문화의 의의

1. 문화의 정의 `기출개념`
① 한 사회의 인간행동을 규정짓는 사회적 규범과 양식의 총체적 체계를 말한다.
② 또한, 사회적으로 학습되고 사회구성원들에 의해 공유되는 모든 것을 의미한다.
③ 그 사회가 직면하였던 환경에 적응하며 살아가는 방식이다.
④ 사람들이 여러 세대를 거치는 동안 남겨놓은 사회적 유산이다.
⑤ 한 사회 특유의 라이프스타일이다.

2. 문화의 학문적 정의

(1) 테일러(Taylor)의 정의
① 개인이 사회구성원으로서 획득하는 지식, 신념, 기술, 도덕, 법, 관습뿐 아니라 그 밖의 능력 및 습관 등이 포함된 복합적인 전체이다.
② 사람들이 행하는 모든 활동은 문화에 의해 결정된다.
③ 문화에는 민족 전체나 한 국가의 문화가 있으며, 그 하위에 종교 등의 문화도 있다.

(2) 린튼(Linton)의 정의
① 문화는 학습된 행동과 행동결과의 집합체이다.
② 사회구성원들에 의해 공유되고 전달되는 것이다.

> **개념 Plus**
> **하위문화**
> 하위문화는 집단 결속력이 강할수록, 동일시 현상이 두드러질수록 구성원들의 생활에 강한 영향을 미친다.

02 문화의 구성요소

1. 물질적 요소

(1) 물질적 요소
한 사회의 문화를 구성하는 주요 요소로서 그 문화의 기술수준과 경제력을 알려주는 지표가 된다.

(2) 물질문명

소비자의 생활을 극적으로 변화시킬 수 있는 힘으로 물질문명은 문화의 중요한 구성요소인 물질적 요소를 포함한다.

2. 사회기관

(1) 사회기관의 종류

미술관, 영화관, 극장, 종교시설, 공공기관 등을 포함한다.

(2) 사회기관의 역할

사회기관은 대중매체들로 하여금 새로운 생활정보를 제공해 새로운 문화를 보급하는 역할을 한다.

3. 언어

① 언어 속에는 그 나라의 문화가 녹아 있기 때문에 언어로 그 나라의 문화를 알 수 있다.
② 언어는 동일한 나라 안에서도 하위 집단마다 고유성을 가질 수 있으며, 문화의 구성에 많은 영향을 미친다.
③ 판매자 중심의 문화가 소비자 중심의 문화로 변화되면서 언어표기 방식도 변화하고 있다.
④ 특정 문화의 형성과 직접적인 관련을 가지고 있는 언어는 그 문화의 특성 및 가치관을 결정한다.

> **개념 Plus**
>
> **비언어적 커뮤니케이션**
>
> 문화는 언어에 의한 차이 외에도 시간과 공간, 상징, 관계, 계약 등이 문화에 따라 다르며 이를 비언어적 커뮤니케이션(non-verbal communication)이라고 한다.

4. 가치와 신념

① **문화적 신념**: 한 사회의 구성원들이 공유하고 있는 인지적 측면인 사고, 특수지식, 지식, 신화, 전설 등을 의미한다.
② 문화적 신념은 특정 사회의 구성원들이 현실을 바르게 이해하고 바람직하도록 합리화하는 개인행동 전반에 포괄적으로 영향을 끼친다.
③ 어떤 사회의 분위기를 지배하는 핵심적 가치(core value)는 소비행동에 영향을 미친다.
④ 이와 같이 거시적으로 나타나는 문화적 가치는 소비와 연관된다.

5. 관습과 의례 ★ 기출개념

① 의례(ritual)는 정해진 순서에 따라 진행되며, 정기적으로 반복되어 발생하는 상징적 행동들의 집합이다.
   예 몸치장 의례, 선물증정 의례
② 모든 문화에는 그 문화에서 중시하는 관습과 의례가 있다.
③ **의례적 소비활동을 위해 개발된 제품 사례**: 생일 양초, 졸업장, 결혼 축하 케이크, 축하연 샴페인, 트로피와 훈장, 축하카드 등이 있다.

④ 선물증정 의례의 유형

구분	내용
구조적 요인	생일 선물이나 크리스마스 선물을 준비하는 경우와 같이 특정의 문화에 의해 규정된 경우
상황적 요인	직장상사에게 개인적인 이유로 선물하는 경우

⑤ 관습과 의례는 반복적으로 동일한 소비행동을 유도한다.
⑥ 의례는 세대가 달라져도 존재 가능하지만, 의례를 행하는 방식은 변화할 수 있다.

6. 심미적 요소
① 아름다움은 소비자의 선택에 있어 중요한 요소이다.
② 미적 기준은 시대나 문화에 따라 다르거나 변화할 수 있다.
③ 제품 간 성능 차이가 줄어들면서 포장이나 디자인 등과 같은 심미적 요소가 중요한 선택기준이 된다.

03 문화의 특성 ★ 기출개념

1. 욕구충족의 규범을 제공

(1) 규범(norms)
① 사회구성원에 의해 공유된 이상적 행동패턴이나 느낌을 의미한다.
② 실제행동이 사회의 규범으로부터 이탈하면 이탈된 개인에게는 어떠한 형태의 압력이 가해지고 개인은 자신의 행동을 바꾸어 사회의 기대에 순응하게 된다.

(2) 문화의 욕구충족 기능
① 사회구성원들의 욕구를 충족시키기 위한 기준이 된다.
② 문화는 사회구성원들의 생리적(physiological), 개인적(personal), 사회적 욕구 해결의 방향과 지침을 제공한다.
③ 문화에는 이상적인 행동기준이나 표준이 포함되어 있으므로 사회구성원들은 어떤 상황에서 정상적이고 적절한 생각이나 느낌 또는 행동이 무엇인지에 대해 공감한다.

2. 학습을 통한 체득

(1) 문화학습의 유형
① 공식적 학습(formal learning): 성인이나 연장자가 어린 가족구성원들에게 어떻게 행동해야 하는지를 가르친다.

② 비공식적 학습(informal learning): 가족구성원이나 친구, TV주인공 등 타인들의 행동을 모방함으로써 이루어진다.
③ 기술적 학습(technical learning): 교육환경 내에서 어린 아이들에게 무엇을 해야 하며, 어떻게 해야 하며, 왜 해야 하는지를 가르친다.

(2) 문화화와 문화이식

① 문화화(文化化; enculturation)
  ㉠ 자기문화에 대한 학습이다.
  ㉡ 문화화는 지배적인 문화적 가치를 시간의 경과에 따라 사회구성원들 자신의 개인적 가치로 내부화시키는 과정이다.
② 문화이식(文化移植; acculturation): 외국문화나 새 문화에 대해 학습하는 것이다.

3. 공유성

어떤 신념이나 가치 또는 관습이 문화적 특성으로 간주되기 위해서는 대다수의 사회구성원에 의해서 공유되어야 한다.

(1) 언어

사회구성원들 간에 가치나 경험, 관습의 공유를 가능케 하는 중요한 문화의 구성요소이다.

(2) 가족

① 문화 공유 역할을 담당하는 기관 중 가장 기본적이고 중요한 기관이다.
② 기본적인 문화적 신념, 가치, 관습 등을 제공한다.
③ 돈의 의미, 가격과 품질의 관계, 제품기호와 선호의 형성 등 소비자 관련 가치와 기술 등이 학습된다.

(3) 학교와 교회

① 문화전파의 기능 중 상당한 부분을 수행한다.
② 경제개념이나 윤리개념을 통해 소비자학습이 강화된다.

(4) 대중매체

제품이나 서비스 수용에 대하여 영향을 끼치며, 기존의 문화적 가치를 강화하거나 새로운 가치 또는 습관이 전파된다.

4. 지속성 및 동태성

(1) 지속성

① 사회구성원들이 원하는 욕구가 구성원들에 의해 공유된 관습으로 충족된다면, 그들은 이러한 관습들을 가능하면 유지하려고 한다.
② 이러한 특성으로 인하여 문화의 구성요소들은 세대를 따라 이어지며, 우리가 다른 문화에 노출되었을 때에도 그 영향이 지속된다.

(2) 동태성
① 문화는 점진적으로 그리고 지속적으로 변화하고 있다.
② 문화는 시대상황에 맞는 욕구충족적 역할을 수행하기 위해 지속적으로 진화한다.

> **기출개념확인**
>
> **01** 문화의 일반적인 특성이 <u>아닌</u> 것은?
> ① 공유성　　　　　　　② 지속성
> ③ 독립성　　　　　　　④ 동태성
>
> **02** 정해진 순서에 따라 진행되며 정기적으로 반복되어 발생하는 상징적 행동들의 집합을 무엇이라고 하는지 쓰시오.
>
> **정답·해설**
>
> **01** ③
> 문화는 욕구충족의 규범을 제공하고, 학습을 통해 체득하고, 사회구성원에 의해 공유되어야 하고 세대에 따라 지속되며, 점진적으로 다른 문화와 접촉하면서 동태적으로 변화하는 특징이 있다. 이처럼 문화는 이식, 접촉, 공유 등의 특성을 가지고 상호작용하면서 변화하므로 완전한 독립성을 보유할 수는 없다.
>
> **02** 의례
> 의례는 정해진 순서에 따라 진행되며, 정기적으로 반복되어 발생하는 상징적 행동들의 집합이다. 모든 문화에는 그 문화에서 중시하는 관습과 의례가 있어, 의례적 소비활동을 위해 사회적 제품이 소비되기도 한다.

제2절 대중문화의 창조

01 문화의 형성

1. 문화의 자생
① 문화는 인간다운 삶을 영위하기 위해 인간이 지혜의 발달과 함께 자연을 길들이는 과정에서 필연적으로 생겨난 것이다.
② 한 집단의 문화 속에는 자생적인 것과 외래적인 것이 혼합되어 있다.
③ 최근에는 문화요소들 간의 복제와 합성이 자유로워졌다. 이에 따라 문화적 융합(convergence)과 경계 넘나들기(cross-over)가 복잡하고 다양한 양상으로 나타나고 있다.

2. 문화유입 ★ 기출개념
① 문화의 유입은 사람들의 이주를 수반하는 직접적인 경우, TV/인터넷과 같은 매체를 통해 들어오는 경우, 또는 관광/견학/유학 등을 통해 간접적으로 들어오는 경우가 있다.
② 유입된 문화는 자생하고 있던 문화에 충격을 주어 변화를 유발하며, 이는 기존 문화의 재해석, 재구성, 재배치 등 다양한 형태로 나타난다.
③ 문화의 유입은 새로운 지식, 기술, 가치의 전달을 통하여 사회발전에 기여할 수 있다.
④ 문화의 맥락, 계기, 경로에서 문화들 간의 접촉은 피할 수 없으며, 그 과정에서 새로운 문화가 형성되는 것을 피할 수 없는 것을 문화접변(acculturation)이라고 한다.

02 문화의 공유

1. 문화의 사회성과 역사성
① 문화는 사회적 규범의 형태로 사람들에게 내재화되어 있다.
② 사회와 역사의 차원에서 관습이라고 하는 것은 개인의 차원에서는 습관을 의미한다.
③ 문화의 공유는 규범, 제도적 의미, 생애사 등 다양한 양상으로 형성된다.

2. 소상황, 대상황, 매개상황

(1) 소상황
① 개인들의 행위와 상호작용이 일어나는 구체적, 특수적, 가시적, 일상적, 체험적 상황이다.
② 한 체제 안의 현장적 조건 혹은 내부적 맥락을 의미한다.

(2) 대상황
① 추상적, 보편적, 비가시적, 비일상적, 이론적 상황이다.
② 한 체제 밖의 환경적 조건 혹은 외부적 맥락을 의미한다.

(3) 매개상황
① 대상황과 소상황을 매개하는 해석적 메타 – 소통상황이다.
② 각종 언론, 담론, 사회운동, 사회화, 교육 등이 포함된다.

3. 문화의 전유와 소외
① 개인이 문화를 주체적으로 전유하지 못한 때 혹은 문화를 수동적이고 무비판적으로 수용할 때 소외가 발생한다.
② 모든 문화는 서로 다른 전통, 권위, 역사, 신화의 세계를 가지고 있으므로 편견 또는 고정관념을 가진다.
③ 문화를 소외되지 않게 주체적으로 전유하는 최선의 방식은 교육이다.

03 문화의 변동

1. 점진적 변화
① 한 사회체제의 하부구조 또는 생산양식이 변할 때 문화도 변한다.
② 과학기술이나 정보체제의 혁신이 있을 때 문화가 변한다.
③ 새로운 사상이나 이데올로기의 출현으로 인한 변화이다.
④ 외부 문화의 유입으로 인한 변화이다.

2. 급진적 변화
① 문화는 운동이나 혁명을 통해 희생을 감수하면서 급진적으로 변동하기도 한다.
② 문화의 점진적 변화에 교육이 작용할 여지가 큰 데 비해 급진적인 변화에서는 선전·선동을 통한 의식개조가 강조된다.

04 문화인류학적 접근

1. 진화론

(1) 초기진화론: 테일러(Taylor)
① 문화가 단순한 것에서 복잡한 것으로 발전한다고 본다.
② 기술발전을 통해 진보하고, 진보는 모든 것에 대한 설명이 가능하다고 보았다.
③ 다만, 문명사회와 미래사회가 공존하고 있는 상태를 설명하지 못할 뿐만 아니라, 왜 사회가 퇴보되고 멸망하는가를 설명하고 있지 않다.

(2) 후기진화론: 화이트(White)
① 진보된 기술이 자연계와 생물계에 통제를 가하고 문화를 확장시키면서 변화하고 있다고 본다.
② 문화진화는 환경적, 역사적, 심리적 영향을 받지 않고 문화 내부의 조건에 의해 결정된다고 보았다.

2. 역사적 특수주의: 보아스(Boas)
① 모든 인간문화를 지배하는 보편법칙이 존재한다는 것에 반대한다.
② 거대하고 복잡한 문화적 변이가 나타나고 있다는 것을 강조한다.
③ 가능한 많은 자료와 가능한 빠른 자료 수집에 몰두해야 한다고 본다.

3. 확산주의
① 고도 문명이 이집트에서 발생하여 인접 국가로 확산되었다고 본다.
② 확산 과정을 통해 수많은 문화들이 복잡하게 갈라져 존재하게 되었다고 주장한다.
③ 확산은 문화를 이해하는 데 매우 중요하지만, 확산의 관점에서 문화발전과 변천 과정 모두를 설명할 수는 없다는 비판도 있다.

4. 기능주의: 말리노프스키(Malinowski) ★ 기출개념
① 원주민들 사이에 살면서 그들의 관점에서 세계를 보고, 그들의 문화를 보다 잘 이해하기 위해서는 원주민들의 언어적 관습을 이해해야 한다는 방식이다.
② 인류학적 현장조사에서 참여 관찰 방법으로 널리 활용되고 있다.
③ 모든 문화적 특성은 한 사회 내에서 개인들의 욕구를 도와준다고 가정하였으며, 기본 욕구는 2차적 파생욕구를 일으킨다고 본다.
④ 문화의 여러 부문 사이의 상호의존성을 지적하고 있다.
   예 주택은 라이프스타일, 기술수준, 기후, 이용가능한 자재와 같은 생태학적 요인들을 반영한다.

5. 구조주의: 레비스트로스(Levi – Strauss) ★★ 기출개념

① 인류학에서 가장 영향력이 있고 관심을 받는 분야 중 하나이다.
② 체제 자체의 기원에 관심이 있다.
③ 문화를 예술, 의례, 일상생활 패턴에서 인간정신의 기본구조를 표면으로 제시한 것으로 보았다.
④ 또한, 인간들이 그들 주위의 세계에서 사물을 지각하고 분류하는 방법에 초점을 두었다.

6. 민속학

① 관찰자의 입장에 서서 일상적인 삶의 세계 속에 살아가는 행위자들 스스로의 말, 글, 몸짓, 관찰 가능한 행동, 그들이 남긴 흔적, 그들에게서 상호작용이 일어나는 상황, 환경적 요인과 같은 자료를 해석하면서 세계를 이해하려 한다.
② 그들이 말하고 행동하는 것을 듣고 봄으로써 그들을 잘 이해할 수 있도록 노력한다.
③ 결과적으로 행위자들 스스로가 보고 이해하고 해석하는 그대로의 세상을 보여주는 기술적 자료를 가지고 포괄적인 심층 분석을 시도하면서 연구한다.

7. 문화생태학

① 문화에 영향을 끼친 환경에 대해 연구한다.
② 문화연구에 생물생태학의 원리를 통합한 것이다.
③ 사회의 특정 환경에의 적응에서 문화변천의 원인을 찾으려 한다.
④ 문화적응은 자연 선택의 메커니즘과 관련된다고 가정한다.
⑤ 어떤 특정 속성이 물리적·사회적 환경에 적응하는가를 제안하여 문화변이를 설명하려 한다.

기출개념확인

01 문화를 이해하기 위한 문화인류학적인 접근법이 아닌 것은?
① 인지적 균형 이론
② 진화론
③ 민속학
④ 기능주의

02 다음 빈칸에 들어갈 말로 알맞은 것을 쓰시오.

> (   )은/는 자생하고 있던 문화에 충격을 주어 변화를 유발하며, 기존 문화의 재해석, 재구성, 재배치 등 다양한 형태로 나타난다. 이는 사람들의 이주를 수반하는 직접적인 경우와 TV, 인터넷과 같은 매체를 통해 혹은 관광, 견학, 유학 등을 통해 간접적으로 들어오는 경우가 있다.

정답 · 해설

01 ①
문화인류학적 접근방식에는 진화론, 역사적 특수주의, 확산주의, 기능주의, 구조주의, 민속학, 문화생태학 등이 있다. 인지적 균형 이론은 개별 소비자 관점에서 불균형적인 대상 간 관계 형성 시 균형을 회복하기 위해 기존의 태도를 변화시킨다는 내용이다.

02 문화유입
문화유입은 자생하고 있던 문화에 충격을 주어 변화를 유발하며, 기존 문화의 재해석, 재구성, 재배치 등 다양한 형태로 나타난다. 문화유입의 유형은 사람들의 이주를 수반하는 직접적인 경우와 TV나 인터넷과 같은 매체를 통하거나 관광·견학·유학 등을 통해 간접적으로 들어오는 경우가 있다. 이와 같은 새로운 지식, 기술, 가치 전달을 통하여 사회발전에 기여할 수 있다.

제3절 문화적 선택

01 비교문화 연구의 개념 ★ 기출개념

1. 비교문화 연구의 영역
① 문화 간의 유사성과 동질성을 파악하는 연구이다.
② 문화가 어떻게 전파되었는지 변화과정을 연구한다.
③ 보편적 인간 심성을 탐구하기도 한다.

2. 비교문화 연구의 특성
① 기업이 다른 국가나 문화권 시장에 진출하기 위해서는 비교문화 연구가 선행되어야 한다.
② 연구에서 중요한 것은 다른 문화를 평가하는 것이 아니라 이해하는 데 있다.
③ 문화를 이해한다면 그 문화 안에 속한 소비자들의 행동을 이해하고 예측할 수 있으며, 큰 실수 없이 경영활동을 수행할 수 있다.

02 비교문화적 연구 모형

1. 상호의존적 문화와 독립적 문화: 마커스와 키타야마(Markus and Kitayama) ★★ 기출개념
① 문화는 자아와 관계가 있다.
② 문화권에 따라 상호의존적 자아와 독립적 자아로 구분하며, 이에 따라 태도와 행동의 차이가 존재한다고 본다.
③ 한국, 일본, 중국 등 동양은 상호의존적 자아가 강한 나라이며, 미국, 캐나다 등 북아메리카와 영국, 프랑스 등 서양은 독립적 자아가 강한 나라로 분류될 수 있다.
④ 상호의존적 자아로 넘어가면 사회적 자아가 중요해진다.
⑤ 상호의존적·독립적 자아에 대한 분류는 고배경·저배경문화, 그리고 집단주의·개인주의와 관련된다.

> **개념 Plus**
>
> **마커스와 키타야마의 연구**
> 마커스와 키타야마는 한 연구에서 미국과 일본의 대학생들에게 수조 안에 물고기를 일정 시간 관찰하라는 부탁을 한 후 실제 관찰한 바를 기억해보라고 하였다. 그 결과 미국 대학생은 주로 물고기의 움직임에 대한 관찰 내용과 생각을 중심으로 말한 반면, 일본 대학생들은 물고기와 관련된 수조 안 다른 요소(물풀, 이끼, 바위, 물 등) 등에 대해서도 언급하였다.

2. 고배경문화와 저배경문화: 홀(Hall) ★★ 기출개념

① 사람들이 배경을 중요시하는 정도에 관심을 기울여 문화를 고배경문화와 저배경문화로 분류한다.

② 한국, 중국, 일본, 아랍 문화는 배경을 중요시하는 정도가 높은 고배경문화에 해당한다.

③ 미국, 독일 문화는 배경을 중요시 여기는 정도가 낮은 저배경문화에 해당한다.

④ 고배경문화와 저배경문화의 비교

구분	고배경문화 (high context culture)	저배경문화 (low context culture)
개인이 하는 말	매우 중요하며, 개인의 비공식적 의사표시가 보증의 역할을 함	서면으로 보증함
법률	상대적으로 덜 중요함	매우 중요함
공간개념	서로 어울리는 공간을 중요하게 여김	침해받는 것을 싫어하고, 개인적 공간을 중요하게 여김
시간개념	시간 구분이 분명하지 않음	'시간은 돈이다'라는 개념이 매우 강함
협상	오래 끄는 것이 일반적임	매우 신속히 수행함

3. 4차원 모형: 홉스테드(Hofstede) ★★★ 기출개념

(1) 권력 거리

① 계층 간 권력의 격차를 말한다.

② 사회에서 권력의 불평등 관계의 허용 정도를 말한다.

③ 사회 내에서 부와 권력이 불평등하게 배분되어 있거나 편중되어 있는 경우에 이를 어느 정도 수용하는가를 의미한다.

④ 동양문화권에서는 권력 거리가 멀어 자유로운 의사 개진이 어려운 경향이 있다.

(2) 불확실성 회피

① 한 문화의 구성원들이 불확실한 상황이나 미지의 상황으로 인해 위협을 느끼는 정도를 말한다.

② 동양문화권에서 불확실성을 피하는 경향이 짙은 사람들은 안정된 직장, 경력 유형, 은퇴 등을 우선적으로 고려한다.

③ 서양문화권에서 불확실성을 피하는 경향이 짙은 사람들은 규칙과 규제의 필요성을 많이 느끼는데, 이때 경영진은 명확한 지시를 내려야 하고 솔선수범하여 부하들을 관리해야 한다.

④ 불확실성을 피하는 경향이 적은 문화에 속하는 사람들은 위험을 무릅쓰기도 하고 어떠한 변화에도 심리적으로 크게 동요하지 않는다.

> **핵심 Check**
>
> **비교문화적 연구 모형**
>
> 비교문화적 연구 모형은 크게 세 가지가 있다. 먼저 마커스와 키타야마가 제시한 상호의존적 문화와 독립적 문화, 다음으로 홀이 제시한 고배경문화와 저배경문화, 마지막으로 홉스테드가 제시한 4차원 모형이다. 이 중 4차원 모형은 권력 거리, 불확실성 회피, 개인주의와 집단주의, 남성다움와 여성다움 이상 4가지 기준으로 문화를 분류한다.

(3) 개인주의와 집단주의
① 개인이 자신의 가족과 국가집단에 대한 의무 수용 정도와 개인적 자유의 요구 정도를 보여준다.
② 개인주의문화에서는 개인 간 유대가 느슨한 대신 개인의 성취와 개인적 자유의 가치를 중요시 여긴다.
③ 집단주의문화에서는 개인 간 유대가 매우 강하며, 사람들은 대가족 사회 분위기에서 태어나고 서로의 이해관계에 대단히 깊은 관심을 가진다.
④ 미국은 극단적인 개인주의 사회인 반면에, 한국은 집단주의 성향이 매우 강하다.

(4) 남성다움과 여성다움
① 남성성이 강하면 성공, 업적, 성취 욕구를 지향하는 사회라 볼 수 있다.
② 남성다움은 사회적 남녀 역할이 명확하게 구분되는 사회를 의미한다.
　㉠ 남자는 자기주장이 강하며 거칠고, 물질적인 성공을 추구한다.
　㉡ 여자는 보다 겸손하고 부드러우며, 삶의 질에 관심을 두는 사회에 해당한다.
③ 여성다움은 사회적 남녀 역할이 중첩되는 사회로, 남성과 여성 모두 겸손하고 부드러우며 삶의 질에 관심을 두는 사회에 해당한다.

기출개념확인

01 홉스테드(Hofstede)의 4차원 모델의 구성요소에 해당하지 <u>않는</u> 것은?
① 남성다움과 여성다움
② 권력 거리
③ 개인주의와 집단주의
④ 상호의존적 자아와 독립적 자아

02 홀(Hall)의 고배경/저배경문화 중에서 동양문화권과 연결되는 개념이 무엇인지 설명하시오.

정답 · 해설

01 ④
상호의존적인 문화와 독립적인 문화는 마커스와 키타야마가 주장한 내용이며, 문화를 자아의 유형에 따라 상호의존적 자아와 독립적 자아로 구분하였다. 홉스테드(Hofstede)의 4차원 모델에는 권력 거리, 불확실성 회피, 개인주의와 집단주의, 남성다움과 여성다움이 있다.

02 홀은 사람들이 배경을 중요시 여기는 정도에 관심을 가울였으며, 문화를 고배경문화와 저배경문화로 분류한다. 동양문화권은 배경을 중요시 여기는 정도가 높은 고배경문화에 해당한다. 이는 개인의 비공식적인 의사표시가 보증의 역할을 하며, 공식적인 법률은 상대적으로 덜 중요한 모습으로 나타난다. 사람들과 서로 어울리는 공간을 중요하게 여기는 것과 시간 구분이 분명하지 않은 것도 고배경문화의 특징이다.

제4절 소비자문화의 확산

01 제품의 문화적 의미

1. 제품의 문화적 의미

(1) 광고 전략
① 광고는 문화적 의미를 사회적·물리적 환경에서 제품으로 전이시키는 수단이다.
② 광고는 문화적 의미가 소비자에게 부여되는 통로이다.
③ 광고는 제품에 대해 어떠한 문화적 의미를 나타내는 상징을 이용하여 제품의 문화적 이미지를 소비자에게 전달한다.

(2) 가격 전략
가격은 제품이나 서비스의 이미지와 이를 공유하는 소비자집단의 문화를 전달하는 효과가 있다.

(3) 유통 전략
고급이미지를 소구하는 제품이나 서비스는 전속적 유통 등을 통해 그것을 소비하는 집단에 대한 문화와 이미지를 전달한다.

2. 제품에 대한 문화적 의미의 부여
① 제품, 상점, 상표는 문화적이고 상징적인 의미를 가지고 있다.
② 제품의 문화적 의미는 사회에 따라 다를 수 있다.
③ 한 사회집단에서도 모든 사람에게 제품, 상표, 활동 등이 똑같은 문화적 의미를 갖는 것은 아니다.
④ 제품의 문화적 의미는 그 문화에 익숙한 모든 사람에게 명시적인 경우도 있고 다른 문화적 의미가 제품 속에 숨겨져 있을 수도 있다.
⑤ 많은 제품은 문화적 의미뿐 아니라 개인적 의미도 가지고 있으며, 개인적 의미는 개별 소비자의 행동에 의해서 제품으로 전이된다.

> **개념 Plus**
> **제품에 대한 문화적 의미 차이**
> 중국에서는 크기가 큰 제품에 대한 선호가 있어 집안 내부에 TV를 두는 경우 가족들이 모두 모이는 거실에 화면이 큰 제품을 배치한다. 반면 인도에서 집안 내부에 TV를 두는 경우 방마다 작은 사이즈의 TV를 배치하는 것을 선호한다.

02 소비자에 대한 제품 의미의 부여 ★ 기출개념

1. 획득의례(acquisition rituals)
① 제품이 가지고 있는 의미를 전파하는 행위이다.
  예 아이스크림을 먹는 것을 통해 즐거움, 휴식, 보상 등 제품이 가지고 있는 의미를 획득하기도 한다.
② 희귀품이나 특별한 물품에 대해 관심이 있는 수집가들은 특정 수집품을 탐색하기 위해 외출하는 경우 특별한 탐색의례를 보여준다.
  예 심마니, 골동품 수집가들은 출발에 앞서 고사나 의식 등을 행한다.

2. 소유의례(possession rituals)
① 많은 소비자들은 그들의 새로운 소유물에 대해 친구들의 축하를 받고 그들이 좋은 구매를 하였다는 확신을 보여주기 위해 새로운 구매에 대하여 비슷한 의례적인 행동을 한다.
  예 새로 구매한 운동화 밟기
② 소비자는 제품관리 의례를 통해 제품에 개인적 의미를 부여한다.
  예 새로 구매한 자동차를 정기적으로 세차하기

3. 교환의례(exchange rituals)
① 선물 주고받기와 같은 교환의례를 통해 문화적 의미를 소비자에게 전달할 수 있다.
② 사람들은 기념일, 생일, 또는 특별 공휴일을 맞이하여 특별한 문화적인 의미를 지닌 선물을 고른다.
  예 대학원 입학 선물로 만년필 선물, 취업 선물로 지갑이나 명함집 등을 선물

4. 치장의례(grooming rituals)
개인 휴대품이나 미용 용품과 같은 특별한 활용 방법을 포함한다.

5. 박탈의례(divestment rituals)
① 소비자는 개인적 의미가 있는 제품의 의미를 제거하기 위하여 박탈의례를 수행하기도 한다.
② 소비자들은 제품을 팔거나 버리기 전에 개인적 의미를 제거해야 한다고 믿는다.
  예 • 옷을 자선단체에 기부하기 전에 세탁하는 행위
    • 자동차를 팔기 전에 스테레오 시스템을 제거하는 행위

기출개념확인

01 소비자들이 의례를 통해 제품에 의미를 부여하는 방식이 아닌 것은?
① 획득의례
② 소유의례
③ 인지의례
④ 박탈의례

02 문화적 의미를 사회적, 물리적 환경에서 제품으로 전이시키는 수단이며, 제품에 대해 어떤 문화적 의미를 나타내는 상징을 이용하여 제품의 문화적 이미지를 소비자에게 전달하는 수단을 무엇이라고 하는지 쓰시오.

정답·해설

01 ③
소비자들이 제품에 의미를 부여하는 방식은 획득의례, 소유의례, 교환의례, 치장의례, 박탈의례가 있다.

02 광고
광고는 문화적 의미를 사회적·물리적 환경에서 제품으로 전이시키는 수단이며, 문화적 의미가 소비자에게 부여되는 통로이다. 광고는 제품에 대해 어떤 문화적 의미를 나타내는 상징을 이용하여 제품의 문화적 이미지를 소비자에게 전달한다.

제8장 | 주관식 집중 공략

01 문화의 심미적 요소를 간단히 설명하시오.

| 답안 | 문화의 심미적 요소는 소비자 선택에 있어 중요한 요인이다. 최근에는 제품 간에 성능 차이가 줄어들면서 포장이나 디자인 등과 같은 심미적 요소가 중요한 선택기준이자 차별화 요소로 사용되고 있다. 또한, 심미적 기준은 시대나 문화에 따라 다르거나 변화할 수 있다.

| Tip | 심미적 요소가 제품 차별화 수단으로 활용될 수 있다는 점과 이러한 기준이 상대적이라는 기준이라는 부분을 설명해야 한다.

02 문화의 특성을 3가지 이상 쓰시오.

| 답안 | 욕구충족의 규범 제공, 학습을 통한 체득, 공유성, 지속성, 동태성

| 해설 | 문화는 행동의 기준이고 욕구충족의 규범이 되며, 학습을 통해 체득된다. 또한, 문화는 공유되고, 지속적인 동시에 동태적인 특성을 지닌다.

03 의례의 유형을 3가지 이상 쓰시오.

|답안| 획득의례, 소유의례, 교환의례, 치장의례, 박탈의례
|해설| 의례의 유형에는 획득의례, 소유의례, 교환의례 등이 있다.

참고 의례의 유형

구분	내용
획득의례(acquisition rituals)	제품이 가지고 있는 의미를 전파하는 행위이며, 희귀품이나 특별한 물품에 대해 관심이 있는 수집가들은 특정 수집품을 탐색하려 외출하는 경우 특별한 탐색의례를 보여줌
소유의례(possession rituals)	새로운 구매에 대한 비슷한 의례적 행동을 하는 것임
교환의례(exchange rituals)	선물 주고받기와 같은 교환의례를 통해 특별한 문화적 의미를 소비자에게 전달할 수 있다는 내용임
치장의례(grooming rituals)	개인 휴대품이나 미용 용품과 같은 특별한 활용 방법을 포함함
박탈의례(divestment rituals)	소비자가 개인적인 의미가 있는 제품의 의미를 제거하기 위해 수행하는 것을 의미함

04 선물을 증정하는 의례 중 설날 세뱃돈이나 크리스마스 선물을 준비하는 경우와 같이 특정의 문화에 의해 규정된 유형은 어떤 요인에 의한 것인지 쓰시오.

|답안| 구조적 요인
|해설| 선물증정 의례의 유형에는 구조적 요인과 상황적 요인이 있다. 구조적 요인은 설날 세뱃돈이나 크리스마스 선물을 준비하는 경우와 같이 특정 문화에 의해 규정된 유형이며, 상황적 요인은 개인적인 이유로 선물하는 경우가 이에 해당된다.

05 다음 빈칸에 들어갈 알맞은 말을 쓰시오.

> 마커스와 키타야마(Markus and Kitayama)는 특정 개인이 본인이 속한 문화에 영향을 받아 (　　　)와/과 독립적 자아의 문화권에 따라 태도 및 행동차이가 존재할 수 있다고 보았다.

|답안| 상호의존적 자아
|해설| 마커스와 키타야마(Markus and Kitayama)는 문화권에 따라 상호의존적 자아와 독립적 자아로 구분하며, 이에 따라 태도와 행동차이가 존재한다고 보았다. 이러한 배경에는 문화는 자아와 관계가 있다는 가정에 기반한 것이다. 한국, 일본, 중국 등 동양은 상호의존적 자아가 강한 나라이며, 미국, 캐나다 등 북아메리카와 영국, 프랑스 등 서양은 독립적 자아가 강한 나라로 분류될 수 있다.

제8장 | 실전연습문제

* 기출유형 은 해당 문제가 실제 시험에 출제된 유형임을 나타냅니다.

객관식

01 다음 중 문화에 대한 설명으로 틀린 것은?
① 한 사회가 과거부터 현재까지 오랜 시간 동안 축적해 온 생활방식, 가치, 의례 등의 사회적 유산을 문화라고 한다.
② 문화는 사회화라는 학습과정을 거쳐 형성된다.
③ 하위문화는 집단 결속력이 강할수록, 동일시 현상이 두드러질수록 구성원들의 생활에 강한 영향을 미친다.
④ 문화에는 한 국가나 민족 전체의 문화가 있으며, 그 하위에 종교 등의 하위문화도 있다.

02 문화가 개인이 사회구성원으로서 획득하는 지식, 신념, 기술 등이 포함된 복합체라고 주장한 학자는?
① 자이코프스키   ② 하이더
③ 프로이트   ④ 테일러

03 문화화를 담당하는 1차적 주체에 해당되는 것은?
① 가족   ② 정부
③ 학교   ④ 매체

[기출유형]
04 문화의 구성요소 중에서 가치와 신념에 대한 설명으로 바르지 않은 것은?
① 개인의 성격에 가치와 신념이 반영되어 있듯이 어떤 문화에는 구성원들의 가치와 신념이 총체적으로 반영되어 있다.
② 가치는 핵심적 가치와 상황에 따라 다른 특정 가치가 있다.
③ 가치나 신념은 비교적 오랫동안 지속되는 안정적 성격을 지니므로 영구불변인 성격을 가진다.
④ 마케팅 담당자는 어떤 세분시장 또는 어떤 국가의 가치나 신념체계를 올바로 이해하는 것이 중요하다.

[기출유형]
05 문화의 구성요소 중 인간의 모든 생활이 반영되어 있는 것으로 가장 적절한 것은?
① 가치   ② 심미적 기준
③ 물질적 요소   ④ 관습과 의례

[기출유형]
06 다음 중 관습과 의례에 대한 설명으로 잘못된 것은?
① 모든 문화에는 그 문화에서 중시하는 관습과 의례가 있다.
② 의례는 세대가 달라지면 소멸되고 새로운 의례가 생성된다.
③ 인간은 의례와 관련해서 많은 재화와 서비스를 소비한다.
④ 마케팅 담당자는 각종 의례와 관습에 대해 올바르게 이해하고 응용할 수 있는 능력을 갖추어야 한다.

07 다음 중 고배경문화와 저배경문화를 구분하는 데 적용되는 기준은?

① 성취욕구　　② 응집력
③ 효과성　　　④ 능률성

10 다음 중에서 자기화(personalizing) 의례와 관련이 깊은 것은?

① 박탈의례　　② 치장의례
③ 교환의례　　④ 소유의례

08 다음 중 저배경문화의 내용에 대한 설명이 아닌 것은?

① 협상이 매우 신속히 수행된다.
② 서로 어울리는 공간을 중요하게 여긴다.
③ 개인의 말은 서면으로 보증한다.
④ 실패에 대한 책임을 조직의 최하위층에게 돌린다.

11 다음 중 학습을 통해 문화를 체득하는 문화학습의 유형에 해당하지 않는 것은?

① 정서적 학습　② 기술적 학습
③ 공식적 학습　④ 비공식적 학습

09 다음 중 제품의 문화적 의미에 대한 설명으로 틀린 것은?

① 제품의 문화적 의미는 사회에 따라서 다를 수 있다.
② 제품의 문화적 의미는 그 문화에 익숙한 모든 사람에게 명시적인 경우도 있고, 다른 함축적인 의미가 제품에 숨겨져 있을 수도 있다.
③ 한 사회집단에서의 제품, 상표, 활동 등은 모든 사람에게 똑같은 문화적 의미를 갖는다.
④ 제품, 상점, 그리고 상표는 문화적이고 상징적인 의미를 가지고 있다.

12 홉스테드(Hofstede)의 4차원 모형에서 한 문화의 구성원들이 불확실한 상황이나 미지의 상황으로 인해 위험을 느끼는 정도를 무엇이라고 하는가?

① 개인주의와 집단주의
② 남성다움과 여성다움
③ 불확실성 회피
④ 권력거리

주관식

[기출유형]

13 한 사회가 과거부터 현재까지 오랜 시간 동안 축적해 온 생활양식을 무엇이라고 하는지 쓰시오.

14 기업이 다른 국가나 다른 문화권 시장에 진출하기 위해 선행되어야 할 연구가 무엇인지 쓰시오.

15 저배경문화에 대해 간략히 설명하시오.

[기출유형]

16 홉스테드(Hofstede)의 4차원 모델 중 중앙집권적 전제 권력의 허용 정도를 나타내는 차원의 개념을 무엇이라 하는지 쓰시오.

17 다음 글에서 제시된 개념과 관련 깊은 의례는 무엇인지 쓰시오.

> 아이스크림을 사고, 먹는 것은 제품이 가지고 있는 의미(즐거움, 휴식, 힘든 일에 대한 보상)를 전파하는 행동이다.

18 소비자의 욕구충족을 위해 문화적인 차원에서 제공되는 것으로 사회구성원에 의해 공유된 이상적 행동패턴이나 느낌을 무엇이라고 하는지 쓰시오.

19 문화인류학적 접근 중에서 모든 인간문화를 지배하는 보편법칙이 존재한다는 데 반대하고 거대하고 복잡한 문화적 변이가 나타나고 있다는 것을 강조하는 접근 방식을 쓰시오.

기출유형
20 교환의례(exchange rituals)에 대해 간단히 설명하시오.

제8장 | 실전연습문제 정답·해설

객관식

01	02	03	04	05
②	④	①	③	①
06	07	08	09	10
②	②	②	③	④
11	12			
①	③			

01 ②
문화는 그 사회구성원 모두에게 공통적인 행동을 유발하는 기본적 요인으로 문화화(enculturation)라는 학습과정을 거쳐 형성된다.

02 ④
테일러(Taylor)는 문화가 개인이 사회구성원으로서 획득하는 지식, 신념, 기술, 도덕, 법, 관습 및 그 밖의 능력과 습관 등이 포함된 복합적인 전체라고 하였다.

오답분석
① PII 관여도의 측정개념을 제시하였다.
② 인지 균형 이론을 통해 태도의 변화과정을 설명하였다.
③ 정신분석학 이론에 의해 개인의 자아 및 개성을 설명하였다.

03 ①
문화화를 담당하는 1차적 주체는 가족이다. 학교, 종교기관, 각종 매체 등의 사회기관도 문화화를 직·간접적으로 담당한다.

04 ③
가치나 신념은 비교적 오랫동안 지속되는 안정적 성격을 지니고 있으나 영구불변한 성격은 아니다. 시간의 흐름에 따라 세대가 바뀌면서 가치나 신념도 천천히 변화된다.

05 ①
인간의 모든 생활에는 인간이 중요하게 생각하는 가치가 반영되어 있다.

오답분석
② 제품 간 성능 차이가 줄어들면서 포장이나 디자인 등과 같은 심미적 요소가 중요한 선택기준이 된다.
③ 물질적 요소는 한 사회의 문화를 구성하는 주요 요소로 그 문화의 기술수준과 경제력을 알려주는 지표가 된다.
④ 모든 문화에는 그 문화에서 중시하는 관습과 의례가 있으며, 이는 반복적으로 동일한 소비행동을 유도한다.

06 ②
의례는 세대가 달라져도 존속하지만, 의례를 행하는 방식은 변화할 수 있다.

07 ②
고배경문화와 저배경문화를 구분하는 데 적용되는 기준은 구성원들이 얼마나 응집력을 보이고 있는지이다. 즉, 인종적으로 일원적인가 아니면 다원적인 사회를 구성하고 있는가에 따라 구분된다.

08 ②
저배경문화는 개인적 공간을 중요하게 여기고 침해받는 것을 싫어한다.

09 ③
한 사회집단에서도 모든 사람에게 제품, 상표, 활동 등이 똑같은 문화적 의미를 갖는 것은 아니므로 바르지 못한 설명이다.

참고 제품의 문화적 의미의 특징
제품, 상점, 상표는 문화적이고 상징적인 의미를 가지고 있다. 제품의 문화적 의미는 사회에 따라 다를 수 있으며, 한 사회집단에서도 모든 사람에게 제품, 상표, 활동 등이 똑같은 문화적 의미를 갖는 것은 아니다. 다시 말해, 제품은 문화적 의미뿐만 아니라 개인적 의미도 가지고 있다. 이때, 개인적 의미는 개별 소비자의 행동에 의해서 제품으로 전이된다.

10 ④

소유의례는 소비자들이 제품에 대한 의미를 얻도록 도와주는 것으로 자기화 의례도 비슷한 기능을 가지고 있다. 예를 들어 주택이나 아파트에 이사 후 집들이를 하는 것은 소유의례의 한 형태라고 볼 수 있다.

11 ①

문화학습의 유형에는 성인이나 연장자가 어린 가족구성원들에게 어떻게 행동해야 하는지를 가르치는 공식적 학습(formal learning), 가족 구성원이나 친구, TV 주인공 등 타인들의 행동을 모방함으로써 이루어지는 비공식적 학습(informal learning), 교육환경 내에서 어린이들에게 무엇을 해야 하며, 어떻게 해야 하며, 왜 해야 하는지를 가르치는 기술적 학습(technical learning)이 있다.

12 ③

홉스테드(Hofstede)의 4차원 모형에 따르면 불확실성 회피 차원은 문화의 구성원들이 불확실한 상황이나 미지의 상황으로 인해 위협을 느끼는 정도를 의미한다.
불확실성을 피하는 경향이 짙은 동양문화권의 사람들은 안정된 직장, 경력의 유형, 은퇴 등을 우선적으로 고려한다. 불확실성을 피하는 경향이 짙은 서양문화권의 사람들은 규칙과 규제의 필요성을 많이 느끼는데, 이때 경영진은 명확한 지시를 내려야 하고 솔선수범하여 부하들을 관리해야 한다는 특성이 있다.

주관식

13

| 답안 | 문화
| 해설 | 문화는 한 사회의 인간행동을 규정짓는 사회적 규범과 양식의 총체적 체계를 말한다. 문화는 문화화라는 학습과정을 통해 형성되며, 사회구성원들에 의해 공유되는 모든 것을 의미한다.

14

| 답안 | 비교문화 연구
| 해설 | 비교문화 연구는 각 문화가 가지고 있는 유사성과 동질성을 파악하는 연구이다. 비교문화 연구의 목적은 다른 문화를 평가하는 것이 아니라 이해하는 데 있다.
이는 문화를 이해한다면 그 문화 안에 속한 소비자들의 행동을 이해하고 예측할 수 있으며, 큰 실수 없이 경영활동을 수행할 수 있다는 의미이다. 따라서 기업이 다른 국가나 다른 문화권 시장에 진출하기 위해서는 비교문화 연구가 선행되어야 한다.

15

| 답안 | 저배경문화에서는 공식적인 법이나 규칙이 중요하며, 서면으로 보증하고 개인 공간을 중요하게 여기고 침해받는 것을 싫어한다. 실패에 대한 책임은 최하위층에 돌리고 시간 구분이 명확한 특성이 있다.

답안 작성 Tip
저배경문화 특성을 개인의 말, 시간·공간, 실패에 대한 책임 등을 기준으로 차이를 설명해야 한다.

16

| 답안 | 권력 거리
| 해설 | 권력 거리 혹은 권력의 격차 정도는 한 사회에서 계층 간 권력의 차이를 나타내는 척도로서 그 사회 권력의 불평등 관계, 다시 말해 중앙집권적 권력의 허용 정도를 나타낸다.

17

| 답안 | 획득의례
| 해설 | 제품의 문화적 의미 중에서 일부는 제품의 소비와 구매의 간단한 획득의례를 통하여 전파되고 있다.

18

| 답안 | 규범(norms)
| 해설 | 문화는 소비자들의 욕구충족을 위한 규범을 제공한다. 규범은 사회구성원에 의해 공유된 이상적 행동패턴이나 느낌이다. 실제행동이 사회의 규범으로부터 이탈되면 이탈된 개인에게는 어떤 형태의 압력이 가해지고 개인은 자신의 행동을 바꾸어 사회의 기대에 순응하게 된다.

19

| 답안 | 역사적 특수주의
| 해설 | 보아스(Boas)는 모든 인간문화를 지배하는 보편법칙이 존재한다는 데 반대하며 거대하고 복잡한 문화적 변이가 나타나고 있다는 것을 강조하는 역사적 특수주의를 주장하였다. 이를 위해 가능한 많은 자료를 빠르게 수집하는 데 몰두해야 한다고 본다.

20

|답안| 교환의례(exchange rituals)는 선물 주고받기 등을 통해 문화적 의미를 소비자에게 전달할 수 있는 방식이다. 사람들은 기념일, 생일, 또는 특별 공휴일 맞이해서 특별한 문화적 의미를 지니고 있는 선물을 고른다. 예를 들어 대학원 입학 선물로 만년필 선물, 취업 선물로 지갑이나 명함집 등을 선물하는 경우이다.

답안 작성 Tip
교환의례의 개념 및 사례를 중심으로 설명해야 한다.

무료 학습자료 제공 · 독학사 단기합격 **해커스독학사**
www.haksa2080.com

전문가가 분석한 출제경향 및 학습전략

제9장 사회계층, 준거집단, 가족에서는 준거집단의 출제 비중이 높은 편이므로 준거집단의 정의, 유형 및 영향력 등에 대해 깊이 있게 학습해야 한다. 사회계층은 개념 중심으로 이론적 측면에 집중하여 학습할 필요가 있다. 가족에서는 가족 생애주기가 시기별 라이프스타일과 관련하여 출제 빈도가 높고 가족 구성원의 구매 의사결정의 특징이 있는 제품·서비스의 경우 공동 의사결정의 특성을 잘 이해하면 된다.

제9장 | 핵심 키워드 Top 10
핵심 키워드 Top 10은 본문에도 동일하게 ★로 표시하였습니다.

01	1차 집단과 2차 집단 ★★★	p.245
02	열망집단과 회피집단 ★★★	p.246
03	가족 생애주기 ★★★	p.250
04	사회계층의 측정 ★★	p.242
05	준거집단의 정의 ★★	p.244
06	사회계층의 정의 ★	p.240
07	사회계층의 특성 ★	p.240
08	준거집단의 영향 ★	p.246
09	가족시장의 중요성 ★	p.249
10	가족구성원의 역할분담 ★	p.251

제9장

사회계층, 준거집단, 가족

제1절 사회계층
제2절 준거집단
제3절 가족

제1절 사회계층

01 사회계층(social class)의 개요

1. 사회계층의 정의 ★ 기출개념
① 유사한 가치관, 흥미, 라이프스타일과 행동패턴을 지니고 있는 비교적 영속적이고 동질적인 집단이다.
② 한 사회 내에서 거의 동일한 사회적 지위를 가진 사람들로 구성된 집단이다.
③ 지위의 결정 요인: 소득, 교육수준, 소유물 등이 지위를 결정한다.

2. 사회계층의 구성
① 사회계층은 한 사회 내에서 거의 동일한 지위에 있는 사람들로 구성된다.
② 사회계층의 이동 용이성: 과거와는 달리 현대 사회계층은 계층이동이 자유로운 편이다.
③ 사회계층의 포괄성: 사회계층의 개념에는 지위(status), 위계(hierarchy), 서열(rank)의 의미가 포함되어 있다.

02 사회계층의 특성 ★ 기출개념

1. 다차원성

(1) 다차원성의 개념
① 사회계층에는 다양한 구성요소가 존재한다.
② 변수 간에는 상호작용을 일으키기도 한다.

(2) 차원의 구성요소
① 소득
  ㉠ 소득은 사회계층을 분류할 때 가장 많이 사용되지만 단독으로 사용되기에는 한계가 있다.
  ㉡ 사회적 지위와 관련성이 높기 때문에 구매력과 지위측정의 도구로 널리 사용되어 왔다.

② 직업
   ㉠ 가장 신뢰할만한 지표이며 중요한 기준이다.
   ㉡ 그 사람의 교육, 경제수준이 반영된 변수이다.
③ 거주지: 거주지가 경제수준과 교육수준을 대표하기도 한다.

2. 동태성

① 사회계층은 계층 간 이동이 가능한 동적 특성을 가지고 있다.
   예 이동 범위, 개방성, 계층 이동성 등
② 기업은 고객의 경제적, 사회적 변화를 지속적으로 추적하여 고객에게 필요한 상품을 제안하는 노력이 필요하다.

3. 규범성

① 사회계층이 존재한다는 것은 그 계층에서 기대되는 규범이 있다는 의미이다.
② 사회계층 내에서 규범에 어긋나는 행동들은 제한된다.

4. 서열

① 서열에서 상대적인 서열이라는 말은 어떤 기준에 따라 정한다는 의미가 내포되어 있다.
② 비슷한 위치에 있는 사람들에게 사회적으로 서열을 매겨 동일한 사회적 지위를 부여하는데, 이러한 지위에는 상징성이 포함된다.
③ 사회계층화는 개인이 타인이나 다른 집단을 지배할 권력을 유지하고 강화하는 현상이다.
④ 또한, 사회계층을 이해하는 방법을 권력관계에서 찾는다.
⑤ 남에게 보이기 위한 소비로 지위가 높아질수록 자신들의 지위에 맞는 제품이나 서비스를 구매하는 경향이 높다.

5. 가치관

① 사람들이 어떤 사회계층에 속해 있는지를 확인할 수 있는 내용이다.
② 어느 집단이 여러 구체적인 태도로 서로 조직하고 관련짓고 있는지에 따라서 집단 내 사람들을 분류할 수 있다.

핵심 Check

사회계층의 구성요소가 소비행동에 미치는 영향

직업, 교육수준, 소유물, 소득, 유산 등의 개인의 사회경제적 구성요소는 상류계층, 중간계층, 근로계층, 하위계층 등 개인의 사회적 지위를 결정하고 이는 선호도, 구매, 소비 등 개인의 행동을 규정짓는다.

03 사회계층의 측정 ★★ 기출개념

1. 주관적 방법
① 본인이 어느 계층에 속한다고 지각하는지를 직접 질문하는 방식으로 응답자의 주관적 계층의식을 측정한다.
② 이 방법은 사람들이 사회계층 내에서 차지하는 각각의 지위를 잘 알고 있을 것이라는 전제를 바탕으로 하고 있다.
③ 단점: 응답자가 솔직한 응답을 회피할 가능성이 매우 높다.

2. 평판이용법
① 다른 사람의 계층을 구성원들에게 평가하도록 하는 방법이다.
② 장점: 소수 몇 사람의 사회적 지위를 파악하는 데 유용하다.
③ 단점: 집단 안에서 서로의 사회적 지위를 잘 알고 있어야 한다.

3. 객관적 방법
① 소득, 직업, 학력, 주거형태 등의 변수들에 대한 정보를 수집하여 척도화하는 방식이다.
② 연구자가 사회계층 지표를 선정하고 그 가중치를 자의적으로 결정하기 때문에 객관성이 침해될 수 있다.

04 사회계층과 마케팅 전략

1. 제품 전략
① 계층별로 선택하는 제품이나 사용하는 제품이 다르다.
② 목표계층에 적합한 이미지나 콘셉트를 찾아내는 것이 중요하다.

2. 유통 전략
① 계층별로 상이한 점포를 선택한다.
② 사회계층이 높은 경우에는 독점적으로 제품을 취급하는 전속적 유통을 선호한다.

3. 광고/촉진 전략
① 계층별로 상이한 매체를 사용하며, 메시지의 지각 차이가 다르다.
② 광고 메시지 구조를 차별화하는 것이 필요하다.

기출개념확인

01 사회계층의 특성 중 사람들이 어떤 사회계층에 속해 있는지를 반증해주는 것은?
① 규범성
② 다차원성
③ 동태성
④ 가치관

02 사회계층이 정체되어 있지 않고 항상 변화하는 것을 가리키는 말은?

정답·해설

01 ④
사회계층의 한 요소인 가치관은 사람들이 어떤 사회계층에 속해 있는지를 반증해준다. 어느 집단이 여러 구체적인 태도로 서로 조직하고 관련짓고 있는지에 따라 집단 내 사람들을 분류할 수 있다.

02 동태성
사회계층은 이동 범위, 개방성, 계층 이동성 등 계층 간 이동이 가능한 동태적 특성을 가지고 있다. 이에 따라 기업은 고객의 경제적 변화와 사회적 변화를 지속적으로 추적하여 고객에게 필요한 상품을 제안하는 노력이 필요하다.

제2절 준거집단

01 준거집단의 개념

1. 준거집단의 정의 ★★ [기출개념]
① 개인의 행동에 직접 또는 간접적인 영향을 미치는 개인이나 집단이다.
② 한 개인이 자신의 신념, 태도나 가치, 행동 방향을 결정하는 데 준거기준으로 삼고 있는 사회집단이다.
③ 어떤 상품을 구매하거나 사용함에 있어 자신의 소비생활에 영향을 미치는 사람들의 집단이다.
④ 사람들은 준거집단의 규범을 준수함으로써 자신을 방어하고 자아 이미지를 유지하려고 한다.
⑤ 소비자의 환경 내에는 다양한 준거집단들이 존재하며, 소비자는 그러한 집단 중 일부에 속해 있거나 다른 집단에 소속하기를 열망한다.

2. 준거집단의 영향력
① 준거집단의 영향력은 그 집단의 잠재된 사회적인 힘에서 비롯된다.
② 어떤 소비자가 자신과 어떤 집단을 동일시하는 경우에 준거집단이 나타난다.

3. 동일시가 일어날 가능성이 높은 상황
① 근접성이 높은 경우: 사람들은 주변 가까이에 있는 사람들과 상호작용이 많으므로 주변과 관계가 형성될 가능성이 높아진다.
② 단순 노출이 많은 경우: 사람들은 대체로 자주 보게 되는 대상에 익숙해지면서 좋아하게 된다.
③ 집단 응집성이 높은 경우: 집단 응집성은 구성원이 집단의 멤버십에 대해 가치 있게 여기는 수준이며, 이는 집단규모가 작을수록 높아진다.

📝 개념 Plus

준거집단의 영향력 유형
준거집단의 영향력에는 다음과 같은 유형이 있다.
- 강제적 힘(coercive power): 공포, 물리적 위협에 의존하는 것
- 보상적 힘(reward power): 상대방에게 가치 있는 것을 제공할 수 있는 능력
- 전문적 힘(expert power): 전문적 지식이나 기술에서 오는 영향력
- 합법적 힘(legitimated power): 지위나 역할로부터 오는 공식적인 권한에 기초
- 준거적 힘(referent power): 존경, 태도나 행동을 본받고 싶어 하는 열망에서 나오는 것

02 준거집단의 유형

	비공식적	공식적
1차적	• 가족, 친구 • 접촉 빈도 높음 • 구매 의사결정 영향 높음	• 직장 동료, 학교 급우 • 접촉 빈도 높음 • 공식적 관계 유지
2차적	스포츠 동우회	• 학교 동창, 사교 클럽 • 지속적 상호작용 적음

[그림 9-1] 준거집단의 유형

1. 1차 집단과 2차 집단 ★★★ 기출개념

(1) 1차 집단

① 작은 규모로서 서로 자주 접촉하는 집단이다.
② 구성원의 행동을 규제하고 상호 정보를 교환하는 네트워크로서의 역할을 수행한다.
③ 1차 집단의 유형
  ㉠ 공식 집단
   • 학교와 기업에서 접촉이 빈번한 동료들이다.
   • 조직구조에서 공식적으로 등록되어 있는 경우이다.
   • 조직에서 각종 정보와 행동의 기준을 제공받는다.
  ㉡ 비공식 집단
   • 가족과 친구들이 대표적이다.
   • 혈연, 우정, 친교 등으로 자연스럽게 형성된 집단이다.
   • 조직 규범은 존재하지만 공식화되어 있지 않은 집단이다.

(2) 2차 집단

① 접촉 빈도와 친밀감이 상대적으로 낮은 집단이다.
② 서로의 행동에 미치는 영향력이 작은 집단을 말한다.
③ 2차 집단의 유형
  ㉠ 공식 집단: 동창회와 같이 공식적인 관계를 가지고 있는 집단이다.
  ㉡ 비공식 집단: 스포츠 활동을 함께 즐기거나 하는 집단이다.

2. 열망집단과 회피집단 ★★★ 〔기출개념〕

(1) 열망집단
열망집단은 연예인이나 기업 대표와 같이 자신이 닮고 싶고 본받기를 열망하는 집단으로, 기대 열망집단과 상징적 열망집단이 있다.

(2) 회피집단
① 회피집단은 속하기를 원하지 않는 집단 또는 규범이나 신념을 회피하고 싶은 집단을 말한다.
② 부인집단: 회피집단에 자신이 속해 있지만 이를 인정하지 않으며, 벗어나고 싶어 하는 집단을 의미한다.

(3) 회원제 준거집단(회원집단)
① 본인이 이미 그 구성원(회원)으로 속해있는 집단을 말한다.
② 같은 집단에 속해 있는 사람들이므로 서로를 알고 있으며, 지속적으로 접촉한다.
③ 1차 집단, 2차 집단의 비공식 및 공식 집단 모두 그 집단의 회원(구성원)이 되어야만 하는 것이므로 모두 회원제 준거집단 혹은 회원집단이라고 할 수 있다.
④ 열망집단의 경우에는 그 집단의 구성원이 되기를 열망하지만, 아직 회원은 아니므로 열망집단은 회원집단이 될 수 없다.
⑤ 회원제 준거집단에서는 집단 응집성이 나타나고, 이에 따라 함께 소비하려는 경향도 강해진다.

03 준거집단의 영향 ★ 〔기출개념〕

1. 규범적 영향
① 개인이 보상을 얻고자 하거나 처벌을 피하고자 하는 실용적 목적을 가지고 준거집단의 신념이나 규범에 순응하는 경우에 발생한다.
② 규범적 영향을 실용적 영향이라고도 부른다.
③ 준거집단은 집단의 규범과 기대에 순응하는 소비자에게는 사회적 보상을 제공하고, 그렇지 않은 소비자에게는 사회적 제재를 가함으로써 집단 규범에 순응하도록 영향을 미칠 수 있다.

2. 정보적 영향
① 준거집단의 정보적 영향이 증가하는 경우는 그들이 제공하는 정보가 신뢰할 만하다고 판단될 때이다.
  예 치과의사가 출연하는 껌 광고, 연구자가 직접 출연하는 유산균 음료 광고
② 신뢰성 있는 정보의 원천이 된다.
③ 구매위험이 있고 복잡하며 고관여이며 탐색할 수 없는 상품인 경우가 많다.

3. 가치표현적 영향

① 소비자가 자신의 자아 이미지를 유지하거나 강화하기 위해 어떤 집단의 가치나 라이프스타일을 본받을 때 발생한다.
② 긍정적인 집단과의 일체성을 가지며 자아 이미지를 강화하고, 부정적인 면을 갖는 집단과 차별화하여 자신의 정체성을 확립하려 한다.

영향력 성격	목표	원천의 특징	파워의 유형	행동
규범적	보상	파워	보상적	동조
정보적	지식	신뢰성	전문적	수용
가치표현적	자기유지	유사성	준거적	동일시

04 준거집단과 소비행동

1. 필수품

(1) 개인적 소비
개인적 소비는 준거집단의 영향력이 가장 작다.

(2) 공공적 소비
준거집단은 제품의 구매 여부보다 브랜드의 선택에 더욱 큰 영향력을 지닌다.

2. 사치품

(1) 개인적 소비
브랜드 선택보다는 제품 자체의 구매 여부가 더 큰 영향을 미친다.

(2) 공공적 소비
준거집단의 영향력이 가장 크다.

3. 소비 유형과 준거집단의 영향 `기출개념`

구분	필수품	사치품
공공적	• 공공장소에서 사용 − 손목시계 − 자동차 − 옷	• 공공장소에서 사용 − 골프클럽 − 스키 − 요트
개인적	• 개인적으로 사용 − 침대요 − 마루용 램프 − 냉장고	• 개인적으로 사용 − 가정용 비디오 게임 − 쓰레기 압축기 − 얼음 제조기

기출개념확인

01 다음 중 준거집단의 정보적 영향을 많이 받는 상품군이 <u>아닌</u> 것은?

① 고관여 상품
② 구매위험이 있는 상품
③ 탐색재
④ 복잡한 상품

02 열망집단에 대해 설명하시오.

정답·해설

01 ③
준거집단의 정보적 영향을 많이 받는 상품군은 복잡하고 구매위험이 있으며, 고관여인 경우이거나 관찰만으로는 특성을 파악하기 어려운 제품인 경우가 많다. 예시로 컴퓨터를 구매하기 전에 컴퓨터 동호회의 의견을 듣는 경우를 들 수 있다.

02 열망집단은 연예인이나 기업 대표와 같이 자신이 닮고 싶고 본받기를 열망하는 집단을 말하며, 실제 소비자 본인이 소속된 집단은 아니다. 이러한 열망집단은 유형에 따라 기대 열망집단과 상징적 열망집단으로 나눌 수 있다.

제3절 가족

01 가족시장의 개념

1. 가족의 개념
① 가족은 생물학적 뿌리를 가진 사회학적인 개념이다.
② 가족은 공동으로 소비하는 제품이 많다는 측면에서 구매를 결정하는 데 많은 영향을 미친다.
③ 가족은 하나의 구매 단위로, 소비자 시장을 측정하는 데 적절한 분석 단위이다.

2. 가족시장의 특성
① 전통적인 의미에서의 가족은 결혼, 혈연, 입양 등을 통해 함께 살아가는 운명공동체 집단이다.
② 주거 단위를 함께 사용하는 집단이다.

3. 가족시장의 중요성 ★ 기출개념
① 가족 단위에서 구매, 사용하는 제품이 많다.
② 관례, 혼례와 같은 관혼상제 등 가정 및 가족 상호관계에서 발생하는 각종 의식, 의례, 행사와 관련된 시장기회와 시장규모가 상당히 크다.
③ 가정을 가진 소비자와 미혼인 소비자의 소비활동에는 큰 차이가 있으며, 비록 소비자 개인이 스스로 돈을 벌어서 스스로 사용한다고 하더라도 가족구성원들의 영향을 많이 받고 있다.
④ 구매결정자는 부모이고, 사용자는 자녀인 경우처럼 구매결정자와 사용자가 다른 경우가 있다는 특징이 있다.
⑤ 모든 인간은 반드시 한 가족의 구성원으로 가족의 영향이 직·간접적으로 개인의 소비행동에 깊숙이 자리 잡고 있다.
⑥ 가족의 수명주기가 변화함에 따라 가족구성원의 구매 패턴도 달라지는 경향이 있다.

> **개념 Plus**
>
> **가족의 개념**
> 가족은 가구 또는 가계라는 의미도 포함되는데, 0 는 주거 단위를 함께 사용하는 집단이라는 의미이다.

02 가족 생애주기 ★★★ 기출개념

1. 가족 생애주기에 따른 소비 변화

(1) 1단계: 독신 단계
① 부모 및 형제들의 영향력에서 벗어나 새로운 가정을 꾸밀 수 있는 능력을 갖기 시작한 단계이다.
② 수입은 적으나 고정적 지출이 적고 가처분소득이 많아 레저 등의 취미생활에 대한 지출과 다양한 소비가 나타날 수 있다.

(2) 2단계: 신혼부부 단계
기본 필수품은 혼수로 장만되며, 자녀가 없어 가정용 내구재 구입과 미래의 지출을 준비하기 위해 노력하는 단계이다.

(3) 3단계: 보금자리 1기
① 자녀가 있으며, 가장 어린 자녀가 6세 이하이다.
② 초기에는 장난감 등 어린이 용품의 지출이 증가하나 자녀가 성장하면서 가정의 가처분소득이 자녀교육과 주거안정을 위한 목적으로 지출되는 비중이 크다.

(4) 4단계: 보금자리 2기
① 가장 어린 나이의 자녀가 초등학교에 취학하는 시기이다.
② 자기집을 소유하는 비율이 증가하여 텔레비전, 냉장고, 세탁기 등 가전제품도 새로이 고급품으로 대체하는 단계이다.

(5) 5단계: 보금자리 3기
① 자녀들이 성장하여 경제적으로 독립하기 시작하는 단계이다.
② 가계 전체의 소득이 가장 많은 단계로 부부 단위의 여행이나 레저 등 자유로운 소비가 증가한다.

(6) 6단계: 노부부 1기
① 자녀들이 결혼 등으로 집을 떠나 부모의 경제적 도움을 받지 않는 시기이다.
② 가장은 아직 취업 중이며 저축이 많아 가처분소득이 많은 단계이다.

(7) 7단계: 노부부 2기
① 가장이 직장에서 퇴직하여 가족 소득이 감소하며, 소비지출이 적은 단계이다.
② 노후의 건강관리에 신경을 쓰는 단계이다.

(8) 8단계: 고독한 생존기
① 부부 가운데 한 사람만 남게 된 시기이다.
② 소득이 격감하고 의료 서비스가 중요해지는 단계이다.

> **개념 Plus**
>
> **가족 생애주기의 설명력**
> 전통적 사회의 경우 가족 생애주기를 활용한 마케팅 및 커뮤니케이션 전략은 매우 효과적이나 기존 가족구조의 해체로 수정된 가족 생애주기가 나타남에 따라 효과적인 도구가 되지 못하고 있다. 향후 가족 생애주기의 영향력은 계속 감소할 것으로 예상된다.

2. 가족의 기능과 소비 변화

(1) 경제적 기능
① 남편이 혼자 벌어들이는 가정과 남편과 부인이 함께 벌어들이는 가정의 경우 소비 패턴이 다르다.
② 자녀들이 성장함에 따라 교육 소비가 증가한다.

(2) 사회화 기능
① 서로 다른 길을 걸어온 남자와 여자가 만나는 것 자체가 서로의 영역에 대해서 배우는 사회화 과정이라고 할 수 있다.
② 자녀들 또한 성장해가면서 부모로부터 드는 소비자로서 올바른 선택과 소비행동을 할 수 있는 태도와 지식을 배우게 된다.

(3) 정서적 기능
① 가족은 사랑과 희생이 가장 근본적으로 나타나는 단위이다.
② 가족구성원이 어려움에 빠질 때 서로 사랑하며 심리적 안정을 찾아 사회생활의 활력을 찾기 위해 소비가 증가한다.
③ 따라서 가족 소비에는 사랑을 중심으로 많은 상징과 의미가 담겨있게 된다.

03 가족 구매 의사결정

1. 가족구성원의 역할분담 ★ 기출개념
① **정보수집자**: 바람직한 상품 및 구매가능한 상품에 관한 정보를 가족구성원이 통제해 시장에서의 행동에 영향을 미친다.
② **영향력 행사자**: 다른 구성원에게 소비재 구매에 관해 영향을 주는 사람으로 실제 그 상품의 소비에 직접 참여하고 그것에 대한 평가를 통해 영향력을 미친다.
③ **의사결정자**: 최종적으로 구매 여부, 구매 물품, 구매 시기를 결정하는 사람이며, 이를 결정하는 사람이 반드시 한 사람인 것은 아니다.
④ **구매자**: 제품 브랜드나 상점 등에 대한 재량권을 가지고 실제 제품을 구매하는 사람을 의미한다.
⑤ **사용자**: 제품에 따라서 개인 또는 가족구성원 전체로 나뉠 수 있는데, 최근에는 개인이 사용자인 경우가 증가하고 있다.

2. 공동 의사결정
① 가족구매의 특성상 가족들이 공동으로 구매 활동에 참여하는 경우가 많다.
② 구매에 따르는 위험 지각이 높을수록 구매 결정에 참여도가 높아진다.
③ 공동 의사결정은 사회계층이 중층인 집단에서 많이 발생한다.

3. 가족구성원 간의 영향력 관계

(1) 남편과 아내의 영향력 관계
① 가정 밖에서 사용되는 자동차 등 기계적으로 복잡하거나 값이 비싼 경우에는 남편 지배적인 경향이 강하고, 가정 내부에서 사용되는 세제나 가전제품 등은 아내 지배적인 경향이 있다.
② 최근에는 직장을 가진 아내의 수가 증가함에 따라 아내와 남편이 서로에게 끼치는 영향력이 대등해지고 있다.

(2) 부모와 자녀 상호 간 영향력 관계

가정의 종류	영향력 관계
자유방임형 가정	• 가족구성원 상호 간에 의사소통을 중요시하지 않는 가정 • 부모-자녀 간의 의사소통이 거의 없음
보호형 가정	• 자녀에게 복종 및 의사소통에서 사회적 조화를 강요하는 가정 • 개념 지향성의 의사소통은 거의 이루어지지 않음
다원형 가정	• 복종과 권위를 내세우지 않고, 자녀들에게 자유롭게 새로운 사고를 갖거나 혹은 표현하게 하는 가정 • 개방적인 의사소통이 이루어짐
합의형 가정	가정의 질서나 조화를 깨뜨리지 않는 한도 내에서 자유롭고 개방적으로 의사소통함

기출개념확인

01 다음 중 가족에 대한 설명으로 틀린 것은?
① 과거에는 확대가족이 매우 흔했으나 산업화, 도시화에 따라 핵가족 사회가 되었다.
② 한 사회의 기초 단위이자 개인의 1차적 준거집단이다.
③ 전통적인 의미에서는 결혼, 혈연, 입양 등을 통해 함께 살아가는 운명공동체 집단이다.
④ 가족은 가구 또는 가계의 의미와 다르다.

02 가족이 가지는 세 가지 기능에 대해 설명하시오.

정답·해설

01 ④
가족은 가구 또는 가계라는 의미도 포함되는데, 이는 주거 단위를 함께 사용하는 집단이라는 의미이다.

02 가족의 기능에는 경제적 기능, 사회화 기능, 정서적 기능이 있다. 가족의 소득수준에 따라 소비 패턴이 달라지며, 자녀는 부모로부터 소비행동에 대해 학습하고 습득하는 과정을 거치게 된다. 또한, 여러 가족구성원의 감정적인 상태에 따라서 심리적 안정 및 소비수준이 달라질 수 있다.

제9장 | 주관식 집중 공략

01 한 사회 내에서 거의 동일한 지위에 있는 사람들로 구성되는 것을 무엇이라고 하는지 쓰시오.

|답안| 사회계층
|해설| 사회계층의 개념에는 지위, 위계, 상대적 서열의 의미가 포함되어 있다.

02 사회계층의 측정 중에서 조사 대상자를 잘 알거나, 그들에게 익숙해 있는 사람들을 평가자로 선정하여 각 대상자들의 계층 지위를 평가하는 방법은 무엇이라 하는지 쓰시오.

|답안| 평판이용법
|해설| 평판이용법은 다른 사람의 계층을 구성원들에게 평가하도록 하는 방법이다.

03 준거집단의 영향을 증대시키는 요인에 대하여 간단히 설명하시오.

| 답안 | 준거집단의 영향을 증대시키는 요인은 집단 자체의 특성으로 집단이 전문성을 많이 가진다고 지각될 때, 개인이 집단과 동일시되려는 열망이 클 때, 집단이 개인에게 보상을 줄 수 있다고 지각될 때, 집단이 개인에게 벌을 주거나 보상을 철회할 수 있다고 지각될 때, 집단이 개인에게 특정한 행동을 요구할 합법적 권한이 있다고 지각될 때 등이 있다.

| Tip | 준거집단의 영향이 증대되는 조건에 대해 이해한 후, 간략하게 설명할 수 있어야 한다.

04 사회계층의 개념에 지위(status), 위계(hierarchy), 서열(rank)의 의미가 포함되어 있다는 내용은 사회계층의 어떤 측면을 반영하는 것인지 쓰시오.

| 답안 | 포괄성

| 해설 | 사회계층의 포괄성은 지위, 위계, 상대적 서열의 의미를 포괄함을 지칭한다.

05 사회계층 중 가족의 구성방식을 바탕으로 해당 구성방식의 변화에 따른 소비 변화를 확인하고 마케팅 전략을 실행하는 근거가 되는 개념을 무엇이라고 하는지 쓰시오.

| 답안 | 가족 생애주기

| 해설 | 가족 생애주기는 가족의 구성방식이 독신 단계, 신혼부부 단계, 자녀가 있는 보금자리 단계, 자녀가 독립한 노부부 단계, 배우자가 없는 생존기 단계 등으로 변화함에 따라 소비 변화를 포착하고 이에 따른 마케팅 전략을 수립하고 실행하는 데 효과적인 개념이다.

제9장 | 실전연습문제

객관식

01 한 사회의 구성원들 중에서 거의 동일한 지위에 있는 사람들의 집합을 의미하는 것은?
① 동조집단 ② 사회계층
③ 열망집단 ④ 가족

02 다음 중 사회계층의 특성이 아닌 것은?
① 규범성 ② 다차원성
③ 정체성 ④ 서열

03 사회계층의 측정 방법 중 자신이 속한 계층에 대해 지각하고 있는 것으로 알아보는 방법은?
① 객관적 방법 ② 주관적 방법
③ 정보탐색법 ④ 평판이용법

04 준거집단에서 동일시가 일어날 가능성이 높은 경우에 해당되지 않는 것은?
① 응집성이 높은 경우
② 근접성이 높을 경우
③ 단순 노출이 많을수록
④ 개인성이 강할수록

05 다음 중 준거집단의 유형에 대한 설명으로 틀린 것은?
① 회피집단은 속하기를 원하지 않는 집단 또는 규범이나 신념을 회피하고 싶은 집단을 말한다.
② 2차 집단은 1차 집단보다 영향력이 크다.
③ 1차적 준거집단은 구성원 간의 접촉빈도가 높으며, 친밀감이 높은 집단이다.
④ 연예인이나 전문경영인과 같이 자신이 닮고 싶고 본받기를 열망하는 집단을 열망집단이라 한다.

06 가족구성원의 역할분담 중에서 상품의 소비에 직접 참여하고 평가를 하는 사람은?
① 의사결정자 ② 영향력 행사자
③ 구매자 ④ 정보수집자

07 다음 중 가족시장의 중요성에 대해 잘못 설명한 것은?

① 가족이 있으면 반드시 가정이 있다.
② 모든 인간은 반드시 한 가족의 구성원이 된다.
③ 구매 의사결정자와 사용자가 다른 구성원인 경우가 많다.
④ 가정의 수명주기가 변화함에 따라서 가족구성원의 구매 패턴도 달라지는 경향이 있다.

10 준거집단에 대한 설명으로 바르지 않은 것은?

① 어떤 소비자가 자신과 어떤 집단을 차별화하는 경우에 준거집단이 나타난다.
② 소비자의 환경 내에는 다양한 준거집단들이 존재하며, 소비자는 그러한 집단 중 일부에 속하여 있거나 다른 집단에 소속하기를 열망한다.
③ 그 집단의 잠재된 사회적 힘에서 비롯된다.
④ 사람들은 준거집단의 규범을 준수함으로써 자신을 방어하고 자아 이미지를 유지하려고 한다.

[기출유형]

08 한 개인의 사회 내에서 사회적 지위를 결정하는 속성이 아닌 것은?

① 소득   ② 교육수준
③ 개성   ④ 소유물

[기출유형]

11 준거집단이 개인에게 미치는 영향력의 차원으로 해당되지 않는 것은?

① 규범적 영향   ② 정보적 영향
③ 가치표현적 영향   ④ 정서적 영향

09 사회계층의 특성 중 하나인 서열에 대한 설명으로 바르지 않은 것은?

① 비슷한 위치에 있는 사람들에게는 사회적으로 서열을 매겨 동일한 사회적 지위를 부여한다.
② 사회계층화는 개인이 타인이나 다른 집단을 지배할 권력을 유지하고 강화하는 현상이다.
③ 사회계층을 구성하는 각각의 사회적 지위에는 객관성이 포함된다.
④ 사회계층을 이해하는 방법을 권력 관계에서 찾는다.

[기출유형]

12 준거집단의 유형에 대한 사례로 잘못 짝 지어진 것은?

① 비공식적 1차 집단 – 가족
② 공식적 1차 집단 – 친척
③ 비공식적 2차 집단 – 만화 동호회
④ 공식적 2차 집단 – 고교 동창회

주관식

13 사회계층의 특징을 3가지 이상 쓰시오.

14 개인이 미래에 소속되기를 바라는 준거집단을 무엇이라 하는지 쓰시오.

15 사회계층의 측정 방법에 대해 서술하시오.

16 사회계층의 측정 방법 중 객관적 방법에 대해 설명하고 그 한계점을 기술하시오.

기출유형

17 한 개인의 행동에 직접 또는 간접적인 영향을 미치는 개인이나 집단이며 어떤 상품을 구매하거나 사용함에 있어 자신의 소비생활에 영향을 미치는 사람들의 집단을 무엇이라고 하는지 쓰시오.

기출유형

18 준거집단의 개념 중 본인이 이미 그 구성원(회원)으로서 속해있는 집단을 말하며 집단 응집성이 나타나고 이에 따라 함께 소비하려는 경향도 강한 집단을 무엇이라고 하는지 쓰시오.

19 집단에 자신이 속해 있지만 그것을 인정하지 않으며 벗어나고 싶어 하는 집단을 의미하는 개념을 쓰시오.

20 다음 내용을 읽고 가족의 기능 중 어떤 측면에 대한 설명인지 쓰시오.

> 남편 혼자 벌어들이는 전통적인 유형의 가정과 남편과 부인이 함께 벌어들이는 가정의 경우 소비 패턴이 다르며 부양 자녀들이 성장함에 따라 교육 소비가 증가한다.

제9장 | 실전연습문제 정답·해설

객관식

01	02	03	04	05
②	③	②	④	②
06	07	08	09	10
②	①	③	③	①
11	12			
④	②			

01 ②
한 사회의 구성원들 중 거의 동일한 지위에 있는 사람들의 집합을 의미하는 것은 사회계층이다.

02 ③
사회계층의 특성에는 다차원성, 동태성, 규범성, 서열, 가치관이 있다.

03 ②
주관적 방법은 사람들이 사회의 계층구조 내에서 자신이 차지하는 각각의 지위를 잘 알고 있을 것이라는 전제를 바탕으로 하고 있다.

04 ④
준거집단에서 동일시가 일어날 가능성이 높은 경우는 근접성이 높은 경우, 단순 노출이 많은 경우, 응집성이 높은 경우이다.

05 ②
2차 준거집단은 접촉빈도와 친밀감이 상대적으로 낮은 집단이다. 구성원들끼리 가끔 만나는 어떤 협회나 지역단체 등이 이에 해당한다. 따라서 2차 집단은 1차 집단보다 영향력이 떨어진다.

06 ②
영향력 행사자는 소비재 구매에 대해 다른 구성원에게 영향을 주는 사람으로 실제 그 상품의 소비에 직접 참여하고 그것에 대한 평가를 통해 영향력을 미친다.

오답분석

③ 구매자는 제품 브랜드 또는 상점 등에 대해 재량권을 가지고, 실제 제품을 구매하는 사람이다.

07 ①
가정은 가족이 만드는 사회적 관계, 정서적 분위기, 문화적 행동의 집합체이다. 가족이 있다고 해서 반드시 가정이 있는 것이 아니며, 한 가족이 한 가정만을 구성하지도 않는다.

08 ③
개성은 개인의 특질을 결정하는 요소로, 사회계층을 구성하는 요인이 아니다.

오답분석

①, ②, ④ 한 개인의 사회 내에서 사회적 지위를 결정하는 속성에는 소득, 교육수준, 소유물, 직업 등이 있을 수 있다.

09 ③
서열은 어떤 기준에 따라 상대적으로 정한다는 의미가 내포되어 있다. 비슷한 위치에 있는 사람들에게는 사회적으로 서열을 매겨 동일한 사회적 지위를 부여하는데, 이러한 지위에는 상징성이 포함된다.

오답분석

②, ④ 서열은 사회계층을 이해하는 방법을 권력관계에서 찾는 방식이다. 이로 인한 사회계층화는 개인이 타인이나 다른 집단을 지배할 권력을 유지하고 강화하는 현상이다. 남에게 보이기 위한 소비로 지위가 높아질수록 자신들의 지위에 맞는 제품이나 서비스를 구매하는 경향이 높다.

10 ①

준거집단은 어떤 소비자가 자신과 어떤 집단을 동일시하는 경우에 나타난다.

> 참고 **준거집단**
> 준거집단의 영향력은 그 집단의 잠재된 사회적 힘에서 비롯된다. 어떤 소비자가 자신과 어떤 집단을 동일시하는 경우에 준거집단이 나타난다. 사람들은 준거집단의 규범을 준수함으로써 자신을 방어하고 자아 이미지를 유지하고자 한다. 소비자의 환경 내에는 다양한 준거집단들이 존재하며, 소비자는 그러한 집단 중 일부에 속하여 있거나 다른 집단에 소속하기를 열망한다.

11 ④

준거집단이 미치는 영향력에는 개인이 보상을 얻고자 하거나 또는 처벌을 피하고자 하는 실용적 목적을 가지고 준거집단의 신념이나 규범에 순응하는 경우에 발생하는 '규범적 영향', 준거집단의 정보적 영향이 증가하는 경우는 그들의 정보가 신뢰할 만하다고 판단하는 '정보적 영향', 소비자가 자신의 자아 이미지를 유지하거나 강화하기 위해 어떤 집단의 가치나 라이프스타일을 본받을 때 발생하는 '가치표현적 영향'이 있다.

12 ②

1차 집단의 유형 중 공식 집단은 조직구조에서 공식적으로 등록되어 있는 학교와 기업에서 접촉이 빈번한 동료들이다. 비공식 집단은 혈연, 우정, 친교 등으로 자연스럽게 형성된 가족과 친구들이 대표적이다.
2차 집단의 유형 중 공식 집단은 동창회와 같이 공식적인 규범 및 관계를 가지고 있는 집단이다. 비공식 집단은 취미, 스포츠 활동을 비공식적으로 함께 즐기는 집단이다.

주관식

13

| 답안 | 다차원성, 동태성, 규범성, 서열, 가치관
| 해설 | 사회계층의 특성에는 다차원성, 동태성, 규범성, 서열, 가치관이 있다.

14

| 답안 | 열망집단
| 해설 | 열망집단은 자신이 닮고 싶고 본받기를 열망하는 집단으로, 기대 열망집단과 상징적 열망집단이 있다. 이 중, 기대 열망집단은 개인이 미래 어느 시점에 참여하고 소속되길 기대하는 집단이며, 현재 접촉을 하고 있는 경우가 많다. 예를 들면, 조직의 계층상에서 개인이 소속되기를 원하는 상위집단이라고 할 수 있다.

15

| 답안 | 사회계층을 측정하는 방법에는 주관적 방법, 평판이용법, 객관적 방법이 있다. 주관적 방법은 본인의 계층에 대한 스스로의 지각을 묻는 방식으로 응답자의 주관적 계층의식을 측정한다. 평판이용법은 다른 사람의 계층을 구성원들에게 평가하도록 하는 방법이다. 마지막으로 객관적 방법은 소득, 직업, 학력, 주거형태 등의 변수들에 대한 정보를 수집하여 척도화하는 방식이다.

답안 작성 Tip
주관적 방법, 평판이용법, 객관적 방법의 측정방식 차이와 측정을 위해 사용하는 내용을 중심으로 기술해야 한다.

16

| 답안 | 객관적 방법은 소득, 직업, 학력, 주거형태 등의 변수들에 대한 정보를 수집하여 척도화하는 방식이다. 객관적 방법의 한계는 최종적으로는 연구자가 사회계층 지표를 선정하고 그 가중치를 자의적으로 결정하기 때문에 객관성이 침해될 수 있다는 부분이다.

답안 작성 Tip
객관적 방법의 측정방식의 개념과 한계점을 구분해서 기술해야 한다.

17

| 답안 | 준거집단
| 해설 | 준거집단은 한 개인이 자신의 신념, 태도나 가치, 행동방향을 결정하는 데 준거기준으로 삼고 있는 사회집단이며, 어떤 상품을 구매하거나 사용함에 있어 자신의 소비생활에 영향을 미치는 사람들의 집단이다. 사람들은 준거집단의 규범을 준수함으로써 자신을 방어하고 자아 이미지를 유지하려고 한다.

18

|답안| 회원제 준거집단(회원 집단)

|해설| 회원제 준거집단(회원 집단)은 본인이 이미 그 구성원(회원)으로서 속해있는 집단을 말하며 같은 집단에 속해 있는 사람들이기 때문에 서로를 알고 있으며 지속적으로 접촉하는 성격을 띤다. 회원제 준거집단에서는 집단 응집성이 나타나고 이에 따라 함께 소비하려는 경향도 강해진다.
열망집단의 경우에는 그 집단의 구성원이 되기를 열망할 뿐 아직 회원은 아니므로 열망집단은 회원집단이 될 수 없다.

19

|답안| 부인집단

|해설| 회피집단은 속하기를 원치 않는 집단 또는 규범이나 신념을 회피하고 싶은 집단을 말한다. 이 중 부인집단은 회피집단에 자신이 속해 있지만 그것을 인정하지 않으며 벗어나고 싶어 하는 집단을 의미한다.

20

|답안| 경제적 기능

|해설| 가족의 경제적 기능은 남편이 혼자 벌어들이는 가정과 남편과 부인이 함께 벌어들이는 가정 간 차이, 자녀들의 성장수준에 따라 소비 패턴이 다르다는 내용이다.

무료 학습자료 제공 · 독학사 단기합격 **해커스독학사**
www.haksa2080.com

무료 학습자료 제공 · 독학사 단기합격 **해커스독학사**
www.haksa2080.com

전문가가 분석한 출제경향 및 학습전략

제10장 자아(Self)에서는 자아개념과 성역할과 관련된 내용에 대해 학습하게 된다. 자아개념과 성역할은 소비자행동론에서 중요한 비중을 차지하는 단원은 아니다. 따라서 자아 및 성에 대한 개념과 특성, 핵심 이론, 그리고 이를 바탕으로 마케팅 전략에 어떻게 활용될 수 있는지 적용사례들을 잘 이해하면서 학습하면 된다.

제10장 | 핵심 키워드 Top 10

핵심 키워드 Top 10은 본문에도 동일하게 ★로 표시하였습니다.

01	자아개념(self concept) ★★★	p.266
02	성 주입(gender indoctrination) ★★★	p.270
03	자아개념의 다양성 ★★	p.266
04	자아개념의 일관성 ★★	p.267
05	성차(gender difference) ★★	p.270
06	성역할의 개념 ★★	p.270
07	자아개념에 관한 이론 ★	p.267
08	자아개념과 마케팅 ★	p.268
09	성 범주화 ★	p.271
10	성적 소구 광고의 개념 ★	p.272

제10장

자아(Self)

제1절 자아에 대한 관점
제2절 성역할

제1절 자아에 대한 관점

01 자아의 개념

1. 자아개념(self concept) ★★★ 기출개념
① 자신이 누구인가에 대한 견해 또는 이미지를 의미한다.
② 자아개념은 개인들이 자기 자신을 어떻게 지각하고 있는지에 대한 것과 그들이 소비자로서 보이는 행동 간에 있을 수 있는 관계를 조사하기 위해 이용되고 있는 개념이다.

2. 제임스(James)의 자아 유형

구분	유형
정신적 자아	사고, 느낌, 관심, 노력
물질적 자아	의복, 생활의 일부로 느끼는 것
사회적 자아	사회집단, 관계 맺는 자아

> **개념 Plus**
> **쿨리와 로저스의 자아개념**
> 제임스 외에도 쿨리(Cooley)는 남들이 나를 어떻게 보는가의 의미를 함축하는 개념으로 '거울 자아(looking-glass self)'를 제시하였으며, 로저스(Rogers)는 있는 그대로의 '실제적 자아'와 이상을 추구하는 '추구하는 자아'로 나누어 자아개념을 설명하였다.

02 자아개념의 특성

1. 자아개념의 다양성 ★★ 기출개념

(1) 단일 요인 이론
실제적 자아에 초점을 두고 있다.

(2) 다중 요인 이론
① 자아를 충분히 이해하기 위해서 그것을 두 가지 이상의 요인들로 구성되어 있다고 보는 관점이다.
② 실제적 자아, 이상적 자아, 사회적 자아, 이상사회적 자아, 표현적 자아 등이 있다.

2. 자아개념의 일관성 ★★ 기출개념

① 개인의 자아개념은 단기적으로 고도의 일관성을 보인다.
② 자아구조가 비교적 안정된 이유
　㉠ 자아는 변경에 저항하려는 타성적 경향을 지닌다.
　㉡ 자아는 일단 형성되면 환경정보에 대한 선택적 지각 때문에 변화를 가져올 가능성이 낮다.

03 자아개념에 관한 이론 ★ 기출개념

1. 편견 이론
개인의 정체성 욕망과 더불어 그가 자신의 욕망을 얼마나 충족시키고 있는지를 확인하기 위한 정보를 얻기 위해서 환경에 대한 편협한 생각을 갖게 되는데, 바로 그 과정에서 자아개념이 발전되는 것으로 보고 있다.

2. 사회 비교 이론
① 개인들의 자아개념은 타인과 관련해 그들 자신을 어떻게 보느냐에 따라 결정된다고 본다.
② 사람들이 자신을 어떻게 지각하느냐 하는 것은 사회계급과 준거집단 그리고 그들이 중요시하는 다른 사람들과 비교해서 그들의 상대적 위치가 어떠하다고 지각하는지에 따라 다르다.

3. 반사 평가 이론
① 근본적으로 개인이 타인으로부터 받는 평가가 자아개념을 형성하는 것이다.
② 사람들이 단지 수동적으로 타인의 평가를 반영하고 있음을 강조함으로써 자아개념 발전이 다소 억압되어 있다는 인상을 준다.

4. 자기 평가 이론
개인의 어느 것이 사회적으로 허용되고 허용되지 않는 행동인가에 따라 자신의 지배적인 행동패턴을 분리해 냄으로써 자아개념을 형성하는 것으로 본다.

04 자아개념과 마케팅 전략

1. 자아개념과 소비자행동
① 소비자들은 그들의 자아개념을 심리적 발달과 사회적 상호작용을 통해 형성한다.
② 소비자들은 제품이나 상표는 어떤 이미지나 상징적인 의미를 지니고 있다고 생각한다.
③ 상징적인 역할 때문에 소비자들의 선택적 소유, 전시, 사용은 개인 자아를 증진시킬 뿐만 아니라 타인의 자아개념을 정의하는 것에도 도움을 준다.
④ 개인은 한 상징물로서의 상품을 소유함으로써 자신의 자아개념을 증진시키려 한다.
⑤ 소비자가 선호하는 상표는 소비자의 자아개념과 가장 부합되는 상표 이미지를 지니고 있는 것으로 해석될 수 있다.

2. 자아개념과 마케팅 ★ `기출개념`

(1) 자아개념의 한계점
자아라는 것의 측정 자체의 모호성 때문에 실제로 마케팅에 적용하는 것에 한계가 있다.

(2) 자아개념의 마케팅 활용
① 자아개념은 전체시장을 동일한 자아 이미지를 가진 소비자별로 구획화하는 데 유용하다.
② 여러 촉진활동에 효과적으로 적용될 수 있다.
③ 소매점 이미지와도 관련되어 있다.
④ 소비자들의 자아 이미지는 제품 설계에 있어서도 중요한 정보가 될 수 있다.

(3) 자아개념의 마케팅 시사점
① 마케팅 관리자는 자아개념을 근거로 하여 전체시장을 하위집단으로 세분화하고 소비자 지향적인 마케팅 프로그램을 설계할 수 있다.
② 브랜드에 대한 자아개념의 조화나 차이를 발견하여 제품 전략이나 촉진 전략에 활용할 수 있다.
③ 소비자의 자아 이미지와 상표 이미지를 분석함으로써 표적 고객의 자아 이미지에 부합되는 제품 개발에도 기여할 수 있다.

개념 Plus

자아 이미지와 브랜드 이미지
소비자는 자아의 상징적 수단으로 브랜드 이미지를 사용한다. 이에 따라 소비자는 자아 이미지와 일치하는 이미지를 갖는 브랜드는 선호하는 경향이 있다.

기출개념확인

01 다음 중 자아개념의 특성으로 옳은 것은?

① 일관성
② 자율성
③ 단일성
④ 통일성

02 다음 빈칸에 들어갈 말로 알맞은 것을 쓰시오.

( )은/는 자신이 누구인가에 대하여 자신에 대한 견해 또는 이미지를 말한다.

정답·해설

01 ①
자아개념의 특성에는 실제적 자아, 이상적 자아, 사회적 자아, 이상사회적 자아, 표현적 자아 등 다양성과 개인의 자아개념은 단기적으로 고도의 일관성을 보인다는 자아개념의 일관성이 있다.

02 자아개념
자아개념은 자신이 누구인가에 대한 견해 또는 이미지를 의미한다. 자아개념은 개인들이 자기 자신을 어떻게 지각하고 있느냐는 것과 그들이 소비자로서 보이는 행동 간에 있을 수 있는 관계를 조사하기 위해 이용되고 있는 개념이다.

제2절 성역할

01 성적 개념

1. 성차(gender difference) ★★ 기출개념
① 성차가 선천적인 것인지 아니면 문화에 의해 형성되는 것인지에 대해서는 논란이 있다.
② 어떤 사회는 성별에 따른 이상적인 행동을 강조함으로써 남성과 여성의 역할에 대한 가정에 관하여 커뮤니케이션하기도 한다.
　㉠ 남성은 자기주장과 지배를 강조하는 의사결정자적(행위자적) 목표들을 추구한다.
　㉡ 여성은 애착과 조화로운 관계의 조성과 같은 공동의 목표를 추구한다.
③ 모든 사회는 남성과 여성의 적절한 행동에 대한 일련의 기대를 만들어내며, 이러한 성별에 따른 행동의 우선순위를 전달하는 방법을 활용하고 있다.

2. 성 주입(gender indoctrination) ★★★ 기출개념
① 포멜로(Pomerleau): 부모는 자녀들에게 성별에 적합한 옷, 장난감, 머리 모양을 제공함으로써 성 정체성을 지속적으로 부여한다.
② 칼데라와 휴스턴(Caldera & Huston): 부모는 아들과 놀 때와 딸과 놀 때의 방식을 달리하여 이들에게서 다른 반응을 기대한다.
　예 남아의 경우 축구를 권장하고, 여아의 경우 인형놀이를 권장하는 것

02 성역할

1. 성역할의 개념 ★★ 기출개념
① 인간의 행위나 태도와 관련하여 남녀 각각에게 적절한 것으로 규정된 문화적인 기대치를 의미하며, 이는 사회화 과정에서 학습된다.
② 성역할의 사회화 과정은 태어나서 죽을 때까지 평생 동안 지속되는 과정으로써 자아정체감이나 사회에서의 위치 또는 타인과의 관계를 성에 따라 각기 다르게 정해주는 기능을 하게 된다.
③ 성역할의 정체는 신체뿐만 아니라 정신의 상태도 포함한다.

④ 한 개인의 생물학적인 성은 전반적으로 성 유형화된 특성들을 보일 것인지의 여부를 결정하지는 않는다.
⑤ 남자다움과 여자다움은 생물학적 특징이 아니며, 문화에 따라 다를 수 있다.

2. 성 범주화 ★ 기출개념

① **성역할 기준(gender role standard)**: 어떤 성의 구성원들에게 보다 전형적이거나 혹은 적절하다고 생각하는 행동, 가치, 동기 등을 의미한다.
② **표현적 역할(expressive role)**: 여성들에 대한 사회적인 규정으로, 협동적, 양육적이며 친절하고 타인의 요구에 대해 민감해야 한다는 내용이다.
③ **도구적 역할(instrumental role)**: 남성들에 대한 사회적인 규정으로 지배적, 독립적, 경쟁적이고 목표 지향적이어야 한다는 내용이다.

3. 남성과 여성의 성역할

(1) 남성의 성역할
① 전통적인 이상적 남성의 개념: 남자는 주로 스포츠와 같은 활동들을 즐기며, 강인하고 공격적이며 근육질적이다.
② 최근 남성들의 역할은 사회적 교육을 통해 재조정되면서 전통적으로 여성 제품으로 인식되던 헤어·미용 제품도 즐겨 사용하고 있다.

(2) 여성의 성역할
① 최근 여성의 사회적 지위의 향상은 경제적·사회적으로 여성에 대해 지니고 있던 전통적인 가정을 변화시키고 있다.
② 여성 성역할의 진화는 최근 남성에게 복종해야 한다고 기대해온 아시아에서 더 뚜렷하며 마케팅에서는 해당 변화에 대해 전략적으로 대응중이다.
③ 최근 여성 성역할의 진화에도 불구하고 일부 문화권(중동 등)에서는 성역할에 대한 전통적인 개념이 유지되고 있어 여전히 전통적인 성역할에 기반한 마케팅 전략이 수행되고 있다.

03 성을 활용한 마케팅 전략

1. 성 유형화 제품
① 아동이 자신의 성 정체성을 인식하게 되고 해당 성의 구성원들에게 적절하다고 생각되는 동기, 가치, 행동들을 습득하게 되는 과정이다.
② 제품은 남자다움 혹은 여자다움의 속성을 가지고 있으며, 소비자들은 그 제품들을 흔히 어떤 성이나 다른 성어 연관시킨다.
③ 제품에 대한 성 유형화는 대개 마케팅 담당자에 의해 만들어지거나 지속된다.

📋 **개념 Plus**

양성성: 성역할의 변화

양성성이란 사회의 성역할 고정관념을 이루는 내용 중에서 바람직한 여성의 특성과 바람직한 남성의 특성이 결합되어 공존하는 역할이라고 본다. 이는 남성적 행동, 여성적 행동 등 다양한 행동 수행이 가능하고 상황 요구에 따라 유연한 반응을 보여 환경 변화에 효과적으로 대처할 수 있다.

2. 성적 소구 광고(sex-appeal advertising)

(1) 성적 소구 광고의 개념 ★ 기출개념
① 성적 자극을 통하여 소비자들이 광고주가 목표하는 방향으로 반응하게 하는 것이다.
② 성적 소구의 사전적 의미는 '성적인 욕망에 작동한다'이다.
③ 광고 측면의 의미는 '성적 자극을 사용함으로써 광고주가 의도하는 소비자 반응을 얻고자 하는 것'이라고 할 수 있다.
④ 성적 자극은 신체 노출, 신체 노출에의 암시, 육체적 매력성과 같이 3가지로 구분할 수 있다.
⑤ 성적 자극이 최소한의 자극(절대식역) 이상인 경우에 이를 성적 소구 광고라고 할 수 있다.

(2) 성적 소구의 이론적 배경
① 공격 이론(aggression theory): 선정적 자극의 효과는 그 자극으로 인하여 형성된 활성화의 수준, 자극의 순서, 분노의 활성화 정도에 따라서 영향을 받게 된다는 것이다.
② 육체적 매력 이론(theory of physical attractiveness): 모델의 육체적 매력도가 높을수록 광고 및 상표태도, 구매의도가 높다.

기출개념확인

01 다음 중 인간의 행위나 태도와 관련하여 남녀별로 적절한 것으로 규정된 문화적 기대치를 의미하는 것은?

① 성 유형화
② 성역할
③ 성차
④ 성 고정

02 다음 빈칸에 들어갈 말을 순서대로 쓰시오.

> (　　　)와/과 (　　　)은/는 성적 소구를 설명하는 이론으로 선정적 자극의 효과 및 모델의 신체적인 매력도가 높을수록 소비자의 태도 및 구매 의도가 높다는 것을 나타낸다.

정답·해설

01 ②
성역할은 인간의 행위나 태도와 관련하여 남녀별로 적절한 것으로 규정된 문화적 기대치로 사회화 과정에서 학습된다.

02 공격 이론, 육체적 매력 이론
공격 이론(aggression theory)에 따르면 선정적 자극의 효과는 그 자극으로 인하여 형성된 활성화의 수준, 자극의 순서, 분노의 활성화 정도에 따라서 영향을 받게 된다는 것이다. 육체적 매력 이론(theory of physical attractiveness)은 모델의 육체적인 매력도가 높을수록 광고 및 상표태도, 구매 의도가 높다는 이론이다.

제10장 | 주관식 집중 공략

01 다음 빈칸에 들어갈 알맞은 말을 쓰시오.

> 자아개념의 특성으로는 자아개념의 일관성, 자아개념의 (　　　) 등이 있다.

|답안| 다양성

|해설| 자아개념의 특성으로는 자아개념의 일관성 및 다양성이 있다.

　　참고 자아개념의 특성
　　자아개념의 다양성에는 실제적 자아에 초점을 둔 단일 요인 이론과 자아를 충분히 이해하기 위해서는 그것을 두 가지 이상의 요인들로 구성되어 있다고 본 다중 요인 이론이 있다. 또한, 자아개념의 일관성은 개인의 자아개념은 변경에 저항하려는 타성적 경향과 환경정보에 대한 선택적 지각 때문에 단기적으로는 고도의 일관성을 보인다는 내용이다.

02 개인이 정체성 욕망과 더불어 그가 자신의 욕망을 얼마나 충족시키고 있는가를 확인하기 위한 정보를 얻기 위해서 환경에 대하여 편협한 생각을 갖게 되는데, 바로 그 과정에서 자아개념이 발전되는 것으로 보는 자아개념 이론은 무엇인지 쓰시오.

|답안| 편견 이론

|해설| 편견 이론은 개인이 정체성 욕망과 더불어 그가 자신의 욕망을 얼마나 충족시키고 있는가를 확인하기 위한 정보를 얻기 위해서 환경에 대한 편협한 생각을 갖게 되며, 바로 해당 과정에서 자아개념이 발전되는 것으로 보고 있다.

03 성 주입(gender indoctrination) 이론에 대해 설명하시오.

|답안| 포멜로는 부모가 자녀들에게 성에 적합한 옷, 장난감, 머리 모양을 제공함으로써 성 정체성을 지속적으로 부여한다고 보았다. 또한, 칼디라와 휴스턴은 부모가 아들, 딸과 노는 방식을 달리하여 이들에게서 다른 반응을 기대한다고 보았다. 예를 들면, 남자아이는 축구, 여자아이는 인형 놀이를 권장하여 서로 다른 성 정체성에 대한 주입을 시도하는 것으로 생각할 수 있다.

|Tip| 성 정체성 부여 이론과 성별에 따른 구분 이론을 중심으로 설명해야 한다.

04 자아개념 이론이 가지는 마케팅 전략 실행상의 문제점에 대해 기술하시오.

|답안| 개개인의 자아개념을 측정하는 것 자체가 모호한 방식이므로 구분된 자아 유형을 바탕으로 한 마케팅 전략 실행의 효과성이 낮을 수 있다.

|Tip| 자아개념 이론이 마케팅 전략에 미치는 효과를 중심으로 설명해야 한다.

05 최소한의 자극(절대식역) 이상의 성적 자극을 통하여 소비자들이 광고주가 목표하는 방향으로 반응하게 하는 광고의 방식을 무엇이라고 하는지 쓰시오.

|답안| 성적 소구 광고

|해설| 성적 소구 광고는 성적 자극을 통하여 소비자들이 광고주가 목표하는 방향으로 반응하게 하는 것이다. 성적 자극이 최소한의 자극(절대식역) 이상인 경우에만 성적 소구 광고라고 할 수 있다. 광그 측면의 의미는 '성적 자극을 사용함으로써 광고주가 의도하는 소비자 반응을 얻고자 하는 것'이다.

제10장 | 실전연습문제

*기출유형 은 해당 문제가 실제 시험에 출제된 유형임을 나타냅니다.

객관식

기출유형

01 다음 중 자아개념과 관계가 먼 설명은?

① 자아개념은 일관성이 있다.
② 자아개념은 복잡하다.
③ 자아개념은 타성적이다.
④ 자아개념은 비이성적이다.

기출유형

02 다음 중 자아개념 원천에 대한 이론이 아닌 것은?

① 사회 비교 이론　② 자기 평가 이론
③ 균형 이론　　　④ 편견 이론

03 자아개념의 성격에 관한 단일 요인 이론과 가장 관계가 깊은 것은?

① 실제적 자아　② 표현적 자아
③ 이상적 자아　④ 사회적 자아

04 자아개념, 제품, 상표 이미지에 대한 소비자행동에 대한 설명으로 틀린 것은?

① 소비자들은 제품이나 상표는 어떤 이미지나 상징적 의미를 지니고 있는 것으로 생각한다.
② 개인은 한 상징물로써의 상품을 소유함으로써 자신의 자아개념을 증진시키려 한다.
③ 소비자들은 그들의 자아개념을 심리적 발달과 사회적 상호작용을 통해 형성한다.
④ 소비자들의 선택적 소유·전시·사용은 그 개인 자신만을 증진시키는 데 도움을 준다.

기출유형

05 다음 중 사회화에서 성차에 대한 설명으로 가장 옳지 않은 것은?

① 한 사회는 성별에 따른 이상적 행동들을 강조함으로써 남성과 여성의 적절한 역할에 대한 가정을 커뮤니케이션한다.
② 모든 사회는 남성과 여성의 적절한 행동에 대한 일련의 기대를 만들어내고, 이러한 성별에 따른 행동의 우선순위를 전달하는 방법들을 인지하고 있다.
③ 많은 사회에서 남성들은 자기주장과 지배를 강조하는 의사결정자적 목표들을 추구할 것이라고 기대한다.
④ 성차는 선천적인 것에 의해서만 분명하게 형성된다.

06 부모가 아동들에게 성에 적합한 옷, 장난감, 머리 모양을 제공하는 것은 영아 초기부터 계속 지속된다고 주장한 학자는?

① 로랑(Laurant) ② 휴스턴(Huston)
③ 포멜로(Pomerleau) ④ 맥콥(Maccob)

07 다음 중 성 범주화에 대한 설명으로 틀린 것은?

① 표현적 역할은 경쟁적이고 목표 지향적이어야 한다는 내용이다.
② 표현적 역할은 대개 여성들에 대한 사회적인 규정이다.
③ 도구적 역할은 지배적이고 독립적이고 주장적이어야 한다는 것이다.
④ 성역할 기준은 어떤 사회의 성원들이 한 성의 구성원들에게 보다 전형적이거나 혹은 적절하다고 생각하는 행동, 가치 및 동기를 의미한다.

08 제임스(James)가 구분한 자아의 유형에 해당하지 않은 것은?

① 정신적 자아 ② 추상적 자아
③ 물질적 자아 ④ 사회적 자아

09 자아개념이 마케팅에 활용될 수 있는 내용으로 적절하지 않은 것은?

① 전체시장을 동일한 자아 이미지를 가진 소비자별로 구획화하는 데 유용하다.
② 준거집단의 행동을 참고하여 구매를 유발한다.
③ 제품 설계 시 자아개념이 중요한 정보가 될 수 있다.
④ 점포 이미지에 자아개념을 반영할 수 있다.

10 자아개념에 따른 마케팅 시사점이라고 볼 수 없는 것은?

① 마케팅 관리자는 자아개념을 근거로 하여 전체시장을 하위집단으로 세분화하고 소비자 지향적인 마케팅 프로그램을 설계할 수 있다.
② 브랜드에 대한 자아개념의 조화나 차이를 발견하여 제품 전략이나 촉진 전략에 활용할 수 있다.
③ 여러 국가별 사회에서 공유되는 개념에 따라 광고 실행 전략을 별도로 제작할 수 있다.
④ 소비자의 자아이미지와 상표이미지를 분석함으로써 표적고객의 자아이미지에 부합되는 제품 개발에도 기여할 수 있다.

11 성 정체성 혹은 성역할에 따른 성 유형화 제품의 마케팅 전략에 대한 설명으로 적절하지 않은 것은?

① 아동이 자신의 성 정체성을 인식하게 되고 그 성의 구성원들에게 적절하다고 생각되는 동기, 가치 및 행동들을 습득하게 되는 과정이다.
② 성 유형화 제품은 제품이 남자다움 혹은 여자다움의 속성을 가지고 있으며, 소비자들은 그 제품들을 흔히 어떤 성이나 다른 성에 연관시킬 수 있다고 가정한다.
③ 제품에 대한 성 유형화는 외부 마케팅 노력에 의해 창조되고 학습될 수 있다.
④ 성역할은 선천적이고 지속적인 개념이므로 각 제품에 따른 성 유형화가 고착화되어 있다.

12 성적 소구 광고를 위한 이론에 해당하는 것은?

① 공격 이론 ② 반사평가 이론
③ 정신분석 이론 ④ 인지부조화 이론

주관식

13 자아개념에 관한 이론 중 개인들의 자아개념은 타인과 관련하여 그들 자신을 어떻게 보느냐에 따라 결정된다는 이론을 무엇이라 하는지 쓰시오.

14 자아개념에 대한 반사 평가 이론을 설명하시오.

15 성적 소구 광고에 대해 설명하시오.

16 개인의 어느 것이 사회적으로 허용되고 허용되지 않는 행동인가에 따라 자신의 지배적인 행동패턴을 분리해 냄으로써 자아개념이 형성되는 것으로 보는 이론이 무엇인지 쓰시오.

17 자아를 충분히 이해하기 위해서는 그것을 두 가지 이상의 요인들로 구성되어 있다고 보는 관점의 이론이 무엇인지 쓰시오.

19 〔기출유형〕 부모가 자녀들에게 성에 적합한 옷, 장난감, 머리 모양을 제공함으로써 성 정체성을 지속적으로 부여하는 노력이나 부모가 아들과 노는 방식과 딸과 노는 방식을 달리하여 이들에게서 다른 반응을 기대한다는 개념은 무엇을 설명하는 것인지 쓰시오.

18 〔기출유형〕 다음 내용이 설명하는 개념은 무엇인지 쓰시오.

> 특정 사회는 성별에 따른 이상적인 행동을 강조함으로써 남성과 여성의 역할에 대한 가정을 커뮤니케이션하기도 한다. 남성은 자기주장과 지배를 강조하는 의사결정자적 목표들을 추구하고 여성은 애착과 조화로운 관계의 조성과 같은 공동의 목표를 추구한다는 개념이다.

20 〔기출유형〕 성 범주화에 대한 개념 중, 하나의 성의 구성원들에게 보다 전형적이거나 혹은 적절하다고 생각하는 행동, 가치 및 동기 등을 의미하는 것은 무엇인지 쓰시오.

제10장 | 실전연습문제 정답·해설

객관식

01	02	03	04	05
④	③	①	④	④
06	07	08	09	10
③	①	②	②	③
11	12			
④	①			

01 ④
개인의 자아개념은 단기적으로 고도의 일관성을 보이며, 자아구조가 비교적 안정된 이유는 자아는 변경에 저항하려는 타성적 경향 때문이다. 또한 자아개념은 복잡하고 다양한 측면을 포괄하고 있다. 특정 행동을 하고 있는 개인은 그의 준거 틀에 입각해서 그가 알고 있는바에 따라 일관성 있게 행동을 하고 있는 것이다.

02 ③
자아개념은 사회적 상호작용에 의해 형성된다고 보며, 이러한 이론에는 편견 이론, 사회 비교 이론, 반사 평가 이론, 자기 평가 이론 등이 있다.

03 ①
단일 요인 이론은 자신을 실제의 자아라고 믿고 그대로 지각하는 실제적 자아에 초점을 두고 있다.

04 ④
소비자들은 그들의 자아개념을 심리적 발달과 사회적 상호작용을 통해 형성한다. 소비자들은 제품이나 상표는 어떤 이미지나 상징적 의미를 지니고 있는 것으로 생각한다. 이러한 상징적 역할 때문에 소비자들의 선택적 소유, 전시, 사용은 개인 자아를 증진시킬 뿐만 아니라 타인의 자아개념을 정의하는 것에도 도움을 준다. 또한, 개인은 한 상징물로서의 상품을 소유함으로써 자신의 자아개념을 증진시키려 한다. 즉, 소비자에게 선호되는 상표는 소비자가 그의 자아개념과 가장 부합되는 이미지를 지니고 있는 것이다.

05 ④
성차가 선천적인 것인지 아니면 문화에 의해 후천적으로 형성되는 것인지에 대해서는 논란이 있다. 한 사회는 성별에 따른 이상적인 행동을 강조함으로써 남성과 여성의 역할에 대한 가정을 커뮤니케이션하기도 한다.
예를 들어 남성은 자기주장과 지배를 강조하는 의사결정자적 목표들을 추구하고 여성은 애착과 조화로운 관계의 조성과 같은 공동의 목표를 추구하는 것으로 기대한다. 모든 사회는 남성과 여성의 적절한 행동에 대한 일련의 기대를 만들어내며, 이러한 성별에 따른 행동의 우선순위를 전달하는 방법을 활용하고 있다.

06 ③
성 주입과 관련된 포멜로의 이론을 묻는 문제이다. 포멜로는 부모가 자녀들에게 성에 적합한 옷, 장난감, 머리 모양을 제공함으로써 성 정체성을 지속적으로 부여한다고 주장하였다.

> **참고** 성 주입의 다른 이론, 칼데라와 휴스턴
> 칼데라와 휴스턴은 부모가 아들과 노는 방식과 딸과 노는 방식을 달리하여 이들에게서 다른 반응을 기대한다고 보았다. 예를 들면 남자아이의 경우 축구, 여자아이의 경우 인형놀이를 권장하는 사례가 있다.

07 ①
경쟁적이고, 목표 지향적이어야 한다는 내용은 도구적 역할이다.

> **참고** 성 범주화의 개념
> 성 범주화와 관련해서는 다음과 같은 개념들이 있다. 성역할 기준은 한 성의 구성원들에게 보다 전형적이거나 혹은 적절하다고 생각하는 행동, 가치 및 동기 등을 성역할 기준이라 한다. 이 기준에 따라 여성들에 대한 사회적인 규정으로 협동적·양육적이며 친절하고 타인의 요구에 대해 민감해야 한다는 표현적 역할과 남성들에 대한 사회적인 규정으로 지배적, 독립적, 경쟁적이고 목표 지향적이어야 한다는 도구적 역할로 성역할이 구분된다.

08 ②

제임스(James)는 자아 유형을 정신적 자아, 물질적 자아, 사회적 자아로 구분하였다. 정신적 자아는 사고와 느낌, 관심, 노력과 같은 것을 의미하고, 물질적 자아는 의복, 생활의 일부로 느끼는 것이고, 사회적 자아는 사회집단, 관계를 맺는 자아를 의미한다.

09 ②

준거집단의 행동을 관찰하여 구매를 유발하는 것은 자아개념이 마케팅 활동에 미치는 영향이 아닌 사회적 압력 등이 미치는 효과에 해당한다.

오답분석

①, ③, ④ 자아개념은 전체시장을 동일한 자아 이미지를 가진 소비자별로 구획화하고 여러 촉진활동에 효과적으로 적용될 수 있다. 또한 소매점 이미지와도 관련되어 있으며, 소비자들의 자아 이미지는 제품 설계에 있어서도 중요한 정보가 될 수 있다.

10 ③

마케팅 관리자는 자아개념을 근거로 하여 전체시장을 하위집단으로 세분화하고 소비자 지향적인 마케팅 프로그램을 설계할 수 있다. 브랜드에 대한 자아개념의 조화나 차이를 발견하여 제품 전략이나 촉진 전략에 활용할 수도 있다. 또한 소비자의 자아 이미지와 상표 이미지를 분석함으로써 표적고객의 자아 이미지에 부합되는 제품 개발에도 기여할 수 있다. 국가별로 사회에서 공유되는 개념에 따라 광고 실행 전략을 별도로 제작할 수 있다는 내용은 문화에 따른 마케팅 시사점이라고 볼 수 있다.

11 ④

성 유형화는 아동이 자신의 성 정체성을 인식하게 되고 그 성의 구성원들에게 적절하다고 생각되는 동기, 가치 및 행동들을 습득하게 되는 과정이다.
이렇듯 성 유형화는 후천적이고 변화 가능한 개념이므로 제품의 성 유형화는 외부 마케팅 조직 및 담당자의 노력에 의해 창조되고 학습될 수 있다. 성 유형화된 제품은 제품이 남자다움 혹은 여자다움의 속성을 가지고 있으며, 소비자들은 그 제품들을 흔히 어떤 성이나 다른 성에 연관시킬 수 있다고 본다.

12 ①

성적 소구 이론에는 선정적 자극의 효과는 그 자극으로 인하여 형성된 활성화의 수준, 자극의 순서, 분노의 활성화 정도에 따라서 영향을 받게 된다는 공격 이론(aggression theory)과 모델의 육체적인 매력도가 높을수록 광고 및 상표 태도, 구매의도가 높다는 육체적 매력 이론(theory of physical attractiveness)이 있다.

주관식

13

|답안| 사회 비교 이론

|해설| 사회 비교 이론에서 개인들의 자아개념은 타인과 관련하여 그들 자신을 어떻게 보느냐에 따라 결정된다고 본다. 사람들이 자신을 어떻게 지각하느냐 하는 것은 사회계급, 준거집단 그리고 그들이 중요시하는 다른 사람들과 비교해서 그들의 상대적 위치가 어떠하다고 지각하는지에 따라 다르다.

14

|답안| 반사 평가 이론은 근본적으로 개인이 타인으로부터 받는 평가가 자아개념을 형성하는 것이라고 보는 이론이다. 사람들이 단지 수동적으로 타인의 평가를 반영하고 있음을 강조함으로써 자아개념 발전이 다소 억압되어 있다고 생각하는 관점이다.

답안 작성 Tip
편견 이론, 사회 비교 이론, 자기 평가 이론과 비교해서 자아개념이 형성되는 원천에 대해 언급하여야 한다.

15

|답안| 성적 소구 광고는 성적 자극을 통하여 소비자이 광고주가 목표하는 방향으로 반응하게 하는 것이다. 성적 자극이 최소한의 자극(절대식역) 이상인 경우에 이를 성적 소구 광고라고 할 수 있다. 성적 자극은 신체 노출, 신체 노출에의 암시, 육체적 매력성으로 구분할 수 있다.

답안 작성 Tip
광고 측면에서의 개념과 조건 등에 대해 서술하는 것이 좋다.

16

|답안| 자기 평가 이론

|해설| 자기 평가 이론에서는 개인의 어느 것이 사회적으로 허용되고 허용되지 않는 행동인가에 따라 자신의 지배적인 행동패턴을 분리해 냄으로써 자아개념을 형성하는 것으로 본다.

17

|답안| 다중 요인 이론

|해설| 다중 요인 이론은 자아를 충분히 이해하기 위해서 그것을 두 가지 이상의 요인들로 구성되어 있다고 보는 이론이다. 실제적 자아, 이상적 자아, 사회적 자아, 이상사회적 자아, 표현적 자아 등이 있다.

18

|답안| 성차(gender difference)

|해설| 성차는 특정 사회가 성별에 따른 이상적인 행동을 강조함으로써 남성과 여성의 역할에 대한 가정을 커뮤니케이션하는 개념이다. 남성은 자기주장과 지배를 강조하는 의사결정자적 목표들을 추구하고 여성은 애착과 조화로운 관계의 조성과 같은 공동의 목표를 추구한다고 가정한다. 이러한 성차에 대한 인식은 국가 및 문화적 배경에 따라 차이가 있다.

19

|답안| 성 주입(gender indoctrination)

|해설| 포멜로(Pomerleau)는 부모가 자녀들에게 성에 적합한 옷, 장난감, 머리 모양을 제공함으로써 성 정체성을 지속적으로 부여한다고 보았다.
칼데라와 휴스턴(Caldera & Huston)은 부모는 아들과 노는 방식과 딸과 노는 방식을 달리하여 이들에게서 다른 반응을 기대한다고 보았다. 예를 들어 남아의 경우 축구, 여아의 경우 인형놀이를 권장하는 사례이다. 이는 성 주입에 대한 개념을 설명하고 있다.

20

|답안| 성역할 기준(gender role standard)

|해설| 성역할 기준은 하나의 성의 구성원들에게 보다 전형적이거나 혹은 적절하다고 생각하는 행동, 가치 및 동기 등을 의미한다.
표현적 역할(expressive role)은 여성들에 대한 사회적인 규정으로, 협동적, 양육적이며 친절하고 타인의 요구에 대해 민감해야 한다는 내용이다.
도구적 역할(instrumental role)은 남성들에 대한 사회적인 규정으로, 지배적, 독립적, 경쟁적이고 목표 지향적이어야 한다는 내용이다.

무료 학습자료 제공 · 독학사 단기합격 **해커스독학사**
www.haksa2080.com

무료 학습자료 제공 · 독학사 단기합격 **해커스독학사**
www.haksa2080.com

전문가가 분석한 출제경향 및 학습전략

제11장 소비자행동과 마케팅 전략에서는 소비자행동과 관련된 주요 개념과 이론이 마케팅 전략에서 어떻게 활용되는지 학습한다. 제품 전략은 개념과 활용 전략을, 가격 전략은 가격에 대한 소비자 인식이 구매 시점에서 활용되는 개념과 작동원리를, 커뮤니케이션 전략은 활용방식에 따른 소비자 측면의 경로와 마케팅 효과를, 유통 전략은 점포, 매장 구성과 관련된 소비자 인식 측면을 학습하는 것이 좋다.

제11장 | 핵심 키워드 Top 10
핵심 키워드 Top 10은 본문에도 동일하게 ★로 표시하였습니다.

번호	키워드	페이지
01	브랜드 자산 활용 전략 ★★★	p.288
02	제품가격에 대한 소비자 기대 ★★★	p.290
03	일면적 광고와 양면적 광고의 효과 ★★★	p.298
04	상표충성도의 행동주의적 접근 ★★	p.286
05	가격 – 품질 간의 관계 ★★	p.291
06	정보원천의 신뢰성(source credibility) ★★	p.297
07	정보원천의 매력도(source attractiveness) ★★	p.297
08	브랜드 개성 ★	p.288
09	점포 이미지의 개념 ★	p.293
10	점포 내 자극 ★	p.294

제11장

소비자행동과 마케팅 전략

제1절 소비자행동과 제품 전략
제2절 소비자행동과 가격 전략
제3절 소비자행동과 유통 전략
제4절 소비자행동과 마케팅커뮤니케이션 전략

제1절 소비자행동과 제품 전략

01 상표충성도

1. 상표충성도 정의
자코비와 체스트넛(Jacoby and Chestnut)은 상표충성도를 여러 상표대안들 중에서 하나 또는 그 이상의 상표(들)에 대한 지속적이고 편향된 구매행동이라고 정의하였다.

2. 상표충성도의 행동주의적 접근 ★★ 기출개념

(1) 행동주의적 접근에서 상표충성도의 개념
① 한 상표에 대한 일관성 있는 반복구매이다.
② 한 상표에 대한 연속적인 구매 횟수나 제품 범주 내에서의 한 상표의 구매비율로 측정된다.

(2) 상표충성도의 유형
① 동일상표충성도
  ㉠ 상표 A를 반복구매하는 것이다.
  ㉡ AAAAAA의 형태로 나타난다.
② 양분된 상표충성도
  ㉠ 상표 A와 상표 B에 대한 애호도가 비슷하여 각 상표를 교대로 구매한다.
  ㉡ ABABAB의 구매패턴을 보인다.
③ 불안정 충성도(전환상표 충성도)
  ㉠ 한 상표에 대한 반복구매로부터 다른 상표에 대한 반복구매로 전환된다.
  ㉡ AAABBB의 구매패턴을 보인다.
④ 비상표충성도
  ㉠ 특정 상표에 대한 반복구매가 이루어지지 않는다.
  ㉡ ABCDEF와 같은 구매패턴을 보인다.

(3) 행동주의적 접근의 한계점
① 과거의 구매행동만을 토대로 측정된 상표충성도는 소비자의 충성도를 정확히 반영하지 못할 수 있다.
  예 소비자는 자신의 개인적 소비를 위해서는 상표 A를 구매하고, 가족구성원들을 위해서 상표 B를 구매하며, 손님접대를 위해서 상표 C를 구매할 수 있다.

② 상표충성도는 한 상표의 단순한 반복구매뿐만 아니라 그 상표에 대한 호의적 태도, 과거 구매경험으로부터의 강화, 긍정적 느낌 등을 포함하는 다차원적 개념을 포괄하지 못한다.

3. 태도론적 접근

(1) 태도론적 접근에서 상표충성도의 개념
① 태도론적 관점의 상표충성도는 구매행동과 상표태도를 함께 측정함으로써 행동주의적 접근의 한계를 극복하였다.
② 특정 상표에 대해서 긍정적인 태도를 갖고 그 상표를 반복구매하는 것을 상표충성도로 보았다.

(2) 태도론적 상표충성도의 형성과정
① 상표충성도가 높은 소비자는 그 상표에 대한 높은 선호도와 몰입도를 갖는다.
② 상표몰입도는 한 상표에 대한 감정적 – 심리적 애착으로 정의된다.
③ 상표몰입도는 제품 범주에 대한 높은 관여도로부터 형성된다.
④ 소비자는 자신에게 중요한 가치, 욕구, 자아개념과 관련이 높은 제품에 대해 높은 관여도를 가지며, 나아가 그 제품 범주 내 특정 상표에 대한 높은 몰입도를 갖는다.

4. Dick and Basu의 상표충성도 유형

구분		행동주의적 관점	
		낮은 반복구매	높은 반복구매
태도론적 관점	낮은 태도	비충성고객	의사충성고객
	높은 태도	잠재충성고객	충성고객

5. 상표충성도의 전략적 시사점
① 단기적 매출 증대 노력의 일환으로 인한 판매촉진 남용이 소비자의 상표충성도 형성에 부정적인 영향을 미칠 수 있다.
② 장기적 상표충성도를 구축하기 위해서는 높은 제품 품질의 유지와 지속적인 광고가 수반되어야 함을 시사한다.
③ 시장점유율이 낮은(대중성이 낮은) 상표들은 고객들의 충성도도 낮은 경향이 있다.

02 브랜드 자산과 브랜드 개성

📘 개념 Plus

소비자의 지식체계(schema)에 형성될 수 있는 기업의 브랜드 자산에는 크게 기업의 브랜드를 기억하는 수준인 브랜드 인지도와 기업의 브랜드에 대해 기억하는 모든 개념과 기억을 포함하는 브랜드 이미지가 있다. 브랜드 인지도는 특정 제품 범주에서 가장 먼저 떠오르는 수준인 최초상기도(Top-Of-Mind), 특정 제품 범주에서 떠오르는 제품을 이야기해보라고 했을 때 떠올려지는 수준인 회상(Recall)과 제품 사진이나 광고 자극 등을 보여주면서 해당 제품을 본 적이 있는지 질문할 때 기억이 나는 수준인 재인(Recognition)으로 구분할 수 있다. 회상은 보조적인 수단 없이도 특정 제품 범주에서 떠올려지는 제품을 스스로 답할 수 있다는 점에서 비보조 인지(Unaided Awareness), 재인은 제품 이미지 혹은 광고 자극물 등을 보여주어야 기억이 난다는 점에서 보조 인지(Aided Awareness)라고 표현하기도 한다.

1. 브랜드 자산의 정의와 원천 [기출개념]

(1) 정의

어떤 제품이나 서비스가 브랜드를 가졌기 때문에 발생되는 상표충성도 또는 시장점유율에서 나타나는 바람직한 마케팅 효과이다.

(2) 원천

한 브랜드에 대해 친숙하고, 그 브랜드와 관련하여 긍정적이고, 강력하면서 독특한 연상을 가지고 있을 때 브랜드 자산이 구축된다.

2. 브랜드 자산 활용 전략 ★★★ [기출개념]

(1) 브랜드 확장 전략

기존의 성공적인 브랜드명을 다른 제품군의 신제품에 이용하는 것이다.

(2) 브랜드 확장 전략의 성공조건

① 모브랜드의 소비자인지도가 높을 때, 성공한다.
② 품질수준이 높을 때, 성공한다.
③ 모브랜드와 확장된 제품 간 유사성이 높을 때, 성공한다.
　㉠ 모브랜드 제품과 확장제품 간에 제품 속성이 유사할수록, 유사성이 높다.
　㉡ 모브랜드와 확장제품 간 브랜드 콘셉트(기능적 콘셉트 및 상징적 콘셉트)가 유사할수록, 유사성이 높다.

3. 브랜드 개성 ★ [기출개념]

(1) 브랜드 개성의 개념

① 특정 브랜드에 인간적인 특성을 부여하여 의인화시킨 것이다.
② 상표 차별화의 유용한 수단이 된다.

(2) 브랜드 개성에 관한 연구

① 소비자의 개성과 브랜드 개성 간의 관계
　㉠ 실제 자아와 브랜드 개성이 일치할수록 해당 상표를 더 긍정적으로 평가한다.
　㉡ 이상적 자아와 브랜드 개성이 일치할수록 해당 상표를 더 긍정적으로 평가한다.
② 브랜드 개성의 특성에 관한 연구
　㉠ 인구통계학적 중심의 연구: 브랜드를 성별, 연령, 소득계층과 연관지어 묘사하는 방법이다.
　㉡ 아커(J. Aaker)의 특성(trait) 중심의 연구: 브랜드 개성의 주요 차원으로 성실함, 활기참, 유능함, 세련됨, 강함/억셈 등을 제시하였다.

03 패키지

1. 패키지의 개념
① 패키지는 색상, 디자인, 형태, 사이즈, 소재, 레이블 등 여러 구성요소들을 조합하여 상표 이미지를 소비자에게 전달하는 것이다.
② 패키지의 구성 요인인 색상, 디자인, 형태, 사이즈, 소재, 레이블 등은 상표의 이미지 형성에 영향을 준다.

2. 패키지의 전략적 시사점
① 색상은 품질, 맛의 평가, 감정적 반응에 영향을 미친다.
② 패키지의 구성요소들 모두가 제품과 관련된 정보를 제공한다.
예 소비자는 커피병의 패키지 색상을 보고 병 안에 들어있는 커피 내용물의 농도를 판단한다.

기출개념확인

01 브랜드 확장 전략의 성공요건이 아닌 것은?
① 모브랜드의 소비자인지도가 높을 때
② 품질수준이 낮을 때
③ 모브랜드와 확장된 제품 간 기능적 유사성이 높을 때
④ 모브랜드와 확장된 제품 간 상징적 콘셉트가 유사할수록

02 여러 상표대안들 중에서 하나 또는 그 이상의 상표에 대한 지속적이고 편향된 구매행동을 무엇이라 하는지 쓰시오.

정답·해설

01 ②
브랜드 확장 전략은 품질수준이 높을 때 성공한다.
참고 브랜드 확장 전략의 성공조건
모브랜드의 소비자인지도가 높을 때, 품질수준이 높을 때, 모브랜드와 확장된 제품 간 기능적 콘셉트 혹은 속성이 유사할수록, 모브랜드와 확장 제품 간 브랜드 상징적 콘셉트가 유사할수록 성공할 가능성이 높다.

02 상표충성도
자코비와 체스트넛(Jacoby and Chestnut)은 상표충성도를 여러 상표대안들 중에서 하나 또는 그 이상의 상표에 대한 지속적이고 편향된 구매행동으로 정의하고 있다. 행동적 차원에서는 한 상표의 일관성 있는 반복구매 또는 한 상표의 연속적인 구매 횟수나 제품 범주 내 한 상표의 구매비율로 측정된다.

제2절 소비자행동과 가격 전략

01 제품가격에 대한 소비자 기대 ★★★ 기출개념

1. 준거가격(reference price)
① 한 제품의 구매에 대해 지불하기를 기대하는 가격이다.
② 준거가격은 상표대안들의 가격이 싸고 비싼 지를 비교하는 데 이용되는 기준이다.

2. 준거가격의 유형

구분	내용
내적 준거가격	소비자의 기억 속에 저장되어 있는 것으로 과거에 지불했던 실제가격 혹은 정당하다고 생각되는 가격
외적 준거가격	구매환경에서 관찰된 마케팅 자극에 의해 제공되는 가격

3. 수용가격
① 준거가격은 수용가격범위를 결정하는 데 영향을 미친다.
② 수용가격범위: 일반적으로 소비자들은 일정범위의 가격을 수용 가능한 것으로 받아들인다.
③ 기대가격범위: 소비자가 시장에서 발견할 수 있을 것으로 기대하는 가격의 범위이다.
④ 유보가격: 수용가능 가격 범위 내에서 소비자가 지불하고자 하는 최고가격이다.
⑤ 최저가격: 그 이하의 가격으로 판매될 경우, 물건의 품질이 의심스러운 것으로 판단되는 가격대이다.

> **핵심 Check**
>
> **심리적 가격의 상대적 크기**
> - 수용가격범위가 기대가격범위보다 좁다.
> - 준거가격은 유보가격과 최저가격 사이에 위치한다.

02 실제가격과 준거가격 간의 관계

1. 프로스펙트 이론(prospect theory)
① 실제가격이 준거가격보다 높을 때 손실로 인식한다.
② 실제가격이 준거가격보다 낮을 때 이익으로 인식한다.
③ 준거가격이 실제가격보다 높은 경우에 상표 선택 확률이 증가하고, 준거가격이 실제가격보다 낮은 경우에 상표 선택 확률이 감소한다.
④ 소비자는 같은 크기라도 손실을 이익에 비해 심리적으로 더 크게 느끼는 경향이 있으므로 실제가격이 준거가격보다 높을 때 상표 선택 확률에 더 큰 영향을 미치게 된다.

2. 동화 – 대조 이론 기출개념
① 동화 효과: 실제가격과 준거가격 간의 차이가 크지 않고 실제가격이 소비자의 수용가능범위 내에 속하면, 자신의 준거가격을 실제가격 근처로 이동시킨다.
② 대조 효과: 상표의 실제가격이 수용가능 가격의 범위를 벗어나면 그 가격을 매우 비싼 것으로 지각하여 고려대상에서 제외한다.

03 가격 – 품질 간의 관계 ★★ 기출개념

1. 가격 – 품질 연상
① 제품의 품질을 판단할 수 있는 충분한 정보를 갖고 있지 못할 때, 가격이 높을수록 품질이 더 좋은 것으로 지각한다.
② 지각적 추론에 의한 과정이다.

2. 가격 – 품질 연상 심리가 적용되기 쉬운 조건
① 가격의 정보 원천을 진실하고 신뢰성이 있는 것으로 지각할 때이다.
② 대안들 간에 품질과 가격에 있어 차이가 있는 것으로 지각할 때이다.

기출개념확인

01 프로스펙트 이론(prospect theory)에 대한 설명으로 잘못된 것은?
① 실제가격이 준거가격보다 높을 때 손실로 인식한다.
② 실제가격이 준거가격보다 낮을 때 이익으로 인식한다.
③ 준거가격이 실제가격보다 높은 경우에 상표 선택 확률이 증가하고, 준거가격이 실제가격보다 낮은 경우에 상표 선택 확률이 감소한다.
④ 소비자는 같은 크기라도 이익을 손실에 비해 심리적으로 더 크게 느끼는 경향이 있어 실제가격이 준거가격보다 낮을 때 상표 선택 확률에 더 큰 영향을 미치게 된다.

02 준거가격에 대해 설명하시오.

정답·해설

01 ④
프로스펙트 이론에서는 실제가격이 준거가격보다 높을 때 소비자는 손실로 인식하고 실제가격이 준거가격보다 낮을 때 이익으로 인식한다고 설명한다. 또한, 소비자는 같은 크기라도 손실을 이익에 비해 심리적으로 더 크게 느끼는 경향이 있어 실제가격이 준거가격보다 높을 때 상표 선택 확률에 더 큰 영향을 미치게 된다.

02 준거가격은 소비자가 한 제품의 구매에 대해 지불하기를 기대하는 가격이며, 상표대안들의 가격을 비교하는 데 이용되는 기준이다. 준거가격의 유형에는 소비자의 기억 속에 저장되어 있는 과거에 지불했던 실제가격 또는 정당하다고 생각되는 내적 준거가격과 구매환경에서 관찰된 마케팅 자극에 의해 제공되는 가격인 외적 준거가격이 있다.

제3절 소비자행동과 유통 전략

01 점포방문동기

1. 제품구매동기

(1) 개인적 동기

역할수행, 기분전환 추구, 욕구불만 해소, 새로운 경향에 대한 학습, 신체적 활동, 감각적 자극 등이 있다.

(2) 사회적 동기

사회적 경험, 동호인과의 의사소통, 동료 집단과의 일체감, 가격 흥정의 즐거움 등이 있다.

02 점포 이미지

1. 점포 이미지의 개념 ★ 기출개념

① 점포 이미지의 정의: 소비자에 의해 지각된 점포의 전반적인 인상이다.
② 점포 이미지의 구성요소: 상품의 구색과 질, 가격, 서비스, 점포 시설물의 특징, 편의성, 광고 및 판촉, 점포 분위기, 고객특성, 점원 등이 있다.
③ 소비자는 자아 이미지와 일치하는 점포 이미지를 가진 점포를 선호한다.

2. 점포 분위기

① 점포 분위기는 소비자의 정서적 상태에 영향을 미침으로써 소비자의 점포 안에서의 쇼핑행동에 영향을 준다.
② 유쾌함과 기분이 고조된 소비자들은 점포 내 쇼핑시간과 점원과의 대화가 늘어나고 이에 따라 구매를 증대한다.

3. 점포 이미지 측정법

(1) 자유반응법

① 소비자들에게 자신의 쇼핑경험을 자유롭게 이야기하도록 하는 것이다.
② 각 점포에 대한 자신의 견해를 나타내게 하거나 각 점포에 대한 장점과 단점을 응답하도록 요청하는 방법이다.

(2) 의미차별화 척도법
척도의 양극점에 서로 상반되는 뜻을 가진 형용사 표현을 붙여 응답하도록 하는 방법이다.

(3) 점포 지각도
① 각 점포에 대한 소비자들의 지각 상태를 2차원 평면상에 표현하는 것이다.
② 소비자를 최대로 만족시킬 수 있는 점포 포지셔닝 전략을 수립할 수 있다.

03 점포 내 자극 ★ 기출개념

1. 사인과 가격정보
① 정상가격으로 판매되는 품목의 경우, 정상가격을 표시한 사인의 부착은 매출 증대에 영향을 미치지 않는다.
② 제품편익을 표시한 사인은 약간의 긍정적 영향을 준다.
③ 세일가격을 표시한 사인의 부착이 매출증가에 큰 기여를 한다.

2. 색상과 향
① **따뜻한 느낌의 색상으로 구성된 점포**: 주의유발의 정도는 높으나 유쾌하지 않은 느낌을 갖게 한다.
② **시원한 느낌의 색상으로 구성된 점포**: 주의유발의 정도는 낮으나 유쾌한 느낌을 갖게 한다.
③ 특정 제품의 향은 소비자에게 제품에 대한 접촉과 구매를 유도한다.
④ 점포 내의 향기는 점포 및 제품에 대한 느낌, 평가, 쇼핑행동에 영향을 끼친다.

3. 진열 공간과 디스플레이
점포 내에서 제품의 제안 방법이 제품구매에 영향을 미친다.
예 진열 공간의 확대, 통로 끝 특별전시 등

4. 음악
① 느린 템포의 음악은 소비자들이 점포 내에 머무는 시간을 연장시켜 더 높은 매출을 발생시킨다.
② 빠른 템포의 음악은 회전율을 높이거나 폐점시간에 망설이는 고객의 의사결정을 돕는 효과가 있다.

5. 점포 혼잡성

① 실내 공간의 제약으로 소비자가 이동하는 데 제약을 받는 것으로 지각하는 것을 의미한다.
② 점포 혼잡성은 쇼핑시간의 단축과 부정적인 점포 이미지 형성을 유발한다.
③ 상황에 대한 통제력이 없다고 지각할 경우 즉, 지각된 통제수준이 낮은 경우에는 더 혼잡하다고 지각하여 부정적 감정을 고조시킨다.
④ 높은 소비자밀도(점포 혼잡성)가 호의적으로 느껴지는 경우도 있다.
예 술집, 운동경기장, 실황공연 등

기출개념확인

01 소비자의 구매행동에 영향을 미칠 수 있는 점포 내 자극에 해당하지 <u>않는</u> 것은?
① 점포 접근성
② 사인과 가격정보
③ 진열 공간과 디스플레이
④ 음악

02 점포 이미지 측정 방법 중 각 점포에 대한 자신들의 견해를 나타내게 하거나 각 점포에 대한 장점과 단점을 응답하도록 요청하는 것을 무엇이라고 하는지 쓰시오.

정답 · 해설

01 ①
소비자의 구매행동에 영향을 미칠 수 있는 점포 내 자극에는 사인과 가격정보, 색상과 향, 진열 공간과 디스플레이, 음악, 점포 혼잡성 등이 있다. 이 중 점포 혼잡성은 실내 공간의 제약으로 소비자가 이동하는 데 제약을 받는 것으로 지각하는 것이다. 이러한 점포 혼잡성은 쇼핑시간의 단축과 부정적 점포 이미지 형성을 유발한다.

02 자유반응법
자유반응법은 소비자들에게 자신의 쇼핑경험을 자유롭게 이야기하도록 하여 각 점포에 대한 자신들의 견해를 나타내게 하거나 각 점포에 대한 장점과 단점을 응답하도록 요청하는 방법이다.

제4절 소비자행동과 마케팅커뮤니케이션 전략

01 마케팅커뮤니케이션의 도구

1. 광고
① 특정 스폰서에 의해 대가가 지불되는 제품, 서비스, 상표, 기업 또는 점포 등에 관한 비개인적 의사전달 방법이다.
② TV나 라디오 등의 방송매체, 신문, 잡지 등의 인쇄매체, 옥외간판, 애드벌룬 등 다양한 매체를 활용한다.
③ 창의성 있는 광고 메시지를 개발하고 효과적인 매체를 선택하여 소비자가 자사 광고에 노출되고, 주의를 기울이며, 메시지를 이해하고 기억할 수 있도록 해야 한다.

2. 판매촉진
매출의 증대를 위한 단기적인 동기부여 방법이다.
예 사은품 증정, 단기적인 가격할인, 쿠폰이나 리베이트의 활용, 무료 샘플링, 이벤트 개최, 경품 등

3. 인적 판매
① 판매원과 고객 사이의 직접적인 접촉을 통한 마케팅커뮤니케이션 방법이다.
② 쌍방 커뮤니케이션에 의존하며, 소비자의 상황에 대한 몰입도가 높은 편이다.
③ 판매원이 소비자의 상황에 맞도록 메시지를 변형하는 것이 가능하다.

4. PR
기업 또는 개별 제품의 이미지를 제고하여 이해관계자들로 하여금 호의를 갖도록 하는 마케팅커뮤니케이션 도구이다.

5. 직접 마케팅
직접우편, 전화, 인터넷 등의 비인적 접촉수단을 사용하여 소비자와 직접 의사소통하거나 소비자의 직접적인 반응을 유발하기 위한 촉진 방법이다.

02 정보원천 효과

1. 정보원천의 효과
① 소비자에게 전달되는 메시지가 동일하더라도 해당 정보를 누가 전달하는가에 따라 소비자들은 메시지에 대한 수용도나 해석에 있어 많은 차이가 발생할 수 있다.
② 소비자행동에 영향을 미치는 정보원천과 관련된 변수에는 정보원천의 신뢰성과 매력도가 있다.

2. 정보원천의 신뢰성(source credibility) ★★ 기출개념
① 소비자들은 메시지를 전달하는 원천의 전문성과 진실성을 기반으로 신뢰성을 평가한다.
  ㉠ 전문성: 의사전달자가 상품의 특징 및 성능에 대해 타당성 있는 평가를 내릴 수 있는 능력이다.
  ㉡ 진실성: 메시지의 전달자가 수신자에게 얼마나 객관적이고 정직하게 보이는지의 정도이다.
② 정보원천의 신뢰성에 의한 효과는 그 이슈에 대한 수용자의 초기 의견에 따라 달라진다.
  ㉠ 어떤 이슈에 대해 원래 호의적인 의견을 갖고 있던 사람에게는 높은 신뢰성을 가진 정보원천보다는 중간 정도의 신뢰성을 가진 정보원천이 더 효과적이다.
  ㉡ 비호의적인 의견을 갖고 있던 사람에게는 높은 신뢰성을 가진 정보원천이 더 효과적이다.

3. 정보원천의 매력도(source attractiveness) ★★ 기출개념
① 정보원천의 매력도는 정보전달자의 호감도, 유사성, 친숙도에 의해 결정된다.

구분	내용
호감도	정보전달자가 소비자에게 호감을 주는 정도를 의미함
유사성	소비자가 정보전달자를 자기 자신과 비슷하게 느끼는 정도를 의미함
친숙성	정보전달자가 친숙하게 느껴지는 정도를 의미함

② 정보원천의 매력도가 높을수록 메시지의 수용도가 증가한다.

4. 정보원천과 관련된 시사점
① 신뢰성을 확보하기 위한 방법: 양면적 메시지의 사용이 있는데, 이때 전문성을 갖추고 믿을 만한 의사전달자를 활용한다.
② 매력도를 높이기 위한 방법: 소비자의 메시지 처리와 연관된 관여도에 따라 정보원천의 성격을 달리하여 커뮤니케이션 효과를 증대시킨다.

개념 Plus

정보원천의 매력도와 메시지 수용도
소비자가 정보전달자와 소비자 자신 사이에서 느끼는 유사성과, 정보전달자가 소비자에게 주는 호감도, 친숙도 등을 극대화시켜야 한다.

03 메시지 효과

1. 일면적 광고와 양면적 광고의 효과 ★★★ 기출개념

(1) 일면적 광고(one-side ad)
  ① 제품의 긍정적인 측면만을 제시한다.
  ② 표적 청중의 교육수준이 낮고, 자사제품에 대한 기존태도가 호의적인 경우에 효과적이다.

(2) 양면적 광고(two-side ad)
  ① 제품에 관한 긍정적 정보와 부정적 정보를 동시에 제시한다.
  ② 표적 청중의 교육수준이 높고, 자사제품에 대한 기존태도가 부정적인 경우에 효과적이다.

> **개념 Plus**
>
> **반박 소구: 양면적 광고의 한 형태**
>
> 반박 소구는 경쟁사의 주장(자사제품의 부정적 측면)을 제시한 후 이에 대해 반박하는 것이다. 반박 소구는 자사제품에 대한 경쟁사의 공격으로부터 소비자의 기존태도를 보호하고 시장지위를 강화하고자 할 때 효과적이며, 비교적 중요한 부정적 정보를 반박할 경우에 효과적이다.

2. 비교광고의 효과

(1) 비교광고의 개념
  자사제품과의 대비를 위하여 경쟁제품이나 상표명을 명시적으로 혹은 묵시적으로 나타내는 광고의 형태이다.

(2) 비교광고에 대한 연구결과
  ① 부정적 연구결과
    ㉠ 비교광고가 일면적일 경우 소비자들이 광고 메시지를 잘 믿으려 하지 않으며, 경쟁 브랜드에 대한 동정심을 갖게 된다.
    ㉡ 비교광고에서 자사 브랜드와 경쟁 브랜드를 혼동해서 기억하는 경우가 많다.
  ② 긍정적 연구결과
    ㉠ 정보원천의 신뢰성이 높은 비교광고는 그렇지 않은 경우보다 소비자의 구매의도를 높여준다.
    ㉡ 기존제품보다는 신제품을 위한 비교광고가 효과적이다.
    ㉢ 소비자가 분석적인 정보처리 모드에 있을 때 비교광고가 효과적이다.
    ㉣ 시장점유율이 낮은 브랜드의 경우 더 효과적이다.

3. 조절적합성의 효과

(1) 조절 초점 이론(regulatory focus theory)
  조절 초점 이론에 따르면 사람들은 보통 두 종류의 바람직하다고 생각하는 목표를 가진다.
  ① 향상적 목표(promotion goal): 무엇을 성취하거나 열망하는 것과 관련되어 있으며, 긍정적 결과를 얻고자 하는 목표이다.
    예 자동차 구매 시 운전하는 즐거움에 초점을 맞추어 차량을 구매

② 예방적 목표(prevention goal): 책임이나 의무 등과 관련되며, 부정적 결과를 회피하고자 하는 목표이다.
  예 자녀의 안전과 사고를 대비하여 안전도가 높은 차량을 구매

(2) 조절적합성과 메시지 전략
① 광고와 같은 설득적 메시지의 경우, 소비자의 조절 목표와 그 목표를 달성하는 전략 혹은 소구 방법 간에 적합성(fit)이 높을 때, 더 큰 설득력을 가진다.
② 향상적 목표의 소비자에게는 운전의 즐거움을 묘사하고 예방적 목도의 소비자에게는 안전성을 강조하는 광고가 효과적이다.

4. 유머 소구의 효과
① 유머: 소비자들을 설득하기 위해 자주 사용되는 소구 방법이다.
② 유머 소구는 소비자의 주의를 상표나 제품에 관한 정보처리로부터 분산시키기 때문에 자사제품에 비해 비호의적인 태도를 가진 소비자들이 반박주장을 떠올리는 것을 감소시킨다.
③ 사용되는 유머와 광고되는 제품이 전혀 관련이 없는 경우에는 효과적일 가능성이 적다.
④ 제품 사용자와 관련된 유머보다는 그 제품 자체와 관련된 유머가 효과적이다.
⑤ 유머는 소비자들에게 비교적 친숙한 제품 광고에 활용하는 것이 효과적이다.

5. 공포 소구의 효과
① 공포 소구: 소비자에게 어떤 제품의 사용이나 비사용으로 인한 위험을 알리고자 하는 전달방식이다.
② 공포 소구가 효과적인 경우
  ㉠ 메시지를 통해 위험의 심각성을 인식한다.
  ㉡ 메시지를 통해 소비자들이 위협적인 상황이 발생할 수 있음을 인식한다.
  ㉢ 위협을 제거할 수 있는 해결책을 언급한다.
  ㉣ 쉽게 실천할 수 있는 해결책을 제시한다.

04 매체 효과

1. 매체 내 효과
① 매체환경이 달라짐에 따라 광고 메시지의 효과가 달라진다.
② 동일한 광고 메시지의 경우에도 그것이 어떤 잡지에 실렸는지 또는 어떤 프로그램에 삽입되었는지에 따라 광고 효과가 달라질 수 있다.

2. 매체 간 효과

(1) 방송매체
이미지나 상징적인 메시지를 전달하는 데 효과적이지만, 구체적인 정보를 전달하는 데는 부적합하다.

(2) 인쇄매체
구체적인 정보를 전달하는 데 효과적이다.

기출개념확인

01 조절적합성 이론에 대한 설명으로 바르지 <u>않은</u> 것은?
① 향상적 목표는 무엇을 성취하거나 열망하는 것과 관련되며, 긍정적 결과를 얻고자 하는 목표이다.
② 예방적 목표는 책임이나 의무 등과 관련, 부정적 결과를 회피하고자 하는 목표이다.
③ 소비자의 조절 목표와 그 목표를 달성하는 전략 혹은 소구 방법 간에 적합성(fit)이 낮아 보완될 때, 광고 메시지가 더 큰 설득력을 가진다.
④ 향상적 목표의 소비자에게는 운전의 즐거움을 묘사하고, 예방적 목표의 소비자에게는 안전성을 강조하는 광고가 효과적이다.

02 공포 소구의 광고가 효과적인 조건을 설명하시오.

정답·해설

01 ③
조절적합성은 소비자의 조절 목표와 그 목표를 달성하는 전략 혹은 소구 방법 간에 적합성이 높을 때 광고 메시지가 더 큰 설득력을 가진다고 본다. 즉, 향상적 목표를 가진 소비자에게는 도전적인 메시지가 적합하고 예방적 목표를 가진 소비자에게는 방어하고 주의하는 메시지가 설득적이다.

02 공포 소구를 활용한 광고는 메시지를 통해 위협의 심각성을 인식할 수 있을 때, 메시지를 통해 소비자들이 위험적인 상황이 발생할 수 있음을 인식할 수 있을 때, 위협을 제거할 수 있는 해결책을 언급할 때, 상대적으로 쉽게 실천될 수 있는 해결책을 제시하는 경우 효과적이다.

제11장 | 주관식 집중 공략

01 행동주의적 관점에서 본 상표충성도의 한계점에 대해 설명하시오.

|답안| 과거의 구매행동만을 토대로 측정된 상표충성도는 소비자의 충성도를 정확히 반영하지 못할 수 있다. 예를 들어, 소비자는 구매목적에 따라 서로 다른 상표를 구매할 수 있지만, 단일 목적 내에서는 상표충성도가 높을 수 있다. 또한, 행동적 관점에서 본 상표충성도는 한 상표의 단순한 반복구매뿐 아니라 그 상표에 대한 호의적 태도, 과거 구매경험으로부터의 강화, 긍정적 느낌 등을 포함하는 다차원적 개념을 포괄하지 못한다.

|Tip| 행위 측면에서 반복구매를 상표충성도로 정의하는 경우에 누락될 수 있는 충성도를 중심으로 한계점을 설명한다.

02 소비자의 쇼핑행동에 큰 영향을 미치며, 소매업자의 마케팅 전략의 결과로 형성되는 것이 무엇인지 쓰시오.

|답안| 점포 이미지

|해설| 동일 상권 내에서 둘 이상의 경쟁점포가 존재할 때, 고객이 어떤 점포를 선택할 것인지는 고객들의 점포 이미지에 따라서 결정된다. 이러한 점포 이미지에 의해 각 점포에 대한 구매성향이 결정되므로 점포 이미지는 소비자의 쇼핑행동에 큰 영향을 미친다.

03 우리가 접하게 되는 대부분의 광고 메시지 유형으로 제품의 긍정적인 측면만을 강조하는 광고를 무엇이라고 하는가?

| 답안 | 일면적 광고
| 해설 | 일면적 광고(one – side ad)는 제품의 긍정적인 측면만을 제시하는 방식으로 표적 청중의 교육수준이 낮고 자사제품에 대한 기존태도가 호의적인 경우에 효과적이다.

> 참고 양면적 광고(two – side ad)
> 양면적 광고는 제품에 관한 긍정적 정보와 부정적 정보를 동시에 제시하는 형태로 표적 청중의 교육수준이 높고 자사제품에 대한 기존의 태도가 부정적인 경우에 효과적이다.

04 가격 – 품질 연상에 대해 설명하시오.

| 답안 | 가격 – 품질 연상은 지각적 추론에 의한 과정으로 제품의 품질을 판단할 충분한 정보를 갖고 있지 못할 때, 가격이 높을수록 품질이 더 좋은 것으로 지각한다는 것이다. 가격 – 품질 연상 심리가 적용되기 쉬운 조건에는 가격 정보원천을 진실하고 신뢰성이 있는 것으로 지각하는 경우와 대안들 간 품질과 가격에 차이가 있는 것으로 지각하는 경우이다.
| Tip | 가격 – 품질 연상이 효과적인 조건을 중심으로 설명한다.

05 마케팅 커뮤니케이션을 위해 소비자들이 인식하는 정보원천과 관련된 시사점을 기술하시오.

| 답안 | 정보원천과 관련된 시사점에는 다음과 같은 것들이 있다. 신뢰성을 확보하기 위해서는 양면적 메시지를 활용하고, 전문성을 갖춘 믿을만한 의사전달자를 활용해야 한다. 정보원천의 매력도를 높이기 위해서는 소비자의 메시지 처리와 관련된 관여도에 따라 정보원천의 성격을 열망집단 혹은 소속집단 등 달리하여 커뮤니케이션 효과를 증대시킨다.
| Tip | 정보원천의 신뢰성과 매력도를 높이기 위한 방법을 기술한다.

제11장 | 실전연습문제

* 기출유형 은 해당 문제가 실제 시험에 출제된 유형임을 나타냅니다.

객관식

01 한 상표에 대한 반복구매에서 다른 상표의 반복구매로 전환되는 것과 관련 깊은 상표충성도는?

① 비상표충성도
② 불안정 충성도
③ 양분된 상표충성도
④ 동일상표충성도

02 다음 중 브랜드 개성에 대한 설명으로 사실과 거리가 먼 것은?

① 브랜드 개성은 브랜드 이미지를 포함하는 훨씬 더 포괄적인 개념이다.
② 브랜드를 의인화시킨 연구는 브랜드가 갖는 인간적 특성, 즉 브랜드 개성의 특성을 규명하는 방향으로 진행된다.
③ 브랜드 개성은 상품 차별화의 유용한 도구가 될 수 있다.
④ 브랜드 개성과 소비자의 자아 간 일치성이 높을수록 소비자의 브랜드에 대한 선호가 높아진다.

03 다음 중 패키지(package)에 대한 설명으로 가장 적절하지 않은 것은?

① 패키지의 색상은 품질, 맛의 평가, 나아가 감정적 반응에 영향을 미친다.
② 패키지의 구성요소들 모두가 제품과 관련된 정보를 제공한다.
③ 패키지에 대한 연구가 많지 않아 패키지의 커뮤니케이션 역할의 중요성이 감소하고 있다.
④ 패키지는 제품의 얼굴이다.

04 다음 중 제품가격지각이 형성되는 요인으로 가장 거리가 먼 것은?

① 제품가격 – 품질 간의 연상관계
② 제품가격에 대한 소비자 기대
③ 기대가격과 실제가격의 일치 여부
④ 제품가격 – 단순광고의 연결

05 실제가격과 준거가격 간 차이를 설명할 수 있는 이론과 관련 깊은 것은?

① 이중 효과
② 경험 효과
③ 대조 효과
④ 후광 효과

06 소비자의 점포방문동기 중 사회적 동기에 해당하는 것은?
① 욕구불만의 해소
② 가격 흥정의 즐거움
③ 역할수행
④ 신체적 활동

07 제시된 글과 관련 깊은 점포 이미지 측정 방법은?

> 척도의 양극점에 서로 상반되는 뜻을 가진 형용사 표현을 붙여 소비자로 하여금 응답하도록 하는 방법이다.

① 의미차별화 척도법
② 경쟁 분석법
③ 자유반응법
④ 점포 지각도

08 다음 중 소비자행동에 영향을 미치는 정보원천과 관련된 변수에 해당되지 않는 것은?
① 메시지 수용도
② 정보원천의 신뢰성
③ 메시지 정확도
④ 정보원천의 매력도

09 다음 중 유머 소구와 공포 소구의 효과에 대한 설명으로 옳지 않은 것은?
① 일반적으로 공포 소구는 지나치게 위협적인 경우에는 실패할 가능성이 있다.
② 유머 소구는 소비자에게 어떤 제품의 사용이나 비사용으로 인한 위험을 알리려고 하는 것이다.
③ 공포 소구는 메시지에 의해 야기되는 공포심의 수준이 중간 정도이면서 위협을 피할 수 있는 해결책이 함께 제시될 때 효과적이다.
④ 유머 소구는 주된 메시지로부터의 분산 효과를 갖고 있기 때문에 소비자들이 비교적 친숙한 제품의 광고에 활용하는 것이 효과적이다.

10 다음 중 매체 내 효과와 가장 거리가 먼 것은?
① 구독자층   ② TV
③ 매체의 내용   ④ 명성

11 태도론적 접근에서 형성되는 상표충성도에 대한 설명으로 잘못된 것은?
① 제품 범주에 대한 관여도가 낮은 경우에도 상표몰입도가 형성될 수 있다.
② 상표몰입도는 한 상표에 대한 감정적-심리적 애착으로 정의된다.
③ 상표충성도가 높은 소비자는 그 상표에 대한 높은 선호도와 몰입도를 갖는다.
④ 소비자는 자신에게 중요한 가치, 욕구, 자아개념과 관련이 높은 제품에 대해 높은 관여도를 가지며, 나아가 그 제품 범주 내 특정상표에 대한 높은 몰입도를 갖는다.

12 정보원천의 매력도의 차원에 해당하지 않는 것은?
① 호감도   ② 유사성
③ 친숙성   ④ 독특성

주관식

기출유형

13. 특정 브랜드에 부여한 일련의 인간적 특성을 가리키는 개념을 무엇이라 하는지 쓰시오.

기출유형

14. 브랜드 확장 전략의 정의와 장점에 대해 설명하시오.

15. 내적 준거가격과 외적 준거가격에 대하여 간략하게 설명하시오.

16. 메시지 효과 촉진에 사용될 수 있는 소구 방법에 대해 설명하시오.

17 정보원천 매력도의 차원과 이에 따른 시사점을 함께 기술하시오.

18 제품의 품질을 판단할 만한 충분한 정보를 갖고 있지 못할 때 가격이 높을수록 품질이 더 좋은 것으로 지각하는 현상을 무엇이라 하는지 쓰시오.

19 다음 빈칸에 들어갈 알맞은 말을 쓰시오.

> 정보원천의 신뢰성은 마케팅커뮤니케이션 전략 실행 시 소비자들이 커뮤니케이션 메시지를 전달하는 원천의 (   )와/과 (   )을/를 기반으로 평가한다.

20 일면적 광고와 양면적 광고의 방식에 대해 비교하여 기술하시오.

제11장 | 실전연습문제 정답·해설

객관식

01	02	03	04	05
②	①	③	④	③
06	07	08	09	10
②	①	③	②	②
11	12			
①	④			

01 ②

불안정 충성도(전환상표 충성도)는 한 상표에 대한 반복구매로부터 다른 상표에 대한 반복구매로 전환되며 AAABBB의 구매패턴을 보인다.

오답분석

① 비상표충성도는 특정 상표에 대한 반복 구매가 이루어지지 않으며, ABCDEF와 같은 구매패턴을 보인다.
③ 양분된 상표충성도는 상표 A와 상표 B에 대한 대호도가 비슷하여 각 상표를 교대로 구매하며, ABABAB의 구매패턴을 보인다.
④ 동일상표충성도는 상표 A를 반복구매하는 것으로 AAAAAA의 형태로 나타난다.

02 ①

브랜드 이미지는 브랜드 개성을 포함하는 더 포괄적인 개념으로 상표와 관련된 제품 속성이나 편익, 사용 용도, 상표 관련 정서 및 감정들을 포괄한다.

03 ③

현재 제품수명주기상 성숙기에 들어선 제품은 표준화되고 소매점에서의 셀프 서비스가 일반화됨에 따라 패키지의 커뮤니케이션 역할의 중요성이 증대되고 있지만 패키지가 소비자행동에 미치는 효과에 대한 연구는 많지 않다.

오답분석

①, ②, ④ 패키지는 색상, 디자인, 형태, 사이즈, 소재, 레이블 등의 여러 구성요소들을 조합하여 상표 이미지를 소비자에게 전달한다. 패키지의 구성요인은 상표 이미지 형성에 영향을 주는데, 색상은 품질, 맛의 평가, 감정적 반응에 영향을 미친다. 또한, 패키지의 구성요소들 모두가 제품과 관련된 정보를 제공한다.

04 ④

제품가격지각은 제품가격에 대한 소비자의 기대, 기대가격과 실제가격의 일치 여부, 제품가격-품질 간 연상관계 등으로부터 영향을 받는 복합적인 인지적 과정이다.

05 ③

준거가격은 수용가격범위를 결정하는 데 영향을 미치며, 수용가격범위는 일반적으로 소비자들이 일정범위의 가격을 수용 가능한 것으로 받아들인다는 개념을 의미한다. 만일 실제가격과 준거가격 간 차이가 크지 않고 실제가격이 소비자의 수용가능 가격범위 내에 속한다면 동화 효과가 작용한다. 이와는 달리, 실제가격이 수용가격범위를 벗어나면 대조 효과가 발생하게 된다.

06 ②

사회적 동기에 해당하는 것은 가격 흥정의 즐거움이다.

오답분석

①, ③, ④ 개인적 동기에 해당한다.

> **참고 | 제품구매동기**
> 제품구매동기에는 역할수행, 기분전환 추구, 욕구불만 해소, 새로운 경향에 대한 학습, 신체적 활동, 감각적 자극 등 개인적 동기와 사회적 경험, 동호인과의 의사소통, 동료 집단과의 일체감, 가격 흥정의 즐거움 등의 사회적 동기가 있다.

07 ①

의미차별화 척도법은 척도의 양극점에 서로 상반되는 뜻을 가진 형용사 표현을 붙여 응답하도록 하는 방법이다.

08 ③

소비자행동에 영향을 미치는 정보원천과 관련된 변수들에는 정보원천의 신뢰성 및 매력도, 메시지 수용도 등이 있다.

09 ②

소비자에게 어떤 제품의 사용이나 비사용으로 인한 위험을 알리고자 할 때 사용하는 것은 공포 소구이다.

참고 유머 소구와 공포 소구

구분	내용
유머 소구	• 소비자들을 설득하기 위해 자주 사용되는 소구 방법 • 소비자들의 주의를 상표나 제품에 관한 정보처리로부터 분산시키기 때문에 자사제품에 비해 비호의적인 태도를 가진 소비자들이 반박주장을 떠올리는 것을 감소시킴 • 다만, 유머가 광고되는 제품과 전혀 동떨어진 것일 때에는 효과적일 가능성이 적음 • 제품 사용자가 관련된 유머보다는 그 제품 자체와 관련된 유머가 보다 효과적임 • 소비자들이 비교적 친숙한 제품의 광고에 활용하는 것이 효과적임
공포 소구	• 소비자에게 어떤 제품의 사용이나 비사용으로 인한 위험을 알리고자 하는 전달방식 • 메시지를 통해 위험의 심각성을 인식할 수 있을 때, 위협적인 상황이 발생할 수 있음을 인식할 수 있을 때, 위협을 제거할 수 있는 해결책을 언급할 수 있을 때, 쉽게 실천될 수 있는 해결책을 제시할 수 있을 때 효과적임

10 ②

매체 내 효과는 매체환경이 달라짐에 따라 광고 메시지의 효과가 달라지는 것이다. 동일한 광고 메시지의 경우에도 그것이 어떤 잡지나 프로그램에 삽입되었는지에 따라 광고 효과가 달라질 수 있다.
매체 간 효과는 방송매체가 이미지나 상징적인 메시지를 전달하는 데 효과적이지만, 구체적인 정보를 전달하는 데는 부적합한 반면 인쇄매체는 구체적인 정보를 전달하는 데 효과적이라는 상대적인 개념이다.

11 ①

태도론적 접근에서 상표충성도는 상표에 대한 높은 선호도 및 몰입도가 상표충성도로 연결된다고 보았으며, 이렇게 태도가 행동으로 연결되는 조건은 관여도가 높은 상황에서 가능하다.

12 ④

정보원천의 매력도는 정보전달자의 호감도, 유사성, 친숙도에 의해 결정된다.

주관식

13

|답안| 브랜드 개성

|해설| 브랜드 개성은 특정 브랜드에 인간적인 특성을 부여하여 의인화시킨 것으로 상표 차별화의 유용한 수단이 된다. 브랜드 개성에 관한 연구에 따르면, 소비자의 개성과 브랜드 개성 간의 관계는 실제 자아와 브랜드 개성이 일치할수록 해당 상표를 더 긍정적으로 평가하며, 이상적 자아와 브랜드 개성이 일치할수록 해당 상표를 더 긍정적으로 평가한다고 본다.

14

|답안| 브랜드 확장 전략은 기존의 성공적인 브랜드명을 다른 제품군의 신제품에 이용하는 것이다. 모브랜드의 소비자인지도가 높을 때 용이하게 브랜드 확장을 할 수 있고 확장제품 간 유기적인 브랜드 이미지를 형성할 수 있는 장점이 있다.

답안 작성 Tip
브랜드 확장에 따른 대상 및 행위 중심의 정의와 이에 기반한 장점을 기술한다.

15

|답안| 내적 준거가격은 소비자의 기억 속에 저장되어 있는 과거에 지불했던 실제가격 또는 정당하다고 생각되는 가격이다. 외적 준거가격은 구매환경에서 관찰된 마케팅 자극에 의해 제공되는 가격이다.

답안 작성 Tip
준거 기준 대상의 성격을 중심으로 서술한다.

16

답안 광고 메시지 효과를 촉진하는 유형에는 제품의 긍정적인 측면만을 제시하는 일면적 광고와 제품에 관한 긍정적·부정적 정보를 동시에 제시한 양면적 광고 유형이 있다. 또한, 자사제품과의 대비를 위해 경쟁제품 또는 상표명을 명시적으로 혹은 묵시적으로 나타내는 광고의 형태인 비교광고가 있다.
일면적 광고는 표적 청중의 교육수준이 낮고 자사제품에 대한 기존태도가 호의적인 경우에 효과적이며, 반대의 경우에는 양면적 광고가 효과적이다.

답안 작성 Tip
광고 메시지 유형 방식을 중심으로 기술한다.

17

답안 정보원천 매력도는 정보전달자의 호감도, 유사성, 친숙도에 의해 결정된다. 호감도는 정보전달자가 소비자에게 호감을 주는 정도이며, 유사성은 소비자가 정보전달자를 자기 자신과 비슷하게 느끼는 정도이다. 친숙성은 정보전달자가 친숙하게 느껴지는 정도이다. 정보원천의 매력도가 높을수록 메시지의 수용도가 증가하므로 소비자의 메시지 처리와 연관된 관여도에 따라 정보원천의 성격을 달리하여 커뮤니케이션 효과를 증대시킨다.

답안 작성 Tip
정보원천 매력도의 3가지 차원을 기술하고, 정보원천을 메시지 및 관여도와의 상호작용에 따라 차별화한다는 시사점을 기술해야 한다.

18

답안 가격 – 품질 연상(추론)

해설 가격 – 품질 연상은 지각적 추론에 의한 과정으로 제품의 품질을 판단할 충분한 정보를 갖고 있지 못할 때, 가격이 높을수록 품질이 더 좋은 것으로 지각한다. 가격 정보원천을 진실하고 신뢰성이 있는 것으로 지각하거나 대안들 간에 품질과 가격에 있어 차이가 있는 것으로 지각할 때, 가격 – 품질 연상 심리가 적용되기 쉽다.

19

답안 전문성, 진실성

해설 정보원천의 신뢰성(source credibility)은 소비자들이 메시지를 전달하는 원천의 전문성과 진실성을 기반으로 신뢰성을 평가한다는 내용이다. 의사전달자가 상품의 특징이나 성능에 대해 타당성 있는 평가를 내릴 수 있는 능력은 전문성이며, 메시지의 전달자가 수신자에게 어느 정도 객관적이고 정직하게 보이는 정도는 진실성이다.

20

답안 일면적 광고(one – side ad)는 제품의 긍정적인 측면만을 제시하는 형태의 광고이며, 표적청중의 교육수준이 낮고 자사저품에 대한 기존터도가 호의적인 경우 효과적이다.
양면적 광고(two – side ad)는 제품에 관한 긍정적 정보와 부정적 정보를 동시에 제시하는 형태의 광고이며, 표적청중의 교육수준이 높고 자사제품에 대한 기존태도가 부정적인 경우 효과적이다.

답안 작성 Tip
각 유형별 개념과 적용조건을 중심으로 기술한다.

무료 학습자료 제공·독학사 단기합격 **해커스독학사**
www.haksa2080.com

독학학위제 전공심화과정 경영학과

기출동형모의고사

기출동형모의고사 **제1회**
기출동형모의고사 **제2회**

잠깐!

기출동형모의고사는 독학사 시험의 기출문제를 철저히 분석하여 구성한 실전 대비 모의고사입니다.
본 교재 맨 뒤에 제공되는 객관식·주관식 OCR 카드(각 2장)를 활용하여 문제를 풀이해 주세요.

기출동형모의고사 풀이 전 아래 사항을 확인하세요.

☐ 휴대전화의 전원을 꺼주세요.
☐ 컴퓨터용 사인펜과 흑·청색 볼펜을 준비하세요.
☐ OCR 카드에 과목명과·성명을 기재한 후, 문제풀이를 시작하세요.
☐ 시험시간 50분 내에 문제풀이와 OCR 카드 작성까지 완료하세요.

기출동형모의고사 제1회

독학학위제
전공심화과정 경영학과

응시과목	시험시간	점수
소비자행동론	50분	

객관식

01 다음 글에서 설명하는 연구를 진행한 학자는?

> 이들은 소비자행동에 영향을 끼치는 영향변수들을 가설적 구성개념으로 설정하여 개념 사이의 관계를 중심으로 소비자행동 현상을 설명하였다. 소비자를 입력에 반응하여 출력(행동)하는 하나의 시스템으로 파악하여 소비자가 비교과정을 통해 복잡한 구매 의사결정을 한다고 보았다.

① 엥겔, 콜라트, 블랙웰
  (Engel, Kollat, and Blackwell, 1968)
② 제러미 벤담(Jeremy Bentham)
③ 알프레드 마샬(Alfred Marshall)
④ 스턴덜과 크레이그(Sternthal and Craig, 1982)

02 외적 귀인에 속하는 것은?

① 상황적인 압력   ② 성격
③ 능력   ④ 동기

03 다음은 외적 정보 탐색의 영향요인 중 어느 특성에 해당하는가?

> 소비자가 시간적인 여유가 있거나, 점포에서 쾌적한 분위기를 느끼거나, 너무 사람들이 붐비지 않을 때에 높은 수준의 외적 탐색활동을 수행한다.

① 제품의 특성   ② 기업의 특성
③ 개인적 특성   ④ 상황적 특성

04 저관여도의 제품의 경우 관여도의 단계에 해당하지 않는 것은?

① 문제 인식   ② 정보 탐색
③ 구매   ④ 평가

05 내적 탐색 및 외적 탐색을 거쳐 구매의 대상으로 떠오른 브랜드들을 가리키는 것은?

① 상기상표군   ② 최초 상기상표
③ 고려상표군   ④ 환기상표군

06 2개 브랜드의 속성에 대한 어떤 소비자의 신념의 강도와 속성의 평가를 알아본 결과가 다음과 같을 때, 피쉬바인 모형에 근거한 설명 중 올바른 것은?

속성	속성의 평가	신념의 강도	
		브랜드 A	브랜드 B
경제성	+1	5	3
선명도	+3	1	1
디자인	+2	3	2

① 브랜드 A에 대한 태도는 33이다.
② 브랜드 B에 대한 태도는 29이다.
③ 이 소비자는 브랜드 B에 비해 브랜드 A에 더 호의적 태도를 가지고 있다.
④ 속성이 더 추가되어야 정확히 알 수 있고, 이 조사로는 알 수 없다.

07 의사결정자로서의 소비자가 포괄적 문제해결 시에 해당하는 내용은?

① 제한된 쇼핑시간
② 수동적 정보 처리
③ 비보상적 전략 사용
④ 보상적 전략 사용

08 다음 글에서 설명하고 있는 노출의 유형은?

> 자신의 의도와 상관없이 오감에 감지되는 자극이 이 유형에 속한다. 소비자는 본인이 원하든 원하지 않든 매일 수많은 마케팅 정보에 노출된다.

① 의도적 노출   ② 선택적 노출
③ 우연적 노출   ④ 비선택적 노출

09 지각의 조직화 중 집단화에 해당하지 않는 것은?

① 근접성   ② 유사성
③ 비연속성   ④ 연속성

10 지각적 해석에 영향을 미치는 요인 중에서 개인적 요인에 해당하는 것은?

① 자극에 노출된 경우의 동기, 자극에 대한 관여도의 정도에 따라 해석이 달라지게 된다.
② 언어적 표현도 해석에 영향을 미친다. 의사들이 어려운 라틴어로 병명을 이야기하면 전문가라고 느끼게 되고 의사의 말에 순응하게 된다.
③ 동일한 자극이라도 색이나 맛, 냄새 등 감각적 요소에 따라 해석이 달라질 수 있다.
④ 배경과 분위기는 자극의 이해에 큰 영향을 미친다.

11 관찰적 학습의 유형이 아닌 것은?

① 공개적 모델링   ② 언어적 모델링
③ 비공개적 모델링   ④ 행동적 모델링

12 인지적 학습의 핵심은 어디에 있는가?
① 기억　　② 지식
③ 학습　　④ 연구

13 매슬로우 욕구 계층 이론에서 생리적 욕구를 충족하고 나서 다음으로 충족하기 바라는 욕구는?
① 존경 욕구　　② 안전 욕구
③ 소속감 욕구　　④ 자기실현 욕구

14 다이어트 식품이나 숙취해소 음료는 동기 간 갈등 중에서 어떤 경우에 착안한 제품인가?
① 접근 – 회피 갈등의 해소
② 접근 – 접근 갈등의 해소
③ 회피 – 회피 갈등의 발생
④ 접근 – 접근 갈등의 발생

15 관여도에 따른 마케팅 활동에 대한 설명으로 가장 적절하지 않은 것은?
① 소비자의 관여도가 낮을 때에는 광고 태도가 브랜드에 대한 소비자들의 태도에 큰 영향을 미친다.
② 소비자의 관여도가 낮을 때는 광고 태도를 근거로 브랜드 태도를 상당히 정확하게 예측할 수 있다.
③ 소비자들의 관여도가 높을 경우에는 광고 태도의 영향력이 적다.
④ 관여도가 높을 경우, 브랜드의 속성에 대한 소비자들의 신념이 브랜드 태도의 형성에 영향을 미치지 않는다.

16 수단 – 목적 사슬 분석의 소비자 의사결정 단계에 속하지 않는 것은?
① 구체적 속성　　② 기능적 혜택
③ 기능적 수단　　④ 도구적 가치

17 다음 중 사회심리 이론에서 정의하는 개성의 세 가지 형태에 속하지 않는 것은?
① 순응형　　② 의존형
③ 공격형　　④ 고립형

18 검은 정장을 선호하는 남자를 권위주의적이라고 본다면, 이는 태도의 어떤 기능에 근거하여 보는 것인가?

① 실용적 기능　② 가치표현적 기능
③ 자아방어적 기능　④ 지식 기능

19 주변단서에 해당하지 않는 것은?

① 브랜드명　② 제조국
③ 모델의 매력　④ 제품의 특성

20 사회계층의 특성에 해당하지 않는 것은?

① 행동에 대한 구속력
② 계층적 구조
③ 사회 계층의 일차원성
④ 동적 특성

21 가족 소비의 중요성에 해당하지 않는 것은?

① 가족 단위에서 구매, 사용하는 제품이 많다.
② 각종 의식, 의례, 행사와 관련되는 시장기회와 시장 규모가 상당히 크다.
③ 소비자 개인이 스스로 돈을 벌어서 사용한다고 하더라도 가족구성원들의 영향을 많이 받고 있다.
④ 구매결정자는 부모 구매결정자와 사용자가 같다.

22 자아개념이 영향을 미치는 것이 아닌 것은?

① 인지　② 행동
③ 감정　④ 동기유발

23 경험적 효과계층 모형의 유형에 해당하는 것은?

① 신념 → 감정 → 행동
② 감정 → 행동 → 신념
③ 신념 → 행동 → 감정
④ 행동 → 감정 → 신념

24 저관여 제품에 대한 효과적인 광고에 해당하는 내용이 아닌 것은?

① 반복광고
② 간단한 내용
③ 정보 효과 중시
④ 커뮤니케이션을 이용한 차별화

주관식

25 소비자의 만족·불만족에 대한 기업의 대응방안에 대해 설명하시오.

26 다음이 나타내는 것이 무엇에 관한 서술인지 쓰시오.

> 특정 상황에서 자극에 의해 발생하는 개인적 중요성이나 관심도를 의미한다.

27 기억에서 회상(recall)과 재인(recognition)을 비교하여 설명하시오.

28 사회계층의 측정 방법을 간단히 서술하시오.

무료 학습자료 제공 · 독학사 단기합격 **해커스독학사**
www.haksa2080.com

기출동형모의고사 제2회

응시과목	시험시간	점수
소비자행동론	50분	

객관식

01 1970년대 이후 현재까지 소비자행동 연구에서 지배적인 개념적 틀이 되고 있는 모형은?

① 소비자행동 모델
② 소비자정보처리 모형
③ 쾌락적·경험적 소비자행동 모형
④ 사이코그래픽스

02 고객만족의 영향요인 중 불일치의 효과 중 다음에 해당하는 것은?

> 기존의 기대를 훨씬 상회하는 것으로 평가되어 만족이 극도로 증폭될 수 있다. 이 경우 긍정적인 불일치이기 때문에 고객만족을 넘어 고객감동이 일어날 수 있게 하는 원인이 된다.

① 동화 효과
② 대조 효과
③ 비교 효과
④ 대비 효과

03 공변원리의 세 가지 기준에 해당하지 않는 것은?

① 원인의 독특성
② 상황적 일관성
③ 원인의 일관성
④ 의견일치성

04 소비자의 정보 탐색에 관한 설명으로 올바른 것은?

① 관여도가 높을수록 외적 탐색을 적게 한다.
② 점포가 붐빌 때에는 외적 탐색을 많이 한다.
③ 제품에 대한 지식이 너무 적으면 외적 탐색을 포기할 수 있다.
④ 중요한 선택 기준에서 브랜드 간 차이가 클수록 외적 탐색을 적게 한다.

05 다속성 태도 모형에 대하여 올바른 것은?

① 감정적 학습에 의한 태도 형성에 근거를 두었다.
② 인지적 학습에 의한 태도 형성에 근거를 두었다.
③ 행동적 학습에 의한 태도 형성에 근거를 두었다.
④ 대리적 학습에 의한 태도 형성에 근거를 두었다.

06 다음 중 피쉬바인 확장 모델에 대한 설명으로 옳은 것은?

① 피쉬바인 모델에 주관적 규범이라는 개념을 넣어 확장했다.
② 구매에 대한 태도는 행동과 관련이 없다고 본다.
③ 사회적 영향력을 고려하여 태도의 예측력을 높였다.
④ 심리적 균형의 회복을 통한 태도 변화 모형이다.

07 구매 후 부조화의 영향 요인에 해당하는 것이 아닌 것은?

① 구매 결정의 취소 가능성
② 관여도
③ 선택한 대안의 상대적 장점
④ 매력적인 대안의 수

08 다음 글에서 설명하고 있는 노출의 유형은?

> 관심 없거나 자신에게 불필요한 자극에의 노출을 주의집중 이전 단계에서 제거해버리고, 대신 자신에게 필요한 정보에만 자신을 노출시키는 것을 뜻한다.

① 의도적 노출　　② 선택적 노출
③ 우연적 노출　　④ 비선택적 노출

09 주의력 결정 요인 중 소비자 측면에 해당하지 않는 것은?

① 관여도　　② 필요
③ 적응　　④ 기존의 신념

10 지각의 조직화 유형이 아닌 것은?

① 단순화　　② 완결
③ 집단화　　④ 세부화

11 정보처리접근에서는 기억이 세 가지 정보저장소로 구성된다고 보는데, 이에 해당하지 않는 것은?

① 행동기억　　② 감각기억
③ 단기기억　　④ 장기기억

12 고전적 조건화의 마케팅에의 적용에 관한 설명 중 가장 옳지 않은 것은?

① 멋진 자연배경과 음악은 우리에게 호의적인 무조건 반응을 유발한다.
② 텔레비전 광고의 내용이 소비자들에게 보다 좋을수록 그 제품의 소비자 반응이 좋다.
③ 1회의 광고도 고전적 조건화에 효과적이다.
④ 소비자 인기가 높은 제품도 계속적으로 광고하는 것은 조건화의 효과를 유지하기 위함이다.

13 동기 간 갈등의 유형 중 접근 – 접근 갈등에 대한 올바른 마케팅적 해결 방법은?

① 패키지 상품 개발
② 회피적 요인을 제거하는 메시지 소구
③ 회피적 요인을 제거한 상품 개발
④ 귀찮은 요인을 제거하는 방법

14 저관여 제품에 대한 효과적인 마케팅 전략에 해당하는 내용이 아닌 것은?

① 저관여 제품의 가격결정은 목표 고객이 브랜드 간에 차이가 꽤 날 것이라고 믿는 경우에는 낮은 가격을 유지하는 것이 효과적이다.
② 브랜드에 대하여 높은 인지도 선호도가 형성되어 있어도 소비자들이 쉽게 구입할 수 있도록 가능한 많은 점포에 진열하는 것이 중요하다.
③ 점포에서 눈에 띄는 위치에 잘 진열하거나, 눈에 잘 띄는 곳에 할인쿠폰을 놓거나 또는 할인판매 사실이 쉽게 눈에 보이도록 하는 것이 필요하다.
④ 새로운 브랜드 제품을 무료 샘플로 제공하거나 아주 저렴한 가격으로 판매하여 시용 구매를 유도하면 지속적으로 새로운 브랜드를 구매할 가능성이 생긴다.

15 다음 글은 제품이나 브랜드가 제공하는 동기 중 어느 동기에 관한 설명인가?

> 제품 또는 브랜드가 제공하는 유용성에 의해 제품을 선택하는 동기로 '연비'를 강조하는 자동차 광고를 예로 들 수 있다.

① 기능적 동기　　② 심미적 동기
③ 호기심 동기　　④ 사회적 동기

16 개성에 관한 이론에 해당되지 않는 것은?

① 특성 이론　　② 정신분석 이론
③ 사회과학 이론　　④ 자아개념 이론

17 라이프스타일에 해당하지 않는 것은?

① 개인의 활동　　② 의견
③ 관심　　④ 심리적 상태

18 다음 중 '태도(attitudes)'에 대한 설명으로 틀린 것은?

① 태도는 학습된다.
② 태도는 직접 관찰할 수 없다.
③ 태도는 일관적 · 지속적이다.
④ 태도는 변화되지 않는다.

19 준거집단의 집단 구분에 해당하지 않는 것은?
① 1차 집단   ② 비공개 집단
③ 공식 집단   ④ 열망 집단

20 인지적 부조화가 발생하는 상황이 아닌 것은?
① 중요한 의사결정 후에 발생하는 결정 후의 부조화
② 불일치 정보에 노출되는 경우
③ 태도 불일치 행동
④ 비호의적 태도를 가지고 있던 브랜드에 대한 부정적인 정보의 습득

21 정교화 가능성 모델(ELM)에서 중심단서에 속하는 것은?
① 아이스크림의 광고모델이 축구선수 손흥민이다.
② 최근 새로 나온 태블릿은 마이크로소프트 윈도우 10에 의해 작동한다.
③ 나이키에서 생산되는 러닝화는 최근 중국제가 많다.
④ 디올의 향수 광고는 특별한 의미가 없으나 매우 감각적이다.

22 홉스테드의 4차원 모델에 속하지 않는 것은?
① 개인주의 vs 집단주의
② 평등관계 간격
③ 위험회피정도
④ 남성성 vs 여성성

23 마커스와 키타야마(Markus & Kitayama)의 연구에서 독립적 자아가 강한 나라는?
① 한국   ② 영국
③ 중국   ④ 일본

24 공격 이론에 해당하지 않는 내용은?
① 성적 소구 광고가 사회에 미치는 영향
② 성적 자극이 사람들의 공격 성향을 자극
③ 성적 자극과 공격 성향 간에는 상호 관련이 있음
④ 강한 성적 자극이 공격적 성향을 감소

주관식

25 상기상표군과 고려상표군을 비교하여 서술하시오.

26 다음 글에서 설명하는 것과 관련된 방법을 쓰시오.

> 보통 소비자들의 구매동기 연구에 주로 사용된다. 이는 소비자로 하여금 구매동기와 숨겨진 욕망을 다른 사람에게 투사하게 함으로써 간접적으로 그 소비자의 동기를 탐색하는 기법으로 1950년 헤어(Mason Haire) 교수가 인스턴트 커피와 원두 커피를 주부 대상으로 실험한 방법이다.

27 저관여 제품에 대한 후발 브랜드의 전략 중 관여도를 높이는 방법을 두 가지 이상 서술하시오.

28 가족 수명주기에 따른 소비 변화의 단계를 간략히 서술하시오.

무료 학습자료 제공 · 독학사 단기합격 **해커스독학사**
www.haksa2080.com

기출동형모의고사 정답·해설

독학학위제
전공심화과정 **경영학과**

제1회

객관식

01	02	03	04	05	06
①	①	④	②	③	③
07	08	09	10	11	12
④	③	③	①	④	②
13	14	15	16	17	18
②	①	④	③	②	②
19	20	21	22	23	24
④	③	④	②	②	③

01 ①

엥겔, 콜라트, 블랙웰(Engel, Kollat, and Blackwell, 1968) 모형에 해당하는 내용이다. 이들은 소비자행동에 영향을 끼치는 영향변수들을 가설적 구성개념으로 설정하여 개념 사이의 관계를 중심으로 소비자행동 현상을 설명하였다.

참고 엥겔, 콜라트, 블랙웰 모형
소비자를 입력에 반응하여 출력(행동)하는 하나의 시스템으로 파악하여 소비자의 복잡한 의사결정과정을 해명하고자 하였다. 소비자가 투입물을 받았을 때 일어나는 현상은 비교과정이며, 비교과정의 산출물이 구매 의사결정과정인데 이 중 비교과정에 역점을 둔 모형이다.

02 ①

귀인은 만족/불만족의 원인과 책임에 대한 인과 추론과정이다. 귀인의 유형에는 내적 귀인과 외적 귀인이 있다. 내적 귀인(internal attribution)은 고유속성귀인이라고 하며, 행동을 한 당사자의 내적 특성 등에서 원인을 찾는 것으로 예로는 성격, 능력, 동기에서 원인을 찾는 것이 있다. 외적 귀인(external attribution)은 상황귀인에 해당하며, 행동을 한 당사자의 밖에 있는 요소 등에서 원인을 찾는 것이다. 외적 귀인의 예로는 상황적인 압력, 타인, 우연 등에서 원인을 찾는 것이다.

오답분석
②, ③, ④ 내적 귀인에 해당한다.

03 ④

외적 정보 탐색에 영향을 주는 요인에는 제품의 특성, 개인적 특성, 상황적 특성이 있다. 상황적 특성은 소비자가 시간적인 여유가 있거나, 점포에서 쾌적한 분위기를 느끼거나, 너무 사람들이 붐비지 않을 때에 높은 수준의 외적 탐색활동을 수행하는 것이다. 따라서 제시된 글은 상황적 특성에 관한 설명이다.

04 ②

저관여의 제품에서는 인지적 작용을 최소화하고 의사결정과정을 단순화하기 위해 문제가 인식되면 기존에 사용해 본 경험이 있는 제품 중 만족할만한 제품을 내적 탐색을 통해 상기한 후, 바로 구매로 이어지기 때문에 정보 탐색의 과정이 생략된다. 구매 후 평가 과정을 거쳐 추후 다시 구매할 의향이 있는지를 결정하게 된다.

05 ③

정보 탐색이 주는 마케팅 시사점에는 구매 대안으로의 포함 및 소비자의 정보원천을 파악할 수 있다는 장점이 있다. 이 중에서 소비자는 내적 탐색을 할 때 떠올려지는 상기상표군(evoked set)이나 이러한 상기상표군에 외적 탐색을 통해 새롭게 파악한 상표를 포함하는 고려상표군(consideration set) 안에 자사상표가 포함되도록 해야 한다. 고려상표군은 실제 구매로 이루어질 경우가 높은 제품들의 집합이다.

06 ③

피쉬바인 모형에 따라 두 브랜드에 대한 태도를 계산하면 다음과 같다.
브랜드 A는 $(1 \times 5) + (3 \times 1) + (2 \times 3)$이므로 14이고,
브랜드 B는 $(1 \times 3) + (3 \times 1) + (2 \times 2)$이므로 10이다.
따라서 해당 소비자는 브랜드 B에 비해 브랜드 A에 더 호의적인 태도를 가지고 있다. 이는 신념의 강도 혹은 속성의 중요도에서 차이로 나타난다.

오답분석
④ 다속성 태도 모형 또는 피쉬바인 모형은 제품을 구성하고 있는 모든 속성을 대상으로 태도를 결정하는 것이 아니라 소비자에게 의미가 있는 핵심 속성만을 대상으로 태도를 결정한다는 이론이다.

07 ④

포괄적 문제해결 시에는 소비자가 다수의 상표, 다수의 유통점포, 다수의 속성, 다수의 정보원천을 바탕으로 장시간 고민하게 된다. 반면, 제한적 문제해결 상황에서는 소수의 상표, 소수의 점포, 제한된 속성 및 정보원천을 바탕으로 짧은 시간에 의사결정을 하게 된다.
이에 따라 포괄적 문제해결 시에는 보상적 전략을 통해 대안을 평가하게 되며, 제한된 문제해결 시에는 비보상적 전략을 통해 제한 시간 내 수동적으로 노출된 정보를 바탕으로 대안을 평가하게 된다. 보상적 전략 사용은 포괄적 문제해결에 해당하는 내용이다.

오답분석
①, ②, ③ 제한된 문제해결에 해당하는 내용이다.

08 ③

우연적 노출 유형에 해당하는 설명이다. 우연적 노출은 자신의 의도와는 상관없이 감각기관에 감지되는 자극이다. 소비자는 매일 수많은 마케팅 정보에 우연적으로 노출된다. 따라서 마케팅 담당자는 표적 소비자들이 자사 제품정보에 가급적 많이 노출되도록 해야 한다. 예를 들어 축구경기를 시청하는 중 경기장 주위 펜스(fence) 광고에 노출되는 경우가 그렇다.

09 ③

지각의 집단화는 자극의 여러 요소들을 분리된 단위로 지각하지 않고 하나의 의미를 가지는 전체로 지각하는 것을 의미한다. 지각 집단화의 특성에는 한 요소가 가까운 다른 요소와 연결되어 지각되는 근접성, 자극 중 유사한 것을 엮어서 지각하는 경향인 유사성, 자극의 요소들을 분리하여 지각하지 않고 연속적으로 지각하는 경향인 연속성 등이 있다.

10 ①

지각적 해석에 영향을 미치는 개인적 요인은 다음과 같은 것들이 있다.
첫째, 노출된 광고 자극에 대하여 강한 동기를 가질수록(높게 관여될수록) 깊게 생각하여 정보를 처리한다.
둘째, 소비자가 가지고 있는 지식에 따라 해석에서 차이가 날 수 있다.
셋째, 마케팅 자극을 지각하는 시점에 가졌던 기대가 이해에 영향을 미친다.
따라서 ①은 개인적 요인에 해당하는 것으로 알맞다.

오답분석
②, ③, ④ 자극적 요인에 해당한다.

11 ④

대리학습은 관찰을 통한 학습이다. 관찰적 학습의 유형에는 소비자가 타인(모델)의 행동 및 행동결과를 관찰하게 하여 개인의 행동을 변화시키고자 시도하는 '공개적 모델링', 소비자에게 모델이 어떤 상황에서 취하는 행동과 결과를 상상하도록 요구함으로써 이루어지는 '비공개적 모델링', 소비자에게 자신과 유사한 다른 사람들이 특정 상황에서 어떻게 행동했는가를 알려주는 '언어적 모델링'이 있다. 따라서 행동적 모델링은 관찰적 학습 유형에 해당하지 않는다.

12 ②

인지적 학습의 핵심은 지식의 형성이다.

참고 인지적 학습
인지적 학습에는 정보 및 지식의 추가, 기존 지식구조의 조정, 의미 및 지식구조의 재조직화 등이 있다. 인지적 학습은 소비자들이 새로운 정보를 접하여 과거에 가지고 있던 제품에 대한 기대나 신념을 해당 정보에 맞추어 적응시키는 과정이다. 이를 통해 정보가 처리되어 신념과 태도가 변화하는 과정을 설명한다. 소비자는 제품이 서비스에 대한 기존의 신념을 강화·수정하는 데 있어 과학자들이 가설을 세우고 경험적인 증거를 얻어 이를 검증하는 과정과 유사한 단계를 거치게 된다.

13 ②

매슬로우(Maslow)의 욕구 계층 이론에서는 인간에게 다섯 가지의 기본적인 욕구가 있다고 보았다. 또한 욕구들이 계층별 내지 단계별로 강도가 다르게 배열되어 있다고 본다. 강도가 가장 강한 생리적 욕구를 먼저 충족한 후 다음으로 안전 욕구를 충족하게 되며, 하위 수준에서 상위 수준으로 나아간다고 본다. 따라서 생리적 욕구를 충족하고 나서 안전에 대한 욕구가 뒤따른다.

14 ①

접근-회피 갈등은 우리가 특정 목표를 바라지만 동시에 그것을 회피하기를 바랄 때 발생한다. 즉, 다이어트는 맛있는 음식에 대한 접근 동기와 살찌는 것을 경계하는 회피 동기 간 갈등이 있는 경우라고 할 수 있다. 따라서 다이어트 식품의 제안은 접근-회피 갈등의 해소에 해당한다.

15 ④

소비자의 관여도가 낮을 경우에는 브랜드 속성보다는 광고에 대한 태도가 직접적으로 브랜드 태도를 형성하게 된다. 반면, 소비자의 관여도가 높을 경우에는 브랜드의 속성에 대한 소비자들의 신념이 브랜드 태도의 형성에 직접적으로 영향을 미친다. 이 경우 광고 태도는 브랜드 태도에까지 영향을 주지 않는다.

16 ③

기능적 수단은 해당하지 않는다. 소비자의 의사결정은 물질적·추상적 속성, 기능적·심리사회적 결과, 수단적·최종적 가치의 단계, 즉 속성, 혜택(결과), 가치의 단계가 사슬처럼 연결되어 있다.

17 ②

사회심리 이론에서 정의하는 개성의 형태로는 순응형, 공격형, 고립형의 형태가 있다. 호니(K. Horney)의 개인행동 성향에서는 다른 사람을 향하는(toward others) 성향이 강한 순응형(compliance), 다른 사람에게 대항하는(against others) 성향이 강한 공격형(aggressiveness), 타인들로부터 멀리 떨어지려는(away from others) 성향이 있는 고립형(detachment)으로 구분하고 있다.

18 ②

입은 옷을 보고 그 사람의 성격에 대해 추론한다는 것은 태도가 가지는 가치표현적 기능에 해당한다. 이는 자신의 가치를, 사용하는 제품이나 서비스를 통해 표현하려는 기능에 해당한다.

> 참고 **태도의 기능**
> 태도에는 네 가지 기능이 있다. 실용적 기능은 제품의 혜택이 태도 형성의 근간이 된다고 보는 관점이다. 가치표현적 기능은 소비자의 가치관이나 상징성을 표현하는 브랜드에 대해 호의적인 태도를 가지게 된다는 관점이다. 자아방어적 기능은 소비자의 자아 이미지를 훼손하지 않고자 하는 자기방어적 기능을 가지고 있다는 관점이다. 지식 기능은 소비자는 브랜드에 대한 지식을 태도의 형태로 보관하고 있다는 관점이다.

19 ④

정교화 가능성이 낮을 때 태도는 광고모델, 음악 등의 주변단서에 주로 영향을 받아 형성된다. 이러한 주변단서는 제품과 본질적으로 상관없는 요인이므로 제품의 특성은 주변단서가 아니다.

20 ③

사회계층의 특성에는 다차원성, 동태성, 규범성, 서열 등이 있다.
먼저 다차원성은 사회계층에는 다양한 구성요소가 존재하며 변수 간에는 상호작용을 일으킨다는 것이며, 동태성은 사회계층은 계층 간 이동이 가능한 동적 특성을 가진다는 것이다.
규범성은 사회계층이 존재하는 것은 그 계층에서 기대되는 규범이 있으며, 행동에 대해 구속력을 가진다는 것이며, 서열은 사회계층을 이해하는 방법을 권력관계에서 찾는다는 것이다.
즉 사회계층은 다차원적인 측면을 고려한다는 점에서 일차원성은 잘못된 내용이다.

21 ④

가족의 소비는 가족 단위에서 구매하고 사용하는 제품이 많다는 점에서 매우 중요하다. 관혼상제 등 가정 및 가족 상호관계에서 발생하는 각종 의식, 의례, 행사와 관련되는 시장기회 및 시장규모는 상당히 크다. 가정을 가진 소비자와 미혼인 소비자의 소비활동에는 큰 차이가 있으며, 소비자 개인이 스스로 돈을 벌어서 스스로 사용한다고 하더라도 가족구성원들의 영향을 많이 받고 있다.
모든 인간은 반드시 한 가족의 구성원으로 가족의 영향이 직·간접적으로 개인의 소비 행동에 깊숙이 자리 잡고 있다. 가족의 수명주기가 변화함에 따라 가족구성원의 구매 패턴도 달라지는 경향이 있다. 또한, 가족 단위의 구매결정자는 부모, 사용자는 자녀인 경우처럼 구매결정자와 사용자가 다른 경우가 있다는 특징이 있다.

22 ②

자아개념은 자신이 누구인가에 대한 견해 또는 이미지를 의미한다. 자아개념은 개인들이 자기 자신을 어떻게 지각하고 있느냐 하는 것과 행동 간에 있을 수 있는 관계를 조사하기 위해 이용되고 있는 개념이다. 따라서 인지, 감정, 동기유발 등에 영향을 미칠 수 있으며, 자아개념은 소비자의 행동과 비교하기 위한 대상이므로 개인 행동에 직접 영향을 미친다고 볼 수는 없다.

23 ②

태도의 유형에는 인지적 학습을 통해 형성되는 것과 행동적 학습을 통해 형성되는 것, 쾌락적 소비를 통해 형성되는 것이 있다. 경험적 효과계층 모형(experiential hierarchy)은 감정 → 행동 → 신념으로 진행되며, 이는 주로 쾌락적 소비를 통해 형성된 태도이다.

> 오답분석
> ① 학습 위계 모형(learning hierarchy)은 신념 → 감정 → 행동으로 진행되며, 관여도가 높아 인지적인 정보처리에서 볼 수 있다.
> ③ 저관여 효과계층 모형(low-involvement hierarchy)은 신념 → 행동 → 감정으로 진행되며, 관여도가 낮고 행동적 학습을 통해 형성된다.

24 ③

저관여 제품에 대한 광고는 인지적인 자원이 제한되고 단순한 선택기준을 활용하는 경향이 있다. 따라서 광고실행기법을 독특하고 재미있게 구성하여 광고 자체를 즐기게 할 필요가 있으며, 독특한 소구점을 중심으로 반복광고를 실행하는 것이 좋다. 따라서 정보 효과보다 광고의 시각적 효과를 노리는 것이 더 효과적이다.

주관식

25

| 답안 | 고객 만족 및 불만족은 실제 제품성과와 기대수준을 비교하면서 발생한다. 이는 구매 후 부조화 혹은 인지 부조화 현상을 유발하므로, 자사 제품에 만족하는 소비자에게는 계속 선택이 올바른 것임을 확신할 수 있는 정보를 제공하고 재구매 및 구전을 유도해야 한다. 반면 불만족하는 소비자에게는 불만족의 원인을 기업 내부가 아닌 소비자 본인이나 상황적 요인에 의한 것으로 합리화할 수 있도록 유도해야 한다.

| 해설 | 올리버의 기대-성과 불일치 모형에 따르면, 고객 만족 및 불만족이 형성되는 과정은 소비자들이 구매 이전에 제품성과에 대한 기대를 형성하고, 제품의 구매 및 사용을 통해 경험한 실제 제품성과를 기대수준과 비교하면서 발생한다. 따라서 이에 따른 해결 방법을 기술하여야 한다.

답안 작성 Tip
올리버의 기대-성과 불일치 모형에 따라 불일치를 해결하는 방법들을 제안하도록 한다.

26

| 답안 | 관여도

| 해설 | 관여도는 특정 상황에서 자극에 의해 발생하는 개인적인 중요성이나 관심도이다. 관여도는 소비자들이 어떻게 정보를 처리하고 학습하는가에 중요한 결정적 요인이다. 또한 어떻게 태도를 형성하고 구매 결정을 하는가도 중요한 요인이다.

27

| 답안 | 회상과 재인은 모두 상표 인지도를 측정하는 방법이지만, 기억의 수준에서는 다른 특성을 보인다. 회상은 소비자에게 제품 범주 내 기억하는 상표를 모두 떠올리게 하는 과정으로 소비자가 장기기억에 저장된 정보를 인출하는 과정이다. 반면, 재인은 상표 자극을 실제로 보여주면서 제시된 정보가 기억에 존재하는지를 확인하는 과정이다.

답안 작성 Tip
인지도를 측정하는 방법으로 기억의 수준 및 측정 방법을 비교해가면서 기술한다.

28

| 답안 | 사회계층의 측정 방법에는 주관적 방법, 평판이용법, 객관적 방법이 있다. 주관적 방법은 응답자의 주관적 계층의식을 측정하는 것이다. 평판이용법은 다른 사람의 계층을 구성원들에게 평가하도록 하는 방법이다. 객관적 방법은 그 사람의 소득, 직업, 학력, 주거형태 등의 변수들에 대한 정보를 수집하여 측정하는 방법이다.

답안 작성 Tip
측정 방법에 따른 평가 방법의 차이가 드러나도록 기술해야 한다.

제2회

객관식

01	02	03	04	05	06
②	②	③	③	②	①
07	08	09	10	11	12
③	②	②	④	①	③
13	14	15	16	17	18
①	①	①	②	④	④
19	20	21	22	23	24
②	④	②	②	②	④

01 ②

베트먼(Bettman)의 소비자정보처리 모형은 정보처리적인 접근을 통해 소비자들의 주의, 기억, 지각, 선택, 학습 등을 통합적으로 다룰 수 있다. 소비자정보처리 모형은 소비자를 논리적·체계적인 의사결정자로 보며, 의사결정과정에 많은 인지적 노력이 투입되는 것으로 가정한 모형으로 1970년대 이후 소비자행동 연구에서 가장 지배적인 모형으로 활용되고 있다.
정보처리모형과 의사결정모형 간 관계 및 이에 미치는 개인적, 심리적, 사회적, 문화적 요인의 영향을 종합적으로 규명한 현대적인 모형이다.

02 ②

대조 효과에 해당하는 설명이다. 기존의 기대를 훨씬 상회하는 것으로 평가되어 만족이 극도로 증폭될 수 있는 경우는 긍정적인 불일치에 해당하고, 기대보다 우수한 품질 및 서비스로 해당 브랜드에 대한 호의적인 감정이 형성된다. 반면 기대보다 제품성과가 낮을 경우에도 대조 효과를 통해 제품성과를 더욱 부정적으로 평가함으로써 제품에 대한 부정적 태도 및 불만족이 형성된다.

03 ③

공변원리는 여러 번의 관찰 및 경험을 통해서 얻은 정보를 가지고 문제의 원인을 추론하는 방식이다. 이러한 공변원리의 기준에는 어떤 결과가 특정 원인이 있을 때만 발생하는가에 대한 '원인의 독특성', 시간 및 상황의 변화에 관계없이 특정 자극에 대해 항상 동일한 결과가 발생하는가에 대한 '상황적·시간적 일관성', 특정 원인과 결과와의 관계를 다른 관찰자들도 동일하게 지각하는가에 대한 '의견일치성'이 있다.

04 ③

소비자들의 외적 정보 탐색에 영향을 미치는 요인들은 다음과 같은 것이 있다.
먼저, 제품과 관련해서는 고가격일수록, 상표대안 간 차별화 정도가 높을수록, 상표대안/속성의 수가 많을수록 외적 탐색이 늘어난다. 개인적 특성과 관련해서는 소비자가 제품에 대한 지식이 증가할수록 외적 탐색이 증가하다가 어느 정도 수준 이상에서는 다시 감소하는 특성을 보인다. 또한, 소비자의 관여도 및 지각된 위험이 높을수록, 가격 민감도가 높은 특정 소비자 집단, 예를 들어 은퇴한 노년층일수록 외적 정보 탐색이 많다.
마지막으로 상황적 특성과 관련해서는 욕구의 긴급성(time pressure)이 높을수록, 점포의 혼잡 정도가 높을수록, 점포까지의 거리가 멀수록 외적 탐색이 줄어든다.

> 오답분석
> ① 관여도가 높을수록 외적 탐색을 많이 한다.
> ② 점포가 붐빌 때에는 외적 탐색이 줄어든다.
> ④ 중요한 선택 기준에서 브랜드 간 차이가 클수록 외적 탐색을 많이 한다.

05 ②

다속성 태도 모형은 인지적 학습에 근거한 이론으로 소비자의 태도는 어떤 제품이나 브랜드에 대해 여러 가지 속성을 가지고 평가를 함으로써 형성된다고 보는 관점이다. 대상이 여러 속성으로 구성되어 있고 특정 대상에 대한 긍정적 또는 부정적 느낌은 그 대상의 여러 속성들에 대한 소비자의 평가에 의해 결정된다. 어느 한 속성의 낮은 평가가 다른 속성의 높은 평가로 보상될 수 있으므로 보상적 태도 모형이라고도 한다.

06 ①

피쉬바인 확장 모형은 합리적 행동 이론이라고도 하며, 피쉬바인 모형에 주관적 규범이라는 개념을 더하여 확장했다.

> 오답분석
> ② 행동에 대한 태도가 구매행동에 미치는 주요 요소로 태도와 행동을 연결하고자 하였다.
> ③ 규범, 순응 동기, 준거집단 등 사회적 영향력을 통해 행동의 예측력을 높였다.
> ④ 인지적 균형 이론에 대한 설명이다.

07 ③

구매 후의 심리적인 불안감을 구매 후 부조화라고 한다. 구매 후 부조화의 영향 요인에는 구매 결정의 취소 가능성, 관여도, 선택하지 않은 대안의 상대적 장점, 매력적인 대안의 수 등이 있다. 선택한 대안의 상대적 장점은 오히려 구매 후 부조화를 감소시킬 수 있다.

08 ②

선택적 노출 유형에 해당하는 글이다. 선택적 노출은 소비자가 자신에게 필요한 정보에만 자신을 노출시키는 것을 뜻한다. 소비자는 일상생활에서 수없이 많은 정보에 노출되지만 선택적 노출 메커니즘에 의해 효율적으로 대처한다. 또한 소비자는 어떤 제품에 높게 관여될수록 해당 제품 정보에 자신을 선택적으로 노출시킨다.

09 ②

주의력의 영향 요인 중 소비자 측면에 해당하는 것은 관여도 및 욕구, 기존 신념과 태도, 적응, 감정적 상태 등이 있다. 마케팅 자극 측면에서는 특이함, 즐거움, 색상, 배경과 대조, 자극의 강도 등이 있다.

10 ④

지각의 조직화는 브랜드의 물리적 특성, 광고, 가격, 취급하는 소매상의 특징 등을 한꺼번에 묶고 통합함으로써 그 브랜드에 관한 이미지를 형성하는 과정을 말한다.
지각적 조직화의 원리에는 자극의 각 요소를 통합하여 전체로 이해할 때 단순한 형태로 이해하려고 하는 경향인 단순화, 자극이 불완전할 때 잘못된 요소를 고치거나 빈 부분을 메워서 완전한 형태로 지각하는 경향인 완결, 자극의 여러 요소들을 분리된 단위로 지각하지 않고 하나의 의미를 가지는 전체로 지각하는 것을 의미하는 집단화 대상을 인식하는 데 있어 일부는 주목받고 일부는 주목받는 부분을 돋보이게 하는 역할을 하는 형상과 배경이 있다.

11 ①

기억구조모형에 따르면 정보저장소는 유입정보가 절대적인 식역수준을 초과하여 감각기관이 그 정보를 감지하는 감각기억, 감각기억에서 들어온 입력 정보를 일시적으로 저장하면서 장기기억에 연결시키는 기능을 수행하는 단기기억, 단기기억에서 처리된 정보가 영구히 저장되는 장기기억으로 구성된다. 행동기억은 정보저장소의 구분에 해당하지 않는다.

12 ③

고전적 조건화에 영향을 미치는 요소에는 무조건 자극의 강도, 반복횟수, 자극이 주어지는 순서, 소비자의 관여도, 자극에의 친숙도 등이 있다. 이에 따라 1회의 광고는 고전적 조건화의 효과를 가져오지 않으며, 여러 번의 반복광고가 이루어져야 한다. 또한, 조건화가 일어난다 하더라도 조건 자극과 무조건 자극이 결합되어 제시되는 것이 중단되면 시간이 지남에 따라 조건화의 효과가 감소하게 된다.

13 ①

접근 – 접근 갈등(approach – approach conflict)은 두 가지의 이상의 매력적인 대안 중 하나를 선택해야 할 때 나타난다. 패키지 상품 개발은 접근 – 접근 갈등 시 대안을 포기함으로써 발생하는 부정적 감정을 제거하는 방법이다. 이는 소비자가 여러 가지를 요구할 경우에 해당하는 갈등 해결 방법의 하나이다.

14 ①

저관여 제품은 개인적 요인, 제품 요인, 상황적 요인들에 의해 영향을 받는다. 저관여 제품의 특성상 소비자들이 직접 제품을 탐색하지 않기 때문에 소비자의 주목을 끌거나 사용 경험을 제공하는 등 제품과 친숙해지고 제품이 노출되는 기회를 가지도록 해야 한다. 저관여 제품의 가격결정은 목표 고객이 브랜드 간에 차이가 꽤 날 것이라고 믿는 경우에는 어느 정도 적절한 고가격이 효과적이다.

15 ①

제시된 글은 기능적 동기에 관한 설명이다. 제품이나 브랜드가 제공하는 동기에는 기능적, 심미적, 사회적, 호기심 동기 등이 있으며, 제품이나 브랜드가 제공하는 우용성에 의해 제품을 선택하는 동기인 기능적 동기의 예로는 '연비'를 강조하는 자동차 광고를 들 수 있다.

오답분석

② 심미적 동기는 제품이나 브랜드가 제공하는 심미성에 의해 제품을 선택하는 동기이며, 예로는 '디자인'을 강조하는 자동차 광고가 있다.
③ 호기심 동기는 제품이나 브랜드가 제공하는 혜택에 대한 궁금증이나 다양성 추구에 의한 동기이며, 예로는 '색다른 경험'을 강조하는 자동차 광고가 있다.
④ 사회적 동기는 제품이나 브랜드가 제공하는 사회적 상징성에 의해 제품을 선택하는 동기이며, 예로는 '신분의 과시'를 강조하는 자동차 광고가 있다.

16 ③

개성에 관한 이론에는 정신분석 이론, 사회심리 이론, 자아개념 이론, 특성 이론 등이 있다.

17 ④

라이프스타일의 조작적 측정 도구로써 사이코그래픽스가 널리 사용되고 있다. 이러한 사이코그래픽스의 요소에는 행위(Activities), 관심(Interest), 의견(Opinion)을 의미하는 AIO가 있다.
어떠한 활동에 중요성을 부여하는지에 대한 것과 매체를 보는 것, 쇼핑하는 것과 같은 명백한 행동인 활동 영역, 어떠한 활동에 중요성을 부여하는지와 같은 명백한 관심사인 관심 영역, 자기 자신과 외부에 대해 어떠한 견해를 가지고 있는가 등 질문이 제기된 자극 상황에 처하여 개인이 제공하는 응답인 의견 영역이 있다.

18 ④

태도는 어떤 대상에 대해 작용하며, 직접 관찰할 수 없다. 또한, 태도는 지속적이며 후천적이고, 학습에 의해 후천적으로 형성된다는 것은 후천적으로 변화될 수도 있다는 의미를 내포하므로 태도는 상황에 따라 변화될 수 있다. 그리고 태도는 행동으로 나타날 수 있으며, 방향성과 강도가 있다.

19 ②

비공개 집단은 준거집단의 집단 구분에 해당하지 않는다.

참고 **준거집단의 유형**
준거집단은 작은 규모로서 서로 자주 접촉하는 집단인 1차 집단, 접촉 빈도와 친밀감이 상대적으로 낮은 2차 집단, 1·2차 집단의 공식 집단과 비공식 집단, 자신이 닮고 싶고 본받기를 열망하는 열망 집단, 속하기를 원하지 않는 집단 또는 규범이나 신념을 회피하고 싶은 회피 집단으로 나눌 수 있다.

20 ④

이미 그 브랜드에 대해 비호의적이라면 그 브랜드에 대한 부정적인 정보로 인지적 부조화가 발생하지는 않지만, 호의적인 태도를 가지고 있던 브랜드에 대해 부정적인 정보를 얻을 경우 인지적 부조화가 발생할 수 있다.

참고 **인지 부조화가 발생하기 쉬운 상황**
• 중요한 결정 후에 발생하는 결정 후 부조화
• 불일치 정보에 노출되는 경우
• 태도 불일치 행동

21 ②

정교화 가능성은 소비자의 정보처리능력을 말한다. 정교화 가능성 모델은 정교화 가능성이 높을 때에는 중심경로로, 정교화 가능성이 낮은 경우에는 주변경로로 태도가 형성된다고 본다. 이때, 중심단서는 제품의 속성에 관한 정보를 의미하므로 ②가 중심단서로 적당하다.

22 ②

홉스테드(Hofstede)의 4차원 모델은 문화권에 따라 권력 거리, 불확실성 회피, 개인주의와 집단주의, 남성다움과 여성다움 등의 차원에 차이가 있다는 이론이다. 권력 거리는 사회계층 간 권력의 격차를 말하는데, 동양 문화권에서는 권력 거리가 멀어 자유로운 의사 개진이 어려운 경향이 있다. 따라서 평등관계 간격이 아니라 권력 간격이 이에 속한다.

23 ②

마커스와 키타야마의 연구에 따르면, 한국·일본·중국 등의 동양은 상호의존적 자아가 강한 나라이며, 미국·캐나다 등 북아메리카와 영국·프랑스 등 서양은 독립적 자아가 강한 나라로 분류될 수 있다. 이들 나라에서는 소비자들의 행동 차이가 나타난다는 것을 알 수 있다.

24 ④

D. Zillman(1971)은 성적 소구에 대한 효과를 뒷받침하기 위한 공격 이론을 주장하였다. 이 이론에서는 활성화의 수준, 자극의 순서, 분노의 활성화 정도에 따라 선정적 자극의 효과가 영향을 받는다.
강한 성적 자극은 공격적 성향을 증가시키며 강한 성적 자극이 사람들의 공격적 성향을 자극하면 성적 소구 광고에 대한 사회적 반발이 심화되어 성적 소구 광고가 새로운 위험에 처하게 된다. 따라서 강한 성적 자극은 공격적 성향을 감소시키는 것이 아니라 증가시킨다.

주관식

25

|답안| 상기상표군은 어떤 문제의 인식이 끝난 후 정보 탐색을 시작할 때 내적 탐색만을 통해 떠오르는 대표적인 상표들로 높은 수준의 브랜드 인지도를 가진 상표들이다. 반면, 고려상표군은 고관여 상품에 대해 추가적인 외적 정보 탐색을 하여 떠오른 상기상표군과 외적 정보 탐색에 의해 발견된 상표를 모두 합하여 최종 의사결정을 내리기 직전의 상표 집합이다.

답안 작성 Tip
내적 탐색과 외적 탐색을 통해 검색된 상표 중 어떤 것이 상기상표군과 고려상표군에 반영되는지를 설명해야 한다.

26

|답안| 투사법

|해설| 투사법(projective technique)은 자극적인 상황을 설정한 후 자극에 대한 반응으로 상대의 반응을 관찰해 그 내면의 동기를 밝혀내는 것이다. 정신분석학 및 심리학에서 많이 사용되는 측정방법이며, 그림 연기법, 역할 기법, 언어 기법 등의 방식이 있다.

27

|답안| 첫째, 저관여 소비자에게는 구체적 제품 정보의 전달보다는 광고 실행적 요소에 중점을 둔다. 독특하고 호의적이며 친숙한 연상이 될 수 있도록 하여 광고 자체를 즐길 수 있도록 해야 한다.
둘째, 저관여 소비자에게는 방송매체를 통해 핵심 정보단을 짧은 시간에 반복적으로 제시한다. 유명 광고모델을 활용하여 제품의 차별점을 중심으로 소구하는 것이 효과적이다.
셋째, 판매촉진 전략과 제품에 대한 사용 경험을 제공하여 해당 제품에 대한 친숙도를 높일 필요가 있다.

답안 작성 Tip
저관여 상황에서 정보처리방식에 유념하여 전략을 기술한다.

28

|답안| 가족은 경제적, 사회적, 정서적 기능이 가족 수명주기의 고정에 따라 변하고 있으며, 이외 함께 소비 패턴도 변화한다. 독신 단계에서 출발하여 가정을 이루는 신혼부부 단계, 아이의 성장에 따른 보금자리 1, 2, 3기, 자녀가 독립한 후 노부부 1, 2기 그리고 부부 중 하나가 사망한 후 겪는 고독한 생존기 등 개인이 거치게 되는 모든 단계이다. 단계별로 레저, 혼수, 교육, 주주, 여행, 보험, 건강, 의료 관련 제품들이 주로 소비된다.

답안 작성 Tip
가족 생애 주기의 단계에 따라 변화하는 소비 패턴의 특성을 설명해야 한다.

나만의 알짜 이론

* 학습한 내용 중 중요한 이론을 스스로 정리하여 시험 직전 확인해 보세요.

년도 전공심화과정 인정시험 답안지(객관식)

컴퓨터용 사인펜만 사용

★ 수험생은 수험번호와 응시과목 코드번호를 표기(마킹)한 후 일치 여부를 반드시 확인할 것.

답안지 작성 시 유의사항

유의사항 미준수로 발생하는 불이익은 응시자에게 있음.

1. 답안지는 반드시 **컴퓨터용 사인펜을 사용**하여 다음 [보기]와 같이 올바르게 표기할 것.
   [보기] 잘 된 표기: ● 잘못된 표기: ⊘ ⊗ ◐ ◑ ◍
2. 수험번호 (1)에는 아라비아 숫자로, (2)에는 "●"와 같이 표기할 것.
3. 개인코드는 채시험 "과목코드번호"를 보고 해당과목의 코드번호를 찾아 표기하고, 응시과목란에는 응시과목명을 한글로 기재할 것.
4. 교시코드는 해당란에 "●"와 같이 표기할 것.
5. 한번 표기한 답은 긁거나 수정액 및 스티커 등 어떠한 방법으로도 고쳐서는 아니되며, 고친 문항은 "0"점 처리함.
6. 시험 종료 후, 답안지와 시험지를 함께 제출. 미제출 시 무효처리 될 수 있음.

※ 감독관 확인란

무료 학습자료 제공 · 독학사 단기합격 해커스독학사
www.haksa2080.com

년도 전공심화과정
인정시험 답안지(주관식)

★ 수험생은 수험번호와 응시과목 코드번호를 표기(마킹)한 후 일치 여부를 반드시 확인할 것.

답안지 작성 시 유의사항

1. ※란은 표기하지 말 것.
2. 수험번호 (2)란, 과목코드, 교시코드 표기는 반드시 컴퓨터용 사인펜으로 표기할 것.
3. 교시코드는 해당란에 컴퓨터용 사인펜으로 표기할 것.
4. 답안은 반드시 흑·청색 볼펜 또는 만년필을 사용할 것.
   (연필 또는 적색 필기구 사용 불가)
5. 답안을 수정할 때에는 두줄(=)을 긋고 수정할 것.
6. 답안이 부족하면 해당 답안에 "뒷면 기재"라고 쓰고 뒷면 '추가답란'에 문제번호를 기재한 후 답안을 작성할 것.
7. 기타 유의사항은 객관식 답안지의 유의사항과 동일함.

※ 감독관확인란 (인)

관리번호 (연번)
(응시자수)

문제번호					
추가답란					

년도 전공심화과정 인정시험 답안지(객관식)

컴퓨터용 사인펜만 사용

★ 수험생은 수험번호와 응시과목 코드번호를 표기(마킹)한 후 일치 여부를 반드시 확인할 것.

답안지 작성 시 유의사항

유의사항 미준수로 발생하는 불이익은 응시자에게 있음.

1. 답안지는 반드시 **컴퓨터용 사인펜을 사용**하여 다음 [보기]와 같이 올바르게 표기할 것.
   [보기] 잘된 표기: ● 잘못된 표기: ⊗ ⊗ ⊙ ○ ◐
2. 수험번호 (1)에는 아라비아 숫자로 쓰고, (2)에는 "●"와 같이 표기할 것.
3. 과목코드는 제시된 "과목코드번호"를 찾아 해당과목의 코드번호를 찾아 표기하고, 응시과목란에는 응시과목명을 한글로 기재할 것.
4. 교시코드는 해당란에 "●"와 같이 표기할 것.
5. 한번 표기한 답은 긁거나 수정액 및 스티커 등 어떠한 방법으로도 고쳐서는 아니되며, 고친 문항은 "0"점 처리함.
6. 시험 종료 후, 답안지와 시험지를 함께 제출, 미제출 시 무효처리 될 수 있음.

무료 학습자료 제공 · 독학사 단기합격 **해커스독학사**
www.haksa2080.com

★ 수험생은 수험번호와 응시과목 코드번호를 표기(마킹)한 후 일치 여부를 반드시 확인할 것.

년도 전공심화과정 인정시험 답안지(주관식)

전공분야

성 명

수험번호

답안지 작성 시 유의사항

1. ※란은 표기하지 말 것.
2. 수험번호 (2)란, 과목코드, 교시코드 표기는 반드시 컴퓨터용 사인펜으로 표기할 것.
3. 교시코드는 해당란에 컴퓨터용 사인펜 또는 만년필을 사용할 것.
4. 답안은 반드시 흑·청색 볼펜 또는 만년필을 사용할 것. (연필 또는 색색 필/기구 사용 불가)
5. 답안을 수정할 때에는 두줄(=)을 긋고 수정할 것.
6. 답안이 부족하면 해당 답안에 "뒷면 기재"라고 쓰고 뒷면 '추가답란'에 문제번호를 기재한 후 답안을 작성할 것.
7. 기타 유의사항은 객관식 답안지의 유의사항과 동일함.

감독관 확인란

(인)

관리번호

(인빈)
(응시자수)

문제번호				
추가답란				